GLUTENFREI
KOCHEN UND BACKEN

GLUTENFREI
KOCHEN UND BACKEN

Lektorat Alastair Laing
Bildredaktion Katherine Raj, Christine Keilty
Cheflektorat Dawn Henderson
Art Director Peter Luff
Umschlagsgestaltung Nicola Powling
Herstellung Raymond Williams, Claire Pearson

DK INDIA
Lektorat Chitra Subramanyam, Divya Chandhok, Ligi John, Tina Jindal
Bildredaktion Prashant Kumar, Anamica Roy, Navidita Thapa
Cheflektorat Glenda Fernandes

DTP-Design Sunil Sharma, Anurag Trivedi

COBALT ID
Lektorat Marek Walisiewicz, Sarah Tomley
Bildredaktion Paul Reid, Darren Bland, Rebecca Johns

Rezeptfotos William Shaw

Für die deutsche Ausgabe:
Programmleitung Monika Schlitzer
Redaktionsleitung Caren Hummel
Projektbetreuung Elke Homburg, Sarah Fischer
Herstellungsleitung Dorothee Whittaker
Herstellung und Covergestaltung Mareike Hutsky, Sabine Hüttenkofer

Coverfoto © Corbis: Nine Grans/the food passionates

Titel der englischen Originalausgabe:
The Gluten-Free Cookbook

© Dorling Kindersley Limited, London, 2012, 2015
Ein Unternehmen der Penguin Random House Group
Alle Rechte vorbehalten

© der deutschsprachigen Ausgabe by
Dorling Kindersley Verlag GmbH, München, 2012, 2016

Erweiterte und überarbeitete Neuausgabe
Alle deutschsprachigen Rechte vorbehalten

Jegliche – auch auszugsweise – Verwertung, Wiedergabe, Vervielfältigung oder Speicherung, ob elektronisch, mechanisch, durch Fotokopie oder Aufzeichnung, bedarf der vorherigen schriftlichen Genehmigung durch den Verlag.

Übersetzung Angelika Feilhauer
Lektorat Sigrun Borstelmann

ISBN 978-3-8310-2946-4

Repro Media Development & Printing Ltd.
Druck und Bindung Leo Paper Products, China

Besuchen Sie uns im Internet
www.dorlingkindersley.de

Hinweis
Die Informationen und Ratschläge in diesem Buch sind von den Autoren und vom Verlag sorgfältig erwogen und geprüft, dennoch kann eine Garantie nicht übernommen werden. Eine Haftung der Autoren bzw. des Verlags und seiner Beauftragten für Personen-, Sach- und Vermögensschäden ist ausgeschlossen.

INHALT

EINLEITUNG 6

GUT ESSEN TROTZ GLUTENINTOLERANZ	8
DIE ERSTEN VIER SCHRITTE	10
WESHALB GLUTENFREI?	12
AUF GLUTEN VERZICHTEN	16
AUSGEWOGENE ERNÄHRUNG	22
GLUTENFREI UNTERWEGS	28
EINRICHTEN EINER GLUTENFREIEN KÜCHE	30
GLUTENFREIE GETREIDE	32
GLUTENFREIE MEHLE	34
BROT BACKEN	38
RÜHRKUCHEN BACKEN	40
NUDELN HERSTELLEN	42
TEIG HERSTELLEN	44

REZEPTE 48

FRÜHSTÜCK UND SNACKS	50
VORSPEISEN, PARTYFOOD UND DIPS	74
SUPPEN UND SALATE	92
NUDELN UND REIS	112
FLEISCH UND FISCH	134
VEGETARISCHE HAUPTGERICHTE	160
BROT UND PIZZA	172
PIKANTE TARTES UND PIES	194
SÜSSE TARTES UND PIES	212
DESSERTS, KUCHEN UND ANDERE SÜSSE VERSUCHUNGEN	224
REGISTER	262
DANK	272

EINLEITUNG

Die Umstellung auf eine glutenfreie Ernährung ist eine großartige Chance, in Zukunft gut zu essen und Verantwortung für die eigene Gesundheit zu übernehmen.

Auf den folgenden Seiten wird erklärt, weshalb eine glutenfreie Ernährung für Sie vielleicht die richtige Wahl ist. Zudem werden Ihnen alle Schritte aufgezeigt, die notwendig sind, um Gluten aus Ihrer Ernährung zu verbannen und gesunde, ausgewogene, glutenfreie Mahlzeiten zu planen: daheim, unterwegs und im Restaurant.

Sie werden alle Informationen finden, die Sie benötigen, um mit glutenfreien Zutaten kochen zu können. Eine Übersicht über glutenfreie Getreidesorten und Mehle informiert über ihre besonderen Eigenschaften und wie sie am besten in Gerichten verwendet werden. Ferner zeigen Rezepte mit Schritt-für-Schritt-Fotos, wie man aus glutenfreiem Mehl leckeres Brot und köstliche Kuchen backt, den perfekten Teig zubereitet und wunderbare Nudeln herstellt.

GUT ESSEN TROTZ GLUTENINTOLERANZ

Die Diagnose einer Glutenintoleranz kann gemischte Gefühle auslösen. Erleichterung, weil man nun selbst Verantwortung für seine Gesundheit übernehmen kann, vermutlich aber auch die Sorge, dass man zukünftig vielleicht auf viele Lieblingsspeisen verzichten und weniger schmackhaftes Essen akzeptieren muss. Dieses Buch liefert jedoch den Beweis, dass auch eine glutenfreie Ernährung fantastisch sein kann.

NEUE AROMEN ENTDECKEN

Der Verzicht auf Gluten bedeutet keineswegs lebenslang eine eintönige Ernährung, sondern er bietet eine wunderbare Chance, neue Gerichte mit Getreiden auszuprobieren, die Sie bisher vielleicht gar nicht kannten. Zudem liefert er den perfekten Anlass, mit dem Backen zu beginnen. Eine neue Generation von Backmischungen und das wunderbare Xanthan haben die glutenfreie Bäckerei revolutioniert, und neu kreierte Rezepte werden es Ihnen erlauben, weiterhin Ihre Lieblingsbackwaren zu genießen.

GESUND DURCH ERNÄHRUNG

Die Umstellung auf eine glutenfreie Ernährung heißt auch Genesung. Vermutlich haben Sie bisher unter Symptomen einer schlechten Nährstoffaufnahme wie Müdigkeit, Gelenkschmerzen und vielen anderen Beschwerden gelitten, die mit Vitamin- und Mineralstoffmangel einhergehen. Mit dem Verzicht auf Gluten erholt sich Ihr Körper, aber auch eine ausgewogene Ernährung und die Zufuhr von ausreichenden Mengen sämtlicher Nährstoffe sind wichtig. Nachfolgend erläutern wir die Regeln einer gesunden Ernährung und behandeln wichtige Nährstoffe. In den Rezepten verweist ein Icon auf ihren besonderen gesundheitlichen Nutzen und jedes Rezept enthält eine Kalorien- und Nährstoffanalyse, die die Planung einer ausgewogenen Ernährung erlauben.

Wir haben ein breites Spektrum an Rezepten ausgewählt, um alle Möglichkeiten einer gesunden Ernährung aufzuzeigen, möchten aber betonen, dass dies kein Diätbuch mit kalorienarmen Rezepten ist. Kuchen und Desserts vermissen Menschen mit Glutenintoleranz oft am meisten, aber sie sind oft kalorienreich. Bei der Auswahl glutenfreier Varianten haben wir uns vom Geschmack, nicht von den Kalorien leiten lassen, und auch glutenfreien Kuchen sollte man nur ab und zu essen! Sie werden viele gesunde Rezepte für alle Tage finden und die Richtwerte verraten Ihnen, was Sie sich nur gelegentlich gönnen sollten.

RICHTWERTE PRO PORTION

● ● ○ Kalorien

● ○ ○ Ges. Fettsäuren

● ● ○ Salz

Würzige Lamm-Hummus-Rollen (Seite 152)

Ricotta-Kürbis-Ravioli (Seite 116)

Red Velvet Cupcakes (Seite 254)

Schokoladen-Käsekuchen (Seite 234)

DIE ERSTEN VIER SCHRITTE

ZUM ARZT GEHEN

Sollten Sie glauben, eine Glutenintoleranz zu haben, die bisher nicht diagnostiziert wurde, erfahren Sie auf Seite 12–15 mehr über die Symptome. Vereinbaren Sie einen Arzttermin, um über Ihren Verdacht zu sprechen. Bis dahin müssen Sie weiter glutenhaltig essen, damit die Untersuchungsergebnisse nicht verfälscht werden. Bestätigt sich der Verdacht, bitten Sie Ihren Arzt um Kontakt zu einem Ernährungsberater, der Ihnen zeigt, wie Sie sich zukünftig glutenfrei, aber gesund und ausgewogen ernähren können. Er wird Sie auch beraten, welche Vitamine und Mineralstoffe Sie vielleicht zusätzlich einnehmen sollten, und wird Ihnen eine Liste verschreibungspflichtiger glutenfreier Produkte geben.

EINEN PLAN AUFSTELLEN

Wurde eine Glutenintoleranz diagnostiziert, sollten Sie sich an eine entsprechende Organisation wenden. Dort erhalten Sie die neuesten medizinischen Ratschläge, Adressen von örtlichen Selbsthilfegruppen, eine Liste mit glutenhaltigen Produkten und Details über Restaurants, die glutenfreie Speisen anbieten. Dann studieren Sie Ihren bisherigen Speisezettel, um Gluten zu eliminieren, und machen einen neuen Speisezettel für eine Woche (siehe Seite 24). Wenn Sie nach einem arbeitsreichen Tag müde sind, machen Sie eher Fehler bei der Essensauswahl. Eine Planung im Voraus gibt Ihnen Zeit darüber nachzudenken, was Sie essen möchten und ob alle Zutaten glutenfrei sind.

Wenn Sie glauben, dass Ihnen eine glutenfreie Ernährung guttun wird, werden diese und die folgenden Seiten Sie nun von der Diagnose bis zur ersten Mahlzeit begleiten.

KLUG EINKAUFEN

Bitten Sie in Ihrem Stammsupermarkt um eine Liste glutenfreier Produkte oder schauen Sie im Internet. Einige Supermärkte bieten sogar einen Rundgang mit einem Ernährungsberater an. Sollten Sie ein bestimmtes Produkt im Angebot vermissen, sprechen Sie ruhig den Marktleiter an. Glutenfreie Produkte sind ein zunehmend lukrativer Markt und es lohnt sich für Supermärkte, ihr Angebot auszubauen. Zudem sollten Sie sich in Bioläden und Reformhäusern sowie im Internet umschauen, wo oft einige schwerer erhältliche glutenfreie Mehle, Getreidesorten und andere Produkte angeboten werden. Auch internationale, insbesondere asiatische Lebensmittelgeschäfte führen viele glutenfreie Produkte.

AUF IN DIE KÜCHE

Sie haben Ihren Speisezettel gemacht und alle Zutaten besorgt, aber ehe Sie mit dem Kochen beginnen, müssen Sie Ihre Küche zu einer glutenfreien Zone machen oder zumindest das Risiko von Verunreinigungen minimieren (siehe Seite 30–31). In einer gut organisierten Küche können Sie sofort mit dem Kochen beginnen und Sie werden feststellen, dass die Rezepte in diesem Buch nicht nur köstlich, sondern auch supereinfach sind. Zusätzliche Hilfe finden Sie auf Seite 38–47, wo schrittweise die Herstellung von glutenfreien Broten, Rührkuchen, Nudeln und Teigen erklärt wird. Sind Sie Kochanfänger, ist aber vielleicht ein Kochkurs nützlich. Suchen Sie nach Kursen für glutenfreie Küche.

WESHALB GLUTENFREI?

ZÖLIAKIE

Der häufigste Grund für eine glutenfreie Ernährung ist die Behandlung von Zöliakie. Hierbei handelt es sich um eine Autoimmunerkrankung, die auftritt, wenn das Immunsystem des Körpers überempfindlich auf Gluten reagiert und Antikörper produziert, die das eigene Körpergewebe angreifen. In Deutschland ist einer von 200 Menschen von der Krankheit betroffen, wenngleich Experten glauben, dass die Krankheit nur bei einem von sieben Betroffenen überhaupt diagnostiziert wird. Das bedeutet, dass möglicherweise Hunderttausende Menschen an ihr leiden, ohne davon zu wissen. In den letzten Jahrzehnten hat sich die Zahl der Erkrankungen vervierfacht, was sich aber nur zum Teil durch eine erhöhte Wachsamkeit und verbesserte Diagnostik erklären lässt.

DIAGNOSE UND BEHANDLUNG

Zöliakie kann in jedem Lebensalter auftreten. Erste Symptome können sich zeigen, wenn ein Baby entwöhnt und auf weizenhaltige Cerealien (siehe Seite 25) umgestellt wird, sie können aber auch später auftreten. Für die Krankheit gibt es eine genetische Disposition und Studien zeigen, dass bei nahen Verwandten von Zöliakiepatienten eine Wahrscheinlichkeit von 1 zu 10 besteht, dass sie ebenfalls erkranken. Da Zöliakie weder geheilt noch medikamentiert werden kann, hilft nur strenge Diät. Selbst winzige Mengen Gluten, etwa Mehlpartikel, reichen aus, um Probleme zu verursachen.

SYMPTOME FÜR ZÖLIAKIE

Die Symptome für Zöliakie sind bei den Betroffenen unterschiedlich und können von leicht bis schwer reichen. Zu ihnen gehören:

Durchfall
Blähungen und/oder Verstopfung
Übelkeit
Erbrechen
Bauchschmerzen
Krämpfe
Blähbauch
Müdigkeit
Kopfschmerzen
Aphthen
Haarausfall
Hautausschlag
unerklärlicher Gewichtsverlust

Unbehandelt kann Zöliakie zu anderen Erkrankungen und Störungen führen, wie Unfruchtbarkeit, wiederholten Fehlgeburten, Osteoporose und Depressionen. Obwohl ein häufiges Symptom bei Zöliakie Gewichtsverlust ist, sind viele Betroffene zum Zeitpunkt ihrer Diagnose normal- oder sogar übergewichtig.

ESSEN SIE WEITER GLUTEN ... ZUMINDEST VORLÄUFIG!

Sollten Sie bei sich oder einem Familienmitglied eine Zöliakieerkrankung vermuten, streichen Sie Gluten nicht sofort aus Ihrer Ernährung. Es ist wichtig, mindestens sechs Wochen lang glutenhaltige Nahrungsmittel gegessen zu haben, ehe ein Test durchgeführt wird, sonst besteht die Möglichkeit einer falsch negativen Diagnose.

WAS IST ZÖLIAKIE?

An der Wand des Dünndarms sitzen fleischige Fortsätze, sogenannte Zotten, die Nährstoffe aus der Nahrung aufnehmen und in den Körper transportieren. Bei Zöliakie flachen sich die Zotten ab, wodurch ihr Vermögen zur Nährstoffaufnahme stark beeinträchtigt wird.

SCHÄDIGUNG DES DÜNNDARMS

Gesunder Darm

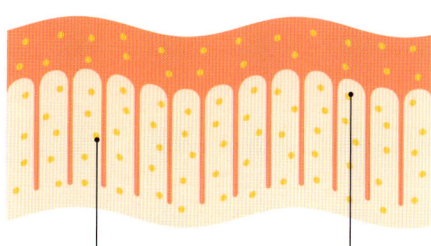

Nährstoffe werden auf dem Weg durch den Darm von den Zotten aufgenommen.

Die Zungenform der Zotten maximiert die Oberfläche für die Aufnahme.

Geschädigter Darm

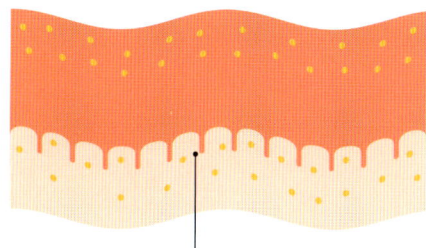

Eine Entzündung bewirkt eine Abflachung der Zotten, wodurch ihre Aufnahmefähigkeit beeinträchtigt wird.

Als Erstes wird ein Arzt einen einfachen Bluttest machen, um Antikörper zu finden. Dann überweist er den Patienten an einen Gastroenterologen, der eine Biopsie durchführt, bei der er eine kleine Probe der Darmschleimhaut zur genaueren Untersuchung entnimmt. Bestätigt sich die Diagnose, schickt der Arzt den Patienten zu einem examinierten Ernährungsberater, der ihn in Ernährungsfragen berät. Einige Betroffene fühlen sich bald besser, nachdem sie mit einer glutenfreien Ernährung begonnen haben, bei anderen kann dies mehrere Monate dauern.

GLUTENSENSITIVITÄT

Auch wenn die bekannteste Reaktion auf Gluten die Zöliakie ist, hat man bei neuen Forschungen eine weitere mildere Erkrankung, die Nichtzöliakie-Weizensensitivität, entdeckt, die ähnliche Symptome wie Zöliakie verursacht – insbesondere Gelenk- und Kopfschmerzen, welche meist einige Stunden nach dem Verzehr glutenhaltiger Nahrungsmittel auftreten. Bei dieser Erkrankung ist anscheinend das Immunsystem nicht beteiligt, noch hat sie Schädigungen der Darmschleimhaut zur Folge. Wer glaubt betroffen zu sein, sollte aber vor jeder anderen Maßnahme seinen Hausarzt aufsuchen, um Zöliakie auszuschließen. Untersuchungen legen nahe, dass möglicherweise sechsmal mehr Menschen an Glutensensitivität leiden als an Zöliakie, häufig ohne sich dessen bewusst zu sein.

DERMATITIS HERPETIFORMIS

Dermatitis herpetiformis ist eine Hautkrankheit, für die stark juckende Bläschen an Gesäß, Nacken, Kopfhaut, Ellenbogen, Knien und Rücken typisch sind. In Deutschland ist sie selten, in anderen Ländern wie Skandinavien, Großbritannien, Nordamerika und Polen kommt sie öfter vor. Männer sind häufiger betroffen als Frauen. Sie ist an eine Glutenempfindlichkeit gekoppelt und wird mit glutenfreier Ernährung behandelt.

WEITERE ERKRANKUNGEN, DIE SICH DURCH EINE GLUTENFREIE ERNÄHRUNG BESSERN KÖNNEN

Der Nutzen einer glutenfreien Ernährung bei anderen Erkrankungen bleibt umstritten, aber viele Patienten mit den folgenden Krankheiten glauben, dass es hilfreich sein kann, eine Zeit lang eine glutenfreie Ernährung auszuprobieren. Dem sollte aber immer eine Rücksprache mit einem Arzt vorausgehen.

ANDERE KRANKHEITEN MIT EINER MÖGLICHEN VERBINDUNG ZU GLUTEN

AUTISMUS

Obwohl bisher nur wenige wissenschaftliche Beweise vorliegen, kann eine gluten- und kaseinfreie Ernährung für manche Kinder mit einer Störung aus dem autistischen Formenkreis hilfreich sein. Hier muss jedoch noch viel geforscht werden.

MULTIPLE SKLEROSE (MS)

Multiple Sklerose ist eine Autoimmunerkrankung und Betroffene haben ein erhöhtes Risiko, an Zöliakie zu erkranken, obwohl der Nutzen einer glutenfreien Ernährung im Zusammenhang mit der Grunderkrankung MS umstritten ist.

LUPUS ERYTHEMATODES (LE)

LE ist eine weitere Autoimmunerkrankung, bei der das Immunsystem überaktiv wird und körpereigenes gesundes Gewebe angreift. Da auch Zöliakie eine Autoimmunerkrankung ist, sind Lupuspatienten möglicherweise stärker von ihr betroffen.

REIZDARMSYNDROM

Die Symptome von Zöliakie und Reizdarmsyndrom sind sehr ähnlich und eine kürzlich in Großbritannien durchgeführte Studie zeigt, dass bei fast 60 Prozent aller Zöliakiepatienten zunächst fälschlicherweise ein Reizdarm diagnostiziert wurde.

CHRONISCHES ERSCHÖPFUNGSSYNDROM

Es gibt Hinweise darauf, dass sich bei Patienten mit Chronischem Erschöpfungssyndrom die Symptome durch eine glutenfreie Ernährung bessern. Dies gilt sicher nicht für jeden, aber ein Versuch kann vielleicht nicht schaden.

FEHLGEBURTEN UND UNFRUCHTBARKEIT

Es gibt Hinweise darauf, dass unerkannte Zöliakie eine Ursache für Unfruchtbarkeit und Fehlgeburten sein könnte. Der Anteil der Frauen mit Fruchtbarkeitsbehandlungen und nicht behandelter Zöliakie ist größer als in der Allgemeinbevölkerung.

IMMER NOCH UNSICHER? – EINIGE FRAGEN UND ANTWORTEN

Beim Thema glutenfreie Ernährung gibt es viele Unsicherheiten und Mythen, vor allem, wenn man glaubt, eher nicht an Zöliakie erkrankt zu sein, oder man keine Symptome hat. Hier Antworten auf einige der am häufigsten gestellten Fragen.

❗ STELLEN SIE KEINE SELBSTDIAGNOSEN

Selbsttests und Allergietests, die in manchen Reformhäusern oder per Mailorder angeboten werden, sind bei der Diagnose von Zöliakie nicht zuverlässig. Falls Sie glauben, an der Krankheit zu leiden, sollten Sie als Erstes einen Termin mit Ihrem Arzt vereinbaren.

Ich fühle mich nach dem Essen oft müde und aufgebläht: Hilft eine glutenfreie Ernährung?

Blähbauch und Müdigkeit sind häufige Symptome bei Zöliakie, können aber auch Symptome für andere Erkrankungen oder Folge von schlechten Gewohnheiten wie etwa zu schnelles Essen sein. Eine glutenfreie Ernährung hilft hier nicht unbedingt. Vielleicht lassen sich anhand eines Ernährungstagebuchs andere Ursachen finden.

Sollte ich mich, um abzunehmen, glutenfrei ernähren?

Manche Reduktionsdiäten basieren auf dem Verzicht auf Kohlenhydrate, es gibt aber keinen wissenschaftlichen Beleg dafür, dass man durch glutenfreie Ernährung abnimmt. Gewichtsverlust ist ein häufiges Symptom bei Zöliakie, und wenn Betroffene sich nach einer Diagnose der Krankheit glutenfrei ernähren, nehmen sie häufig wieder zu.

Ist es hilfreich, weniger Weizen zu essen, wenn dies krankheitsbedingt nicht notwendig ist?

Viele Menschen essen zum Frühstück Weizen in Form von Cerealien, mittags ein Sandwich und abends zum Beispiel Nudeln. Einige Alternativmediziner glauben, dass eine solche einseitige Ernährung negative Folgen hat und eine Intoleranz oder Allergie hervorrufen kann. Deshalb ist es vielleicht sinnvoll, nicht zu viele Weizenprodukte zu essen.

Ist es möglich, unter Zöliakie zu leiden, ohne dass Symptome auftreten?

Dies ist ungewöhnlich, aber möglich. Einige Experten sprechen heute von einem Zöliakie-Spektrum. An einem Ende befinden sich Menschen mit allen klassischen Symptomen der Krankheit, am anderen Ende Betroffene, die keine Symptome zeigen, aber dennoch eine geschädigte Dünndarmschleimhaut haben. Am besten befragen Sie dazu Ihren Arzt.

WESHALB GLUTENFREI?

AUF GLUTEN VERZICHTEN

WAS IST GLUTEN?

Gluten ist ein Proteingemisch, das sich in Weizen, Roggen und Gerste und Produkten aus diesen Getreiden wie Kuchen, Brot oder Nudeln befindet. Es hat beim Kochen und Backen nützliche Eigenschaften, denn es ist elastisch, bindet Wasser und wird bei starker Hitze fest.

WAS BEWIRKT GLUTEN?

Das Gluten in Mehl verleiht Backwaren wie Brot und Kuchen ihre typische Oberflächenbeschaffenheit und Konsistenz. Vermischt man Mehl mit Wasser, wird das Gluten elastisch und macht aus der Mischung einen weichen dehnbaren Teig, der geknetet und geformt werden kann. Durch Hefe oder Backpulver erzeugtes Kohlendioxid wird durch das Gluten im Teig gehalten, wodurch Brot und Kuchen aufgehen können und ihre lockere Konsistenz bekommen. Dank einer kleinen Wunderzutat namens Xanthan kann man jedoch die Wirkung von Gluten in Teigen aus glutenfreien Mehlen nachahmen. Und durch sorgfältiges Mischen glutenfreier Mehlsorten und die Zugabe von Aromazutaten können Sie Geschmack, Konsistenz und Aussehen aller Ihrer Lieblingsbackwaren in glutenfreien Varianten kopieren. Mehlmischungen und Zubereitungsmethoden siehe Seite 38–47.

GLUTENHALTIGE GETREIDE

Zu den Getreiden, die Gluten enthalten, gehören Weizen, Dinkel (eine alte Form des Weizens), Gerste und Roggen. Triticale, der in manchen Bioläden angeboten wird, ist eine Kreuzung zwischen Weizen und Roggen, die ebenfalls Gluten enthält.

Darf man bei Zöliakie Hafer essen?

Er enthält ein glutenähnliches Protein, das jedoch keine negativen Reaktionen hervorzurufen scheint. Man sollte dem Speisezettel zunächst kleine Mengen hinzufügen, bei Kindern und Menschen mit schwerer Zöliakie aber zuerst einen Ernährungsberater konsultieren. Haferprodukte sind oft mit Gluten verunreinigt.

WICHTIGE GLUTENHALTIGE PRODUKTE

Kekse, Brote, Kuchen, Cracker, Muffins, Teige, Pizzaböden und Brötchen werden aus Weizen-, Roggen- oder Gerstenmehl hergestellt.

Weizennudeln

Frühstückscerealien mit Weizen

Fleisch und Geflügel in einem Teig- oder Panademantel wie etwa Schinken im Brotmantel oder Hähnchennuggets

Fisch oder Meeresfrüchte in einem Teig- oder Panademantel wie Fischstäbchen

Quark oder Joghurt, der Müsli oder Cerealien enthält

Gemüse und Obst, die mit Teig, Semmelbröseln oder Mehl zubereitet sind

Kartoffelgerichte, die mit Teig, Semmelbröseln oder Mehl zubereitet sind, wie Kroketten

Sojasauce

Eishörnchen und Eiswaffeln, mit Weizengrieß oder Weizenmehl zubereitete Desserts

Mit Brotkrumen zubereitete Füllungen

WEIZEN *Triticum spp.* Weizensorten haben oft unterschiedliche Namen. So sind Emmer, Kamut, Einkorn, Faro und Dinkel Weizentypen. Auch Bulgur (abgebildet), Couscous und Grieß werden aus Weizen hergestellt.

GERSTE *Hordeum vulgare* Graupen werden mitunter Eintöpfen hinzugefügt, Gerstenflocken Müsli. Auch Bier, Malzbier und Malzmilch enthalten Gerste.

ROGGEN *Secale cereale* Roggenbrot und Pumpernickel aus Roggenschrot sind vor allem in Deutschland und Osteuropa beliebt. Zudem wird Roggen für Knäckebrot und Cracker verwendet.

DINKEL *Triticum spelta* Dinkel ist eine alte Form des Weizens, die in den vergangenen Jahren vor allem bei Bioprodukten ein Comeback erlebt hat. Er wird für Backwaren und Bier verwendet.

VERSTECKTES GLUTEN ENTDECKEN

Eine glutenfreie Ernährung ist nicht einfach dadurch gewährleistet, dass man auf naheliegende Produkte wie Brot oder Nudeln verzichtet. Glutenhaltige Getreide finden sich oft als Zutaten in anderen Lebensmitteln und mitunter werden glutenfreie Lebensmittel während der Produktion oder Lagerung mit Gluten verunreinigt.

Daher ist es bei bestimmten Produkten, bei denen das Risiko der Verunreinigung besteht, wichtig, das Etikett zu lesen und Marken zu wählen, die als glutenfrei ausgewiesen sind. Inzwischen gibt es auch einige kostenlose Apps, mit denen geprüft werden kann, ob ein Produkt glutenfrei ist, und die viele weitere Tipps für Zöliakie-Patienten bieten.

ETIKETTEN LESEN

Die Namen einiger von der Lebensmittelindustrie verwendeter Zusatzstoffe können die Tatsache verschleiern, dass sie aus glutenhaltigem Getreide hergestellt sind. Achten Sie auf Folgendes:

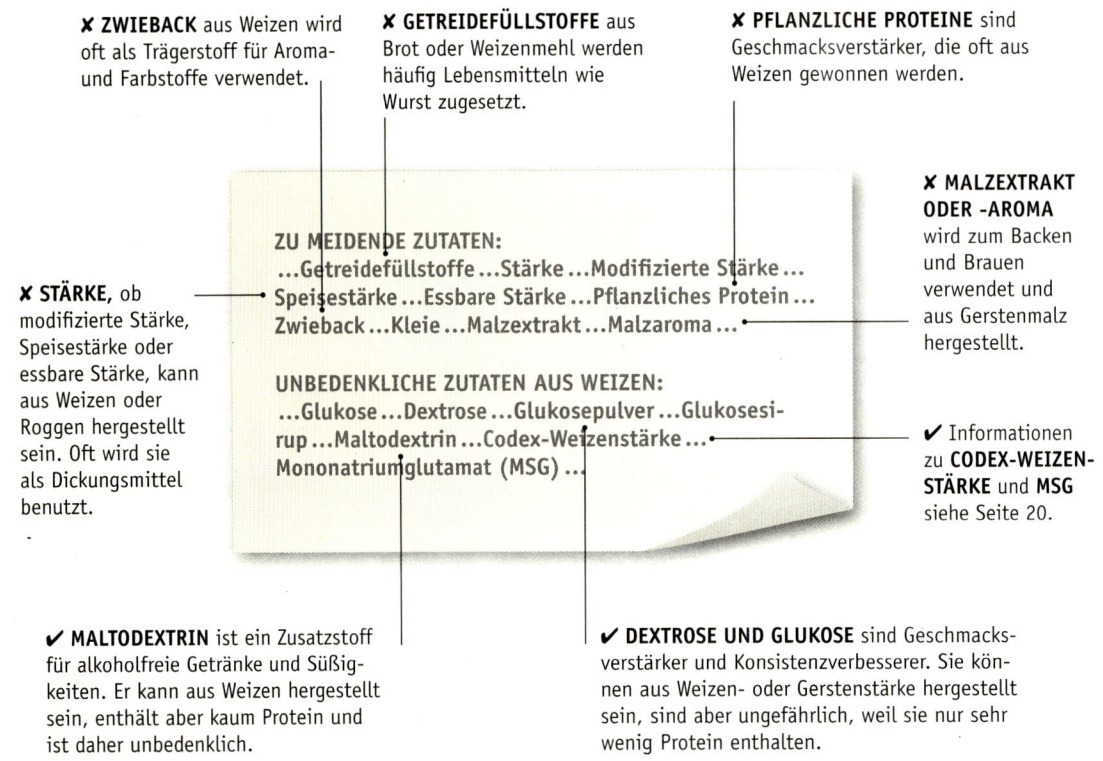

✘ **ZWIEBACK** aus Weizen wird oft als Trägerstoff für Aroma- und Farbstoffe verwendet.

✘ **GETREIDEFÜLLSTOFFE** aus Brot oder Weizenmehl werden häufig Lebensmitteln wie Wurst zugesetzt.

✘ **PFLANZLICHE PROTEINE** sind Geschmacksverstärker, die oft aus Weizen gewonnen werden.

✘ **STÄRKE,** ob modifizierte Stärke, Speisestärke oder essbare Stärke, kann aus Weizen oder Roggen hergestellt sein. Oft wird sie als Dickungsmittel benutzt.

✘ **MALZEXTRAKT ODER -AROMA** wird zum Backen und Brauen verwendet und aus Gerstenmalz hergestellt.

ZU MEIDENDE ZUTATEN:
…Getreidefüllstoffe …Stärke …Modifizierte Stärke …Speisestärke …Essbare Stärke …Pflanzliches Protein …Zwieback …Kleie …Malzextrakt …Malzaroma …

UNBEDENKLICHE ZUTATEN AUS WEIZEN:
…Glukose …Dextrose …Glukosepulver …Glukosesirup …Maltodextrin …Codex-Weizenstärke …Mononatriumglutamat (MSG) …

✔ Informationen zu **CODEX-WEIZEN-STÄRKE** und **MSG** siehe Seite 20.

✔ **MALTODEXTRIN** ist ein Zusatzstoff für alkoholfreie Getränke und Süßigkeiten. Er kann aus Weizen hergestellt sein, enthält aber kaum Protein und ist daher unbedenklich.

✔ **DEXTROSE UND GLUKOSE** sind Geschmacksverstärker und Konsistenzverbesserer. Sie können aus Weizen- oder Gerstenstärke hergestellt sein, sind aber ungefährlich, weil sie nur sehr wenig Protein enthalten.

PRODUKTE, DIE GLUTEN ENTHALTEN KÖNNEN

Prüfen Sie die Verpackung der hier aufgeführten Produkte genau auf verstecktes Gluten.

✔ GETREIDE UND MEHLE

Mitunter werden eigentlich glutenfreie Nahrungsmittel zusammen mit Weizen, Gerste oder Roggen gemahlen und dadurch verunreinigt. Zu ihnen gehören Buchweizen, Maronen, Kichererbsen, Senf, Hafer, Polenta, Kartoffeln, Quinoa, Reis, Hirse, Soja, Tapioka, Teff und Urdbohnen.

✔ FRÜHSTÜCKSCEREALIEN

Cerealien auf der Basis von Buchweizen, Mais, Hirse und Reis und Cerealien, die Malzextrakt oder Hafer enthalten

✔ BROTAUFSTRICHE

Erdnussbutter oder andere Nussbutter

✔ OBST UND GEMÜSE

Obstkuchenfüllungen und verarbeitete Gemüsegerichte mit Saucen, die zum Beispiel mit Mehl zubereitet wurden

✔ GETRÄNKE

Trübe kohlensäurehaltige Getränke, Trinkschokolade, Malzmilch

✔ SUPPEN UND SAUCEN

Dosensuppen oder Päckchensuppen, Saucen aus dem Glas oder Päckchen

Gewürzmischungen, gekörnte Brühe, Suppenwürfel, Currypulver, Currypaste

Senfprodukte

Chutneys und Sauerkonserven

Dressings und Mayonnaise

✔ MILCHPRODUKTE

Kaffee- und Teeweißer

Fruchtjoghurt und aromatisierter Joghurt, Frischkäsedesserts

Sojadesserts, Reismilch, Sojamilch

Einige streichfähige Weichkäsesorten

✔ BACKZUTATEN

Kuchendekorationen, Marzipan, Fertig-Zuckerguss

Backpulver, Haushaltsnatron

Rindertalg, vegetarischer Talg

✔ NÜSSE UND PIKANTE SNACKS

Trocken geröstete Nüsse, Popcorn (nicht selbst gemacht), Kartoffel- und Gemüsechips, Salzbrezeln

Baked Beans und andere Bohnen in Sauce

✔ KARTOFFELPRODUKTE

Tiefgefrorene Pommes frites und Kartoffelspalten, Instant-Kartoffelpüree, Kartoffelwaffeln, Fertig-Bratkartoffeln

✔ FLEISCH UND FISCH

Jedes Fleisch oder Geflügel in einer Marinade oder Sauce, Burger, Pasten, Pasteten, Wurst

Fischpasten, Fischpasteten, Taramas und Fisch in Sauce

✔ FLEISCHERSATZ

Marinierter Tofu, Sojahack, Falafel, Gemüseburger und Bohnenburger

✔ KUCHEN UND KEKSE

Gekaufte Baisers, Makronen und Haferriegel sind häufig in Kontakt mit glutenhaltigen Kuchen gekommen.

✔ SÜSSIGKEITEN UND DESSERTS

Schokolade, Eiscreme, Cremespeisen und alle Arten von Naschwerk, insbesondere Lakritze

WAS DARF ICH ESSEN? – FRAGEN UND ANTWORTEN

Sie sollten nun ein gutes Gespür dafür haben, auf welche Nahrungsmittel man komplett verzichten und welche man zuerst überprüfen muss, dennoch werden Sie zwangsläufig zahlreiche weitere Fragen zu Ihrer Ernährung haben. Hier versuchen wir die häufigsten zu beantworten.

Kann ich Speisen essen, die in Öl gegart wurden, in dem schon Speisen in glutenhaltigem Teig oder Panade waren?

Nein. Das Öl kann mit Gluten aus dem Teigmantel von Fisch und anderen Speisen verunreinigt sein. Also Vorsicht in Fast-Food-Restaurants, auch Pommes frites können dort nicht ohne Weiteres verzehrt werden.

Sind als weizenfrei ausgewiesene Produkte für eine glutenfreie Ernährung geeignet?

Nicht unbedingt. Weizen ist nicht das einzige glutenhaltige Getreide und Produkte können als Zutat Roggen oder Gerste oder mit Gluten verunreinigten Hafer enthalten.

Was ist Codex-Weizenstärke?

Codex-Weizenstärke wird verarbeiteten Nahrungsmitteln zugesetzt, um Geschmack und Konsistenz zu verbessern. Aufgrund des Herstellungsverfahrens enthält sie aber weniger als ein 20 Millionstel Gluten. Diese winzige Menge ist für Zöliakiepatienten ungefährlich.

Ist Mononatriumglutamat (MSG) glutenfrei?

MSG ist ein Geschmacksverstärker, der für Fertiggerichte, Brühwürfel und pikante Snacks verwendet wird. Er kann aus Weizen sein, aber bei seiner Herstellung wird das Glutenprotein vollständig zerstört. Daher ist er unbedenklich.

Kann ich Malzessig verwenden?

Obwohl Malzessig aus Gerste hergestellt wird, enthält das Endprodukt nur Spuren von Gluten, die für die meisten Menschen mit Zöliakie unbedenklich sind. Unbedenklich sind auch Balsamessig, Apfelessig, Sherryessig, Weißweinessig und Rotweinessig.

Was ist mit Medikamenten und Nahrungsergänzungsmitteln?

Die meisten Medikamente und Mittel sind glutenfrei. Obwohl einige Weizenstärke als Füllstoff enthalten können, ist diese aufgrund des Herstellungsprozesses ungefährlich. Beim Kauf von nicht verschreibungspflichtigen Mitteln sollten Sie sich jedoch von Ihrem Apotheker beraten lassen.

GLUTENFREIE NAHRUNGSMITTEL

Die Vorstellung, Gluten vom Speisezettel zu streichen, mag als eine enorme Herausforderung erscheinen, aber alle hier aufgeführten Nahrungsmittel sind von Natur aus glutenfrei.

FLEISCH, GEFLÜGEL UND FISCH
frisches Fleisch und Geflügel jeder Art ● gepökelter, gekochter und geräucherter Schinken (kein Formschinken) ● frischer, getrockneter und geräucherter Fisch, Dosenfisch in Lake, Öl oder Wasser, Meeresfrüchte

OBST, GEMÜSE, NÜSSE UND SAMEN
alle frischen, tiefgefrorenen und getrockneten Obst- und Gemüsearten und Dosenware ● Sauerkonserven ● alle gebackenen, gedämpften, gekochten oder pürierten Kartoffeln ● naturbelassene Nüsse, Samen und Hülsenfrüchte

MILCHPRODUKTE, EIER UND FETTE
Milch (flüssig und als Trockenmilch), Sahne (Schlagsahne, Sauerrahm, Crème fraîche), Buttermilch, einfacher Frischkäse, Naturjoghurt ● Butter, Speiseöle, Butterschmalz, Margarine, kalorienreduzierte Fette ● Käse, Eier

REIS, QUINOA UND ANDERE GLUTENFREIE GETREIDESORTEN UND MEHLE
Alle Getreide, Mehle und Mehlmischungen mit der Aufschrift »glutenfrei« wie Amaranth, Buchweizen, Hafer (siehe Seite 17), Perlhirse, Kartoffelmehl, Kartoffelstärke, Kichererbsenmehl, Mais, Maisstärke, Maniok, Maronenmehl, Polenta (Maismehl), Quinoa, Reis, Reiskleie, Reismehl, Sago, Senfmehl, Sojamehl, Sorghumhirse, Tapiokamehl, Teff und Urdbohnenmehl – siehe auch Seite 32–37

LEBEWOHL ZU NUDELN, BROT, KUCHEN UND KEKSEN?

Da sich immer mehr Menschen glutenfrei ernähren, hat die Nahrungsmittelindustrie auf ihre Bedürfnisse mit einem wachsenden Angebot an glutenfreien Produkten reagiert, darunter Kuchen, Kekse, Nudeln, Fertigteige und Brot. Natürlich muss man keine Fertigprodukte verwenden. Man kann handelsübliche glutenfreie Mehlmischungen – oder eigene Mischungen (siehe Seite 38) benutzen, um selbst zu backen, Lieblingsrezepte zu modifizieren und neue auszuprobieren. Manche Fertigprodukte sind besser als andere, aber keines ist so gut wie Selbstgemachtes.

AUSGEWOGENE ERNÄHRUNG

Eine ausgewogene Ernährung ist für jeden wichtig und eine glutenfreie Diät kann sehr gesund sein, da sie viele frische und unverarbeitete Lebensmittel beinhaltet. Damit sie ausgewogen ist, sollte sie reichlich Obst und Gemüse, mäßige Mengen mageres Fleisch, ungesättigte Fettsäuren, Vollkorn, unraffinierte glutenfreie Kohlenhydrate, aber nur sehr wenig gesättigte Fettsäuren, Salz und Zucker enthalten.

NÄHRSTOFFMANGEL BEHEBEN

Zöliakie kann unbehandelt zu einem Mangel an Eisen, Calcium, Magnesium und Zink führen. Wenn Sie mit glutenfreier Ernährung beginnen, achten Sie darauf, dass sie reich an diesen Nährstoffen ist. Herkömmliche Frühstückscerealien und Brot werden oft mit ihnen angereichert, ebenso mit B-Vitaminen und Ballaststoffen, bei glutenfreien Varianten ist dies aber selten der Fall.

EISEN
Wird zur Bildung roter Blutkörperchen benötigt.
Gute Lieferanten sind mageres rotes Fleisch, Eier, Quinoa, Trockenfrüchte, Linsen und Kichererbsen, dunkelgrüne Gemüse.

MAGNESIUM
Hilfreich für Muskel- und Nervenfunktion, ein gesundes Immunsystem und starke Knochen.
Gute Lieferanten sind Nüsse, Samen, Hülsenfrüchte, brauner Reis, dunkelgrüne Gemüse.

CALCIUM
Notwendig für starke Knochen, besonders bei Kindern, Jugendlichen und jungen Erwachsenen.
Gute Lieferanten sind Joghurt, Milch, Käse, mit Gräten gegessener Dosenfisch (z. B. Sardinen), Mandeln, Sesam, Tofu.

ZINK
Wichtig für Wachstum und Entwicklung, Wundheilung und ein gesundes Immunsystem.
Gute Lieferanten sind mageres rotes Fleisch, Geflügel, Eier, Meeresfrüchte und Nüsse, insbesondere Paranüsse.

FOLSÄURE
Ist an der Bildung roter Blutkörperchen beteiligt. Kommt in Orangen, Grüngemüsen und Hülsenfrüchten vor.

EISEN
Findet sich in rotem Fleisch und Hülsenfrüchten. Aus vegetarischen Lebensmitteln wird es in Verbindung mit Vitamin-C-reichen Nahrungsmitteln leichter aufgenommen.

BALLASTSTOFFE
Unterstützen die Darmgesundheit und verhindern Verstopfung. Gute Lieferanten sind Hülsenfrüchte, Quinoa, Buchweizen, brauner Reis, Obst und Gemüse.

B-VITAMINE
Haben viele wichtige Funktionen. Sie finden sich zum Beispiel in Kartoffeln, Brokkoli und Bananen.

VITAMIN B$_{12}$
Vitamin B$_{12}$ ist für ein gesundes Nervensystem wichtig. Es kommt in Fisch, magerem rotem Fleisch und Eiern vor.

CALCIUM
Findet sich in Milch, Joghurt, Käse und Dosensardinen. Wählen Sie möglichst kalorienarme und fettreduzierte Milchprodukte.

AUSGEWOGENE ERNÄHRUNG

DEN SPEISEZETTEL PLANEN

 Eine Wochenplanung erlaubt es Ihnen zu prüfen, ob alle Zutaten glutenfrei sind. Versuchen Sie vielfältig zu essen, um Ihren Nährstoffbedarf zu decken, entscheiden Sie sich für gesunde Speisen und einen gelegentlichen Leckerbissen und versuchen Sie Mahlzeiten stets frisch zuzubereiten. Hier ein Vorschlag für einen 7-Tage-Plan.

	FRÜHSTÜCK	MITTAGESSEN	ABENDESSEN
TAG 1	✔ 1 Glas Fruchtsaft ✔ glutenfreier Porridge mit frischen oder getrockneten Früchten und Nüssen (Seite 53)	✔ Masala dosa und grüner Salat (Seite 188) ✔ Fruchtjoghurt	✔ Zitronen-Spargel-Nudeln (Seite 114) ✔ Zitronensorbet mit frischen Beeren
TAG 2	✔ 1 Glas Fruchtsaft ✔ Heidelbeer-Frühstücksmuffins (Seite 70)	✔ Glutenfreier Toast mit Hummus (Seite 152) ✔ frischer Obstsalat	✔ Hähnchenbrust-Crumble (Seite 148) ✔ Reispudding
TAG 3	✔ 1 Glas Fruchtsaft ✔ Müsli mit Apfelchips (Seite 56)	✔ Quinoasalat mit Mango, Limette und Kokosnuss (Seite 104) ✔ frisches Obst	✔ Asiatischer Knusperfisch (Seite 140) ✔ glutenfreies Früchtecrumble (Seite 227)
TAG 4	✔ 1 Glas Fruchtsaft ✔ glutenfreies Brot mit Konfitüre oder Honig (Seite 38)	✔ glutenfreie Minestrone (Seite 95) mit einem glutenfreien Brötchen ✔ Fruchtjoghurt	✔ Hähnchen-Kräuter-Pasteten (Seite 210) ✔ frischer Obstsalat
TAG 5	✔ 1 Glas Fruchtsaft ✔ glutenfreies Müsli mit Kokosnuss (Seite 52)	✔ Rote-Bete-Suppe (Seite 98) ✔ Kümmelbrot (Seite 182) mit fettarmem Weichkäse	✔ süßsaure Hähnchenbrust (Seite 145) ✔ Apfelküchlein mit Sauce (Seite 226)
TAG 6	✔ 1 Glas Fruchtsaft ✔ Früchteriegel (Seite 72)	✔ Blini mit Räucherforelle (Seite 82) ✔ Joghurt mit Früchten	✔ Gegrillte Polenta mit Ofentomaten (Seite 166) ✔ frisches Obst
TAG 7	✔ 1 Glas Fruchtsaft ✔ Rühreier auf glutenfreiem Toast	✔ Soba-Nudel-Garnelen-Salat (Seite 108) ✔ frisches Obst	✔ Lachs im Teigmantel (Seite 136) ✔ glutenfreie Brombeer-Apfel-Pie (Seite 222)

GLUTENFREIE ERNÄHRUNG FÜR KINDER

Eine glutenfreie Ernährung für ein Kind erfordert besondere Planung, um sicherzustellen, dass es alle erforderlichen Nährstoffe bekommt. Zudem müssen Sie mit Betreuungspersonen und Schulpersonal sprechen, damit das Kind auch außer Haus glutenfrei isst. Versuchen Sie ihm nach der Diagnose seine Krankheit verständlich zu erklären und beziehen Sie es in die Planung seiner Ernährung ein. Ermuntern Sie es, bei der Zubereitung der Speisen zu helfen. Ein Kind kann verunsichert werden, wenn es sich ausgegrenzt fühlt. Deshalb ist es wichtig, dass seine Ernährung zwar glutenfrei, aber möglichst normal ist. Ein Kind mit Zöliakie muss nicht auf Spaß verzichten. In diesem Buch werden Sie zahlreiche Rezepte finden, die sich perfekt für Partys eignen, ob es nun selbst Gastgeber ist oder mit glutenfreien Leckerbissen zu einer Party geht. Wir haben leicht abwandelbare, kindgerechte Rezepte für alle Tage besonders hervorgehoben, die der ganzen Familie schmecken werden. Und sobald ein Kind alt genug ist, sollte es die Verantwortung für seine Ernährung übernehmen.

SUPER FÜR KIDS

Muss ich Vitaminpräparate einnehmen?

Eine Schädigung des Darms aufgrund unbehandelter Zöliakie führt häufig zu Nährstoffmangel. Nach der Erstdiagnose wird Ihr Diätspezialist vermutlich die Einnahme eines Vitamin- und Mineralstoffpräparats empfehlen. In schweren Fällen kann sogar die intravenöse Gabe von Vitaminen notwendig sein. Sprechen Sie auf jeden Fall mit Ihrem Diätspezialisten, ehe Sie Nahrungsergänzungsmittel einnehmen.

GLUTEN IN BABYNAHRUNG EINFÜHREN

Glutenhaltige Getreide sollten erst in die Ernährung eines Babys eingeführt werden, wenn es sechs Monate alt ist, länger muss dies aber nicht hinausgeschoben werden. Nachdem das Baby entwöhnt ist, sollte es regelmäßig glutenhaltige Nahrung bekommen, denn nur dann kann eine mögliche Erkrankung diagnostiziert werden. Und wenn Ihr Kind tatsächlich an Zöliakie leidet, wird die Diagnose besser früher als später gestellt.

AUSGEWOGENE ERNÄHRUNG

GLUTENFREIE DIÄT UND LAKTOSEINTOLERANZ

Laktoseintoleranz ist eine häufige Folge unbehandelter Zöliakie, denn das Enzym Laktase, das Laktose (Milchzucker) aufspaltet, wird in dem Bereich des Darms produziert, der durch Gluten geschädigt wurde. Ohne Laktase gelangt Laktose unverändert in den Dickdarm. Dort wird sie dann von Bakterien vergoren, wobei große Mengen Gase entstehen. Symptome für eine Laktoseintoleranz sind Aufgeblähtsein, Magenkrämpfe, Durchfall und Blähungen. Meist treten sie 30 Minuten bis 2 Stunden nach dem Genuss eines Milchprodukts auf. Laktoseintoleranz ist in Verbindung mit Zöliakie meist nicht von Dauer, da der Darm mit einer Umstellung auf glutenfreie Ernährung zu heilen beginnt. Aber es kann bis zu zwei Jahre dauern, bis die Laktaseproduktion wieder normal funktioniert. Laktoseintoleranz wird behandelt, indem man die Zufuhr laktosehaltiger Lebensmittel meidet oder begrenzt. Allerdings kann Laktose auch in Nahrungsmitteln wie in Chips und Keksen oder in Medikamenten versteckt sein. Studieren Sie daher Etiketten stets genau. Milchprodukte liefern viel Calcium, das dann aus laktosefreien Quellen zugeführt werden muss. Sprechen Sie mit Ihrem Arzt auch über Nahrungsergänzungsmittel.

LAKTOSEFREIE CALCIUM-LIEFERANTEN

NÜSSE UND SAMEN ▶
Mandeln, Haselnüsse, Paranüsse und Walnüsse enthalten besonders viel Calcium, ebenso Sonnenblumenkerne und Sesam.

◀ **TROCKENFRÜCHTE**
Trockenfrüchte enthalten meist mehr Calcium als frisches Obst. Besonders calciumreich sind Feigen, aber auch Aprikosen, Datteln und Backpflaumen sind empfehlenswert.

HARTKÄSE ▶
Traditionell hergestellte Hartkäse wie Parmesan enthalten nur kleine Mengen Laktose und werden vielleicht besser vertragen.

DUNKELGRÜNE GEMÜSE ▲
Grüngemüse wie Brokkoli, Kopfkohl und Mangold sind calciumreich. Verzichten Sie aber auf Spinat. Er enthält eine Substanz, die die Calciumaufnahme beeinträchtigt.

GLUTENFREIE DIÄT UND DIABETES

Menschen mit Diabetes mellitus Typ 1 leiden häufiger an Zöliakie und Dermatitis herpetiformis, was möglicherweise an einer genetischen Veranlagung für diese Krankheiten liegt. Die Zöliakie in dieser Kombination erzeugt oft keine Symptome und wird häufig erst bei Screenings entdeckt. Nicht erklärbare Hypoglykämie (zu niedriger Blutzuckerspiegel) und eine schlechte Blutzuckereinstellung können vor allem bei kleinen Kindern mit Diabetes mellitus ein Symptom für unerkannte Zöliakie sein.

Sollten Sie unter beiden Krankheiten leiden, ist es für Sie noch wichtiger, regelmäßig einen Ernährungsberater aufzusuchen, der sich mit dieser doppelten Belastung auskennt, denn sie erfordert kontinuierliche Beobachtung. Nach der Erstdiagnose Zöliakie und der entsprechenden Diät muss bei einem Menschen mit Diabetes mellitus der Blutzuckerspiegel zunächst einmal genauer überwacht werden, denn wenn der Darm zu heilen beginnt, wird er mehr Kohlenhydrate aufnehmen, und dementsprechend muss oft die Insulindosis angepasst werden.

Die Regeln einer gesunden Ernährung bei Diabetes mellitus gelten auch für Menschen mit einer gleichzeitigen Glutenintoleranz, aber bei ihnen müssen unraffinierte Kohlenhydrate natürlich glutenfrei sein.

GESUNDE ERNÄHRUNG BEI DIABETES MELLITUS

◄ FÜNF AM TAG
Versuchen Sie täglich mindestens fünf Portionen Obst und Gemüse zu essen.

GESUNDE FETTE ESSEN ►
Ersetzen Sie gesättigte Fettsäuren durch ungesättigte aus Nahrungsmitteln wie Nüssen, Samen, Avocados und Olivenöl.

SALZZUFUHR REDUZIEREN ►
Verwenden Sie beim Kochen statt Salz aromatische Zutaten wie Chilischoten.

◄ WENIGER ZUCKER
Verzichten Sie auf Zucker oder verwenden Sie Alternativen mit niedrigerem Glykämischem Index wie Fruktose.

MEHR GUTE KOHLENHYDRATE ►
Sie müssen glutenfrei sein und einen niedrigen Glykämischen Index haben, wie etwa brauner Reis.

GLUTENFREI UNTERWEGS

ESSEN IM RESTAURANT

Essen außer Haus mag problematisch erscheinen, wenn man mit einer glutenfreien Ernährung beginnt. Aber bei Beachtung einiger einfacher Regeln gibt es keinen Grund, weshalb man Restaurantbesuche nicht wie früher genießen sollte.

SECHS TIPPS ZUM ESSEN AUSSER HAUS

1 **SICH UMHÖREN** Sollten Sie einer Selbsthilfegruppe angehören, fragen Sie andere Mitglieder nach empfehlenswerten Restaurants mit glutenfreier Küche.

2 **ONLINE SCHAUEN** Auf vielen Websites sind glutenfreie Restaurants aufgeführt. Oft findet man dort auch Speisenkarten, die man vorab durchsehen kann.

3 **KONTAKTIEREN** Fragen Sie mindestens 24 Stunden vor Ihrem Besuch im Restaurant Ihrer Wahl nach, ob es auf glutenfreie Küche eingerichtet ist.

4 **KEINE FALSCHE SCHEU** Machen Sie deutlich, dass Gluten für Sie tabu ist. Versuchen Sie beim Küchenchef Details über jedes einzelne Gericht zu erfahren.

5 **NACHFRAGEN** Machen Sie klar, dass auch die kleinste Menge Gluten Ihnen schadet, und fragen Sie, ob in der Küche Kontaminationen ausgeschlossen sind.

6 **MITBRINGEN** Möchten Sie Ihr eigenes glutenfreies Brot mitbringen, sollten Sie dies vorher mitteilen und bei Ihrer Ankunft auch den Kellner informieren.

Was ist mit Take-aways?

Hier muss man sicher sein, dass alle Speisen mit frischem Öl zubereitet werden. Fleischprodukte sind meist ungeeignet und tiefgefrorene Pommes frites oft mit Mehl überzogen. Gerichte von indischen Take-aways sind häufig unbedenklich, sofern sie aus frischen Zutaten und ganzen Gewürzen zubereitet wurden. Vorsicht vor Sojasauce beim Chinesen.

Wie ernähre ich mich im Ausland glutenfrei?

Wenn Sie einer Zöliakie-Organisation angehören, sollten Sie dort länderspezifische Broschüren über glutenfreie Ernährung im Ausland erhalten und auch einen kleinen Sprachführer, der beim Essen im Restaurant hilfreich ist. Es empfiehlt sich jedoch, glutenfreie Snacks, Nudeln und Brot und auch Toasterbeutel mitzunehmen.

GLUTENFREIES LUNCHPAKET

Eine wachsende Zahl von Cafés und Imbissstuben beginnt, glutenfreie Speisen anzubieten, aber sie sind noch selten und möglicherweise teurer. Oft ist es am besten, eigene Snacks und Speisen mitzunehmen, und ein Lunchpaket für Ihr Kind gibt Ihnen die Sicherheit, dass es auch außer Haus gut und glutenfrei isst.

NÜSSE
Eine Handvoll Nüsse liefert gute Fette und Protein. Gerösteten Nüssen kann aber Mehl anhaften.

TROCKENFRÜCHTE
Trockenfrüchte, etwa Aprikosen, enthalten viele Ballaststoffe, aber auch viel Zucker. Daher sollte man hier Zurückhaltung üben.

FRISCHES OBST
Ein Apfel oder anderes frisches Obst ist absolut glutenfrei und perfekt als gesunder Snack geeignet.

FRÜHSTÜCKSRIEGEL
Müsliriegel aus Hafer und Reis eignen sich großartig als Frühstück für unterwegs oder Vormittagssnack (siehe Seite 71–72).

SANDWICH
Selbst gebackenes Brot macht das Essen von Sandwiches zum Genuss. Am besten backt man mehrere Brote und friert sie ein, um mehrere Wochen versorgt zu sein.

SELBST GEMACHTE SÜSSE SACHEN
Gönnen Sie sich zwei- bis dreimal pro Woche einen selbst gebackenen Keks oder ein Stück Kuchen. Eine gesunde fettarme Wahl ist Teekuchen.

SECHS SNACKTIPPS FÜR KINDER

 **GLUTENFREI AUSRÜSTEN** Geben Sie Ihrem Kind stets reichlich glutenfreie Snacks mit, falls es unterwegs kein geeignetes Essen bekommt.

 **VIELFALT ANBIETEN** Da Kinder immer gleicher Snacks leicht überdrüssig werden, sollten Sie versuchen, ihnen jeden Tag etwas anderes mitzugeben.

 **NATÜRLICH BLEIBEN** Sollte Ihr Kind sich ausgegrenzt fühlen, geben Sie ihm von Natur aus glutenfreie Snacks wie Käse, Sesamriegel, Popcorn und Smoothies.

 **SELBERMACHEN** Kinder backen gern Kuchen und Kekse und essen mit Begeisterung Snacks, die sie selbst gemacht haben.

 **FESTE VERSCHÖNERN** Wenn Ihr Kind auf eine Party geht, geben Sie dort heimlich glutenfreie Leckereien ab, damit es auch ein Geschenk bekommen kann.

 **SELBSTSTÄNDIGKEIT FÖRDERN** Sorgen Sie dafür, dass ältere Kinder wissen, worauf sie bei den Zutaten achten müssen, um selbst Snacks wählen zu können.

EINRICHTEN EINER GLUTENFREIEN KÜCHE

Zu den wichtigsten Dingen, die Sie nach der Diagnose Zöliakie lernen müssen, gehört, dass selbst winzige Spuren Gluten Probleme verursachen können. Wenn Sie sowohl glutenfreie als auch normale Mahlzeiten zubereiten, brauchen Sie daher eine Mehrzweckküche und müssen sich einige einfache Regeln beim Putzen und bei der Speisenzubereitung zu eigen machen, um Verunreinigungen zu vermeiden.

GRÜNDLICH PUTZEN

Um eine Küche glutenfrei zu machen, räumen Sie zunächst alle Schränke aus und machen alle Arbeitsflächen leer. Dann putzen Sie die Küche gründlich von oben bis unten, um glutenhaltiges Mehl und Brotkrümel zu beseitigen. Wiederholen Sie dies in regelmäßigen Abständen.

GETRENNTE BRETTCHEN

Benutzen Sie für glutenfreies Brot und andere Backwaren eigene Schneidebretter. Kunststoff ist leichter zu reinigen als Holz, in dessen winzigen Poren Krümel zurückbleiben.

AUFBEWAHREN

Bewahren Sie glutenhaltige und glutenfreie Lebensmittel wie Mehl und Nudeln in getrennten, luftdicht verschlossenen Behältern auf, möglichst in verschiedenen Schränken. Achten Sie darauf, dass alles sauber beschriftet ist, und kleben Sie Zubereitungsanleitungen nötigenfalls mit Klebstreifen auf die Behälter. Halten Sie immer zusätzliche Kunststoffbehälter für frische Lebensmittel wie Kekse, Kuchen und Speisereste auf Vorrat. Gekühlte oder tiefgefrorene Lebensmittel, die durch Verunreinigungen gefährdet sind, sollten in getrennten Behältern und beschrifteten Folienbeuteln aufbewahrt werden.

KÜCHENTIPPS

- ✔ Wenn Sie Ihre Küche mit anderen teilen, erklären Sie jedem Mitbenutzer die Regeln.
- ✔ Machen Sie beim Zubereiten von Mahlzeiten zuerst die glutenfreie Version, um eine mögliche Kreuzkontamination zu verhindern.
- ✔ Wischen Sie vor Arbeitsbeginn alle Oberflächen ab.
- ✔ Zudem sollten Töpfe und andere Utensilien vor Gebrauch mit Spülmittel und heißem Wasser gewaschen werden. Oder schaffen Sie einen zweiten Satz Küchenutensilien an, den Sie getrennt aufbewahren.
- ✔ Gluten bleibt beim Braten im Öl. Daher stets zuerst die glutenfreien Speisen braten.
- ✔ Um Verunreinigungen zu vermeiden, Ofengitter, Bleche und Grillpfannen vor Gebrauch mit sauberer Alufolie abdecken.

BROTMASCHINEN

Wenn man eigenes glutenfreies Brot backen möchte, ist eine Brotmaschine eine bequeme Möglichkeit, um eine regelmäßige Versorgung sicherzustellen. Wählen Sie eine Maschine mit einer speziellen Einstellung für glutenfreie Brote und Kuchen und backen Sie kein anderes Brot darin.

FARBCODE

Bei Utensilien wie Sieben, Servierzangen und Schaumlöffeln kann es schwierig sein, Gluten vollständig abzuwaschen. Deshalb empfiehlt sich ein Satz ausschließlich für die glutenfreie Küche. Kaufen Sie ihn in einer bestimmten Farbe, damit er unverwechselbar ist.

TOAST EINTÜTEN

Im Idealfall hat man getrennte Toaster für glutenfreies und normales Brot, bei Platzmangel kann man aber auch durch Toastbeutel Verunreinigungen verhindern.

KEIN ZWEITES MAL!

Benutzen Sie stets saubere Messer und Löffel, wenn Sie zum Beispiel Butter oder Marmelade auf Toast streichen. Gehen Sie nur einmal mit einem Besteck in ein Glas, um es nicht mit Krümeln zu verunreinigen.

GLUTENFREIE GETREIDE

In einem guten Bioladen oder großen Supermarkt werden Sie eine breite Palette glutenfreier Getreide finden, die nahrhaft, lecker und vielseitig sind. Die zahlreichen Sorten können die Umstellung auf glutenfreie Ernährung zu einer Entdeckungsreise in eine neue Welt der Aromen und Konsistenzen machen.

BUCHWEIZEN *Fagopyrum esculentum*

Trotz seines Namens ist Buchweizen kein Verwandter des Weizens und enthält kein Gluten. Tatsächlich handelt es sich um die Samen einer Pflanze, die mit dem Rhabarber verwandt ist. Für Buchweizengrütze werden die Körner geschält und anschließend zerstoßen. Da unverarbeitete Grütze leicht bitter ist, sollte man sie vor dem Garen einige Minuten in Öl rösten. Dadurch wird die Bitterkeit beseitigt und ein angenehmer nussiger Geschmack entsteht. Buchweizengrütze kann als Ersatz für Couscous verwendet werden.

REIS *Oryza sativa*

Es gibt viele verschiedene Reissorten wie Basmatireis, Klebreis, braunen Reis und Risottoreis, die alle kein Gluten enthalten. Man kann Reis als Beilage verwenden, aber auch für süße und pikante Gerichte wie Pilaw, Risotto und Reispudding. Zudem werden aus ihm Reismehl, Nudeln, Pfannkuchen, Reisteigplatten und Reiswaffeln gemacht. Brauner Reis ist ungeschälter Reis und enthält mehr Vitamine, Mineralstoffe und Ballaststoffe als weißer Reis, bei dem Keimling und Silberhäutchen entfernt wurden.

HAFER *Avena sativa*

Hafer enthält mehr Protein und Fett als andere Cerealien, zudem B-Vitamine und die Mineralstoffe Calcium, Magnesium, Eisen und Zink. Hafer ist reich an Beta-Glucan, einem löslichen Ballaststoff, der dazu beiträgt, den Cholesterinspiegel zu senken. Ganzer Hafer und Hafergrütze benötigen 1¼ Stunden zum Garen und behalten ihre Form, werden aber cremig. Sie schmecken köstlich zu Fleisch oder Gemüseeintöpfen und können vorgegart in Brotteig gegeben werden.

AMARANTH *Amaranthus spp.*

Amaranth ist kein echtes Getreide, enthält aber viel Protein, reichlich Calcium, Eisen und Magnesium und zudem mehr Ballaststoffe als andere glutenfreie Getreide. Amaranth hat einen leicht pfeffrigen, nussigen Geschmack und eine klebrige Konsistenz. Man kann ihn garen, zu Mehl vermahlen, für Popcorn verwenden, keimen oder rösten. Er kann pfannengerührten Gerichten, Suppen und Eintöpfen hinzugefügt werden, um sie anzudicken.

SAGO *Metroxylon sagu*

Sago wird aus dem Mark tropischer Palmen gewonnen, die in Papua-Neuguinea und Südostasien wachsen. Es handelt sich praktisch um reine Kohlenhydrate, fast ohne Proteine, Vitamine, Mineralstoffe oder Ballaststoffe. Die kleinen Kugeln des Perlsago ähneln Tapioka und können für Desserts verwendet werden. Zudem wird Sago zu Mehl verarbeitet, das für Pfannkuchen, Backwaren und Nudeln wie auch zum Eindicken von Eintöpfen und Saucen benutzt werden kann.

QUINOA *Chenopodium quinoa*

Quinoa war den Inkas heilig und in Südamerika wird sie seit 3000 v. Chr. angebaut. Sie ist extrem proteinreich und enthält Phosphor, Calcium, Eisen, Vitamin E, B-Vitamine und Ballaststoffe. Sie hat einen herrlich nussigen Geschmack und eine angenehme Konsistenz und kann gekocht anstelle von Reis für Salate, Pilaws und Füllungen, als Beilage zu Eintöpfen oder in Frühstückscerealien verwendet werden. Sie wird auch zu Mehl verarbeitet.

PERLHIRSE *Pennisetum glaucum*

Perlhirse ist ein kleines, rundes gelbes Getreide, das Proteine, Vitamine, Mineralstoffe und Ballaststoffe enthält. In vielen Teilen Afrikas und Asiens, wo sie als Brei oder für Brot verwendet wird, ist sie ein Grundnahrungsmittel. Sie schmeckt recht mild und kann für Frühstückscerealien und Gerichte wie Pilaw benutzt werden. Zudem wird sie zu Mehl vermahlen.

WILDREIS *Zizania spp.*

Bei Wildreis handelt es sich nicht um Reis, sondern um die Samen eines Süßwassergrases. Sie enthalten doppelt so viel Protein wie Reis und größere Mengen B-Vitamine, Zink, Eisen und Ballaststoffe. Die langen schwarzen Samen haben einen nussigen, leicht holzigen Geschmack und Biss. Man kann sie gegart wie Reis servieren, ihre Garzeit ist jedoch 10 Minuten länger. Oder mischen Sie Wildreis mit Basmatireis.

KASCHA *Fagopyrum esculentum*

Kascha ist der russische Name für einen Brei aus gerösteter Buchweizengrütze und sollte nicht mit Kamut verwechselt werden. Durch das Rösten verliert der Buchweizen seine natürliche Bitterkeit und erhält einen süßeren und nussigeren Geschmack. Im Handel ist grob, mittel und fein zerstoßenes Kascha erhältlich.

GLUTENFREIE MEHLE

Es gibt nicht nur Weizenmehl. Rund um die Welt stellen Menschen, oft schon seit Tausenden von Jahren, Mehle aus einer Reihe von anderen Getreiden, Samen, Nüssen, Bohnen und Gemüsen her. Lernen Sie mit ihnen zu kochen, machen Sie sich mit ihren besonderen Eigenschaften vertraut und stellen Sie aus ihnen Backmischungen her.

MAISMEHL

Maismehl wird aus Zuckermaiskörnern hergestellt, die getrocknet, in Kalkwasser eingeweicht und zu grobem Mehl vermahlen werden. In Steinmühlen gemahlenes Mehl enthält noch Teile von Kleie und Keimlingen und hat daher meist mehr Geschmack und Nährstoffe. Maismehl eignet sich gut für die Panade frittierter Speisen und die Herstellung von Tortillas (dafür sollte man das mexikanische Mehl Masa harina ausprobieren), Pfannkuchen, Muffins und Maisbrot. Popcorn wird aus einer besonders harten Maissorte hergestellt und ist ein guter glutenfreier Snack.

HAFERMEHL

Hafermehl wird aus geschälten ganzen Haferkörnern hergestellt, wobei es unterschiedliche Mahlgrade gibt: Grobes Hafermehl kann für Füllungen, zum Andicken von Suppen und Eintöpfen und zum Bestreuen von Gratins verwendet werden. Mittelfeines Hafermehl eignet sich am besten zum Backen und verleiht frittiertem Fisch einen gleichmäßigen Überzug. Feines Hafermehl nimmt man für Pfannkuchen, Teige und Saucen. Das Mehl sollte als glutenfrei gekennzeichnet sein, da es bei der Herstellung mit Gluten verunreinigt werden kann.

MAISSTÄRKE

Maisstärke darf nicht mit Maismehl verwechselt werden. Es handelt sich um reine Stärke aus Maiskörnern, die fast geschmacksneutral ist und sich gut mit Flüssigkeiten verrühren lässt. Meist wird sie zum Andicken von Saucen verwendet, man kann sie beim Backen aber auch mit Mehlen mischen.

MAISMEHL (GROB)

Grob gemahlenes Maismehl oder Polenta kann als pikante Beilage gegart werden. Man kann sie als Brei zubereiten oder fest werden lassen und in Stücke geschnitten braten oder grillen. Zudem kann Maismehl beim Backen mit anderen Mehlen verwendet werden, Instant-Polenta hat jedoch eine recht grobkörnige Konsistenz, die für Kuchen weniger geeignet ist.

BUCHWEIZENMEHL

Buchweizenmehl enthält mehr Protein als andere glutenfreie Mehle. Es hat einen kräftigen süßlichen Geschmack und ist gesprenkelt. Japanische Soba-Nudeln werden traditionell aus Buchweizenmehl hergestellt. Zudem eignet sich das Mehl gut für die Zubereitung von anderen Nudeln, Pfannkuchen und Blini.

TAPIOKAMEHL

Tapiokamehl ist fast reine Stärke, ist fast geschmacklos und enthält wenig Protein und andere Nährstoffe. Man kann es zur Zubereitung von Pudding und zum Andicken von Suppen oder Saucen verwenden oder mit anderen glutenfreien Mehlen vermischt zum Backen einsetzen. In Panaden oder Ausbackteigen für frittierte Speisen verwendet, lässt Tapioka eine knusprige Kruste entstehen.

MARONENMEHL

Dieses Mehl wird durch Vermahlen ganzer Maronen hergestellt. Es ist reich an Ballaststoffen, gesunden Fettsäuren und Proteinen. Kuchen und Keksen verleiht es zusätzliche Konsistenz, Feuchtigkeit und einen leicht süßlichen Geschmack. Es eignet sich gut für Pfannkuchen.

MANDELMEHL

Mandelmehl besteht aus abgezogenen gemahlenen Mandeln. Es ist reich an Ballaststoffen, gesunden Fettsäuren und Protein und enthält Calcium. Man verwendet es zum Backen, um Teigen zusätzlich Geschmack, Feuchtigkeit und Konsistenz zu verleihen und um den Nährwert zu verbessern.

GLUTENFREIE MEHLE

SOJAMEHL

Sojamehl wird aus Sojabohnen hergestellt. Es gibt entfettete, fettarme und vollfette Sorten. Sojamehl ist ein ausgezeichneter Lieferant von Protein und B-Vitaminen. Da es stark nach Bohnen schmeckt, verwendet man es am besten zusammen mit anderen Mehlen.

BRAUNES REISMEHL

Braunes Reismehl kann wie weißes Reismehl verwendet werden, ist aber gröber und hat eine kräftigere nussige Note. Dadurch verleiht es Mehlmischungen die Konsistenz und den Geschmack von »Vollkorn«.

KARTOFFELMEHL

Kartoffelmehl oder Kartoffelstärke hilft Feuchtigkeit zu halten und verleiht Backwaren eine feine, leichte Konsistenz. Zudem eignet es sich ausgezeichnet zum Eindicken. Wie Maisstärke und Tapioka enthält Kartoffelmehl viele raffinierte Kohlenhydrate, aber nur wenige Ballast- und Nährstoffe.

WEISSES REISMEHL

Weißes Reismehl hat einen milden Geschmack und kann auf die gleiche Weise wie Maisstärke als Saucenbinder verwendet werden. Man rührt es einfach mit kaltem Wasser an, fügt es der Sauce hinzu und lässt es kochen, bis sie dick wird. Zudem wird es vor allem in der asiatischen Küche für Klöße, Pfannkuchen, Kuchen und Süßigkeiten verwendet. »Gemahlener Reis« wird ebenfalls aus weißem Reis hergestellt und hat eine etwas gröbere Konsistenz.

URDBOHNENMEHL

Dieses Mehl ist ein proteinreiches Grundnahrungsmittel der südindischen Küche, wo man es für Dosas, Uttapams, Idlis und Papadams verwendet. Gemischt mit anderen Mehlen kann es auch für Fladenbrote benutzt werden und man fügt es als Bindemittel Suppen und Pürees hinzu, um sie mit Protein anzureichern.

KICHERERBSENMEHL

Kichererbsenmehl ist reich an Protein und Ballaststoffen und hat einen typischen Bohnengeschmack. Es wird häufig in der indischen Küche für Bhajis und Pakoras wie auch für Papadams und Brot verwendet. Kichererbsenmehl ist auch zum Binden von Suppen und Saucen nützlich, sollte zum Backen aber mit anderen Mehlen gemischt werden.

SORGHUMHIRSEMEHL

Mehl aus den Körnern der Sorghumhirse ist proteinreich, hat eine glatte Konsistenz und einen milden Geschmack. Am besten mischt man kleine Mengen unter anderes glutenfreies Mehl, um den Proteingehalt zu erhöhen.

TEFFMEHL

Teffmehl enthält viele Proteine und Ballaststoffe und hat einen süßen, nussigen Geschmack. Es wird aus den Samen eines in Äthiopien heimischen Grases hergestellt. Das Mehl kann zusammen mit anderen glutenfreien Mehlen zum Backen verwendet werden. Ganze Samen können als Brei zubereitet, in Suppen oder Eintöpfe gegeben oder als Beilage serviert werden. Teff liefert Eisen, Calcium, Magnesium und Zink.

ANDERE NÜTZLICHE ZUTATEN

Die Umstellung auf glutenfreie Ernährung ist für viele Menschen eine wunderbare Gelegenheit, zum ersten Mal selbst zu backen. Abgesehen von Triebmitteln benötigt der glutenfreie Bäcker weitere Zutaten, um elastische Teige herzustellen.

GLUTENFREIES BACKPULVER

Backpulver wird zum Kuchenbacken verwendet. Durch den Kontakt mit flüssigen Zutaten kommt es zu einer chemischen Reaktion, wodurch Kohlendioxid entsteht, das den Teig aufgehen lässt.

GLUTENFREIES NATRON

Natron hat ähnliche Eigenschaften wie Backpulver, erfordert aber die Zugabe natürlicher Säuren, wie sie etwa in Buttermilch oder Joghurt vorkommen, um die gleiche chemische Reaktion zu bewirken.

HEFE

Hefe besteht aus lebenden Mikroorganismen, die in einem Teig Kohlendioxid erzeugen, durch das er geht. Sie ist frisch und als Trockenhefe erhältlich. Trockenhefe ist für den Anfänger vermutlich leichter zu handhaben.

XANTHAN

Xanthan hilft, dass glutenfreie Teige Bindung bekommen, und es verleiht ihnen eine gewisse Elastizität. Dadurch krümelt Brot weniger und Teig lässt sich leichter handhaben. Man bekommt es online, in Bioläden oder Drogerien. Guarkernmehl hat ähnliche Eigenschaften, ist aber schwerer zu bekommen.

PFEILWURZELMEHL

Das weiße Stärkemehl aus der tropischen Pfeilwurz ist ein Bindemittel und verleiht Backwaren eine gute Konsistenz. Zudem ist es nützlich als Bindemittel für klare Suppen und Saucen.

BROT BACKEN

Selbst gemachtes glutenfreies Weißbrot schmeckt viel besser als gekauftes Brot. Entscheidend sind die richtige Mehlmischung und die Zugabe von Xanthan, das den Teig gehen lässt. Sie können die hier aufgeführten Mehlmischungen verwenden, aber auch mit eigenen Mischungen experimentieren oder fertige Mischungen kaufen. Bewahren Sie eigene Mischungen in einem luftdicht verschlossenen Behälter auf.

ERGIBT 1 Laib
ZUBEREITUNG 20 Min.
PLUS GEHZEIT
BACKZEIT 45 Min.
EINFRIEREN 3 Mo.

Öl zum Einfetten
450 g glutenfreies Weißbrotmehl (siehe unten), sowie Mehl zum Bestäuben
2 TL Trockenhefe
1 TL Salz
1 EL Zucker
1 Ei
2 EL Pflanzenöl
1 TL Essig
1 Ei, verquirlt, zum Bestreichen

WEISSBROT

Dieses feuchte elastische Brot eignet sich großartig für Sandwiches und Toast. In einem Folienbeutel aufbewahrt, hält es sich zwei bis drei Tage. Reste können zu Semmelbröseln verarbeitet und im Gefriergerät aufbewahrt werden, um sie für Füllungen, Panade und andere Dinge zu verwenden. Falls gewünscht, können Sie die Zutatenmengen verdoppeln, zwei Laibe backen und dann einen Laib einfrieren.

MEHLMISCHUNGEN

Ergibt 700 g
Weißbrotmehl
450 g weißes Reismehl
115 g Kartoffelmehl
60 g Tapiokamehl
60 g Maisstärke
4 TL Xanthan

Dunkles Brotmehl
450 g braunes Reismehl
115 g Kartoffelmehl
60 g Tapiokamehl
60 g Maisstärke
4 TL Xanthan

1 Eine 500 g fassende Kastenform dünn einölen. Mehl, Hefe und Salz in eine große Schüssel sieben. Den Zucker untermischen. 300 ml lauwarmes Wasser in einen Krug geben. Ei, Öl und Essig hinzufügen und alles mit einer Gabel verrühren.

2 In der Mitte der Mehlmischung eine Mulde machen und die flüssigen Zutaten hineingeben. Das Mehl mit einem Holzlöffel in die Flüssigkeit ziehen, gut untermischen und dann die Mischung mit den Händen zu einem Teig formen.

3 Den Teig auf die dünn bemehlte Arbeitsfläche legen und etwa 5 Minuten kneten, bis er glatt ist. Dabei die Kugel mit einer Hand festhalten und mit der anderen Hand dehnen. Wieder zusammennehmen, umdrehen und auf die gleiche Weise weiterkneten.

4 Den Teig zu einem Rechteck etwa in Größe der Backform zusammendrücken und hineinsetzen. Drei- oder viermal mit einem scharfen Messer einschneiden. Locker mit eingeölter Frischhaltefolie abgedeckt 1 Stunde an einem warmen Platz gehen lassen. Er wird sein Volumen dann verdoppelt haben.

5 Den Backofen auf 220 °C vorheizen. Die Oberseite des Brots mit Ei bestreichen – dadurch verleiht man dem Brot Farbe, da glutenfreies Brot nach dem Backen meist blasser ist als normales Brot – und anschließend mit etwas Mehl bestäuben.

6 Das Brot 35 Minuten backen, bis es aufgegangen und goldbraun ist. Aus der Backform nehmen, auf ein Backblech setzen und weitere 10 Minuten backen, damit es knusprig wird. Herausnehmen und auf einem Kuchengitter auskühlen lassen.

RÜHRKUCHEN BACKEN

Wunderbare, im Handel erhältliche glutenfreie Mehlmischungen machen heute das Backen von glutenfreien Kuchen erheblich leichter. Beim traditionellen Backen ist es jedoch wichtig, die Teigmasse sorgfältig zu schlagen, um Luft einzuarbeiten. Bei der Herstellung eigener Mehlmischungen fügt man pro 700 Gramm Mehl 3–4 Teelöffel Xanthan und 11 Teelöffel Backpulver hinzu.

ERGIBT 8 Stücke
ZUBEREITUNG 15 Min.
BACKZEIT 25–30 Min.
EINFRIEREN 3 Monate
NUR DIE BÖDEN

175 g weiche Butter, sowie Butter zum Einfetten
175 g Zucker
3 Eier
175 g glutenfreies Mehl
1 gehäufter TL Backpulver
3 EL Milch
1 TL Vanilleextrakt, ersatzweise 1 Päckchen Vanillezucker
5 EL Erdbeerkonfitüre
Puderzucker zum Bestäuben

KÖNIGIN-VICTORIA-KUCHEN

Dieser Rührkuchen hat eine leichte fluffige Konsistenz und kann (wenn er nicht gleich aufgegessen wird) drei bis vier Tage in einem luftdicht verschlossenen Behälter aufbewahrt werden. Die Erdbeerkonfitüre kann man durch eine beliebige Konfitüre aus dem Vorratsschrank ersetzen. Oder man verwendet geschlagene Sahne und frische Früchte. Dann ist der Kuchen aber nicht lagerfähig.

VARIANTEN

Orange
Anstelle von Vanillezucker und Milch mit dem Mehl abgeriebene Schale und Saft von 1 Bio-Orange hinzufügen. Als Füllung gute Orangenmarmelade verwenden.

Schokolade
60 g Mehl durch Kakaopulver ersetzen. Den Kuchen wie beschrieben backen und abkühlen lassen. Als Füllung glutenfreie Schokocreme oder Schlagsahne verwenden.

1 Den Backofen auf 180 °C vorheizen. Zwei 20 cm große runde Backformen dünn einfetten und die Böden mit Backpapier belegen. Butter und Zucker mit dem elektrischen Handrührgerät schaumig schlagen.

2 Die Eier nacheinander sorgfältig unterrühren, bis die Masse locker und leicht ist. Mit dem letzten Ei nötigenfalls 1–2 Esslöffel Mehl untermischen, damit die Masse nicht ausflockt.

3 Restliches Mehl mit dem Backpulver mischen und mit Milch und Vanilleextrakt in die Schüssel geben. Mit dem elektrischen Handrührgerät 1 Minute weiterschlagen, bis eine glatte Masse entstanden ist.

4 Die Masse gleichmäßig auf die beiden vorbereiteten Backformen verteilen. Mit einem Löffel oder Spatel von der Mitte aus bis zu den Rändern verteilen und anschließend glatt streichen.

5 Die Kuchen 25–30 Minuten backen. Sie sind fertig, wenn sie goldbraun sind und bei leichtem Druck auf die Mitte zurückfedern. Oder wenn an einem Holzspieß, der in die Mitte gesteckt wird, beim Herausziehen kein Teig mehr haftet. 5 Minuten in den Formen abkühlen lassen.

6 Die Kuchen vorsichtig aus den Formen nehmen und nach dem Abziehen des Backpapiers auf einem Kuchengitter auskühlen lassen. Einen Kuchen auf einen Servierteller heben und mit Konfitüre bestreichen. Den zweiten Kuchen daraufsetzen und mit Puderzucker bestäuben.

RÜHRKUCHEN BACKEN

NUDELN HERSTELLEN

Die Herstellung von Nudeln ist zeitaufwendig, aber lohnend, und das Ergebnis ungleich besser als die im Handel erhältlichen glutenfreien Nudeln. Sollten Sie Nudelfan sein, schaffen Sie sich am besten eine Nudelmaschine an. Nehmen Sie sich Zeit, um große Mengen zuzubereiten, die Sie portionsweise einfrieren. Frische Nudeln sind dazu gut geeignet und werden anschließend noch gefroren ins Garwasser gegeben.

ERGIBT 350 g
ZUBEREITUNG 40 Min.
BACKZEIT 3–4 Min.

85 g Tapiokamehl
85 g Maisstärke
3 EL Kartoffelmehl
3 TL Xanthan
½ TL Salz
3 Eier
2 EL Olivenöl
glutenfreies Mehl zum Bestäuben

FRISCHE EIERNUDELN

Hier werden Tagliatelle hergestellt. Weitere Aufsätze für die Nudelmaschine ergeben Spaghetti und Fettuccine, man kann aus dem ausgerollten Teig aber jede beliebige Nudelform schneiden. Wird der Teig nicht sofort verwendet, kann man ihn auf einem mit Maismehl bestäubten Tablett mit Frischhaltefolie abgedeckt vier Stunden aufbewahren.

1 Die ersten fünf Zutaten in eine große Schüssel sieben. In einer zweiten Schüssel Eier und Öl verquirlen. Eine Mulde in das Mehl drücken und die Eimischung hineingeben.

2 Mit einer Palette das Mehl in die Flüssigkeit ziehen und alles gut vermischen. Zum Schluss die Masse mit den Händen zusammendrücken und zu einer Teigkugel formen.

3 Den Teig auf die dünn bemehlte Arbeitsfläche setzen und behutsam kneten, bis er glatt ist. In Frischhaltefolie eingewickelt 10 Minuten ruhen lassen. Den Teig auspacken und in vier Stücke gleicher Größe teilen.

4 Eines der Stücke mit dem Nudelholz zu einem etwa 12 cm breiten und 5 mm dicken Streifen ausrollen. Beiseitelegen und mit einem sauberen feuchten Küchenhandtuch abdecken. Mit dem übrigen Teig ebenso verfahren.

5 Die Streifen gut mit Mehl bestäuben und nacheinander je viermal durch die Nudelmaschine drehen. Den Abstandhalter zwischendurch verstellen, damit der Teig wirklich dünn wird. Die Platten mit Mehl bestäuben und beiseitelegen.

6 Den Tagliatelle-Aufsatz befestigen und die bemehlten Streifen durch die Maschine drehen. In einem großen Topf Wasser zum Wallen bringen. Die Nudeln hineingeben und 3–4 Minuten garen. Sie sollten noch Biss haben.

TEIG HERSTELLEN

Glutenfreier Teig ist etwas schwieriger zu handhaben als herkömmlicher Teig, aber mit etwas Übung werden Sie die Kunst seiner Herstellung bald beherrschen und das Ergebnis ist die Mühe wert. Ei und Xanthan geben dem Teig Bindung, erleichtern das Ausrollen und verleihen dem gebackenen Teig eine Knusprigkeit, durch die er von Teig aus Weizenmehl fast nicht zu unterscheiden ist.

ERGIBT	400 g AUSREICHEND FÜR EINE MITTELGROSSE TARTEFORM
ZUBEREITUNG	20 Min.
BACKZEIT	20 Min. PLUS KÜHLZEIT

MÜRBETEIG

Der hier verwendete Teig wird zum Blindbacken von Böden für Tartes und Quiches verwendet, eignet sich aber auch perfekt für Pies. Sollten einige Risse und Löcher entstehen, wenn der Teig in die Form gehoben wird, flickt man diese einfach entweder mit Teigresten oder klebt sie mit etwas Wasser gewissermaßen wieder zusammen.

225 g glutenfreies Mehl, sowie Mehl zum Bestäuben
1 TL Xanthan
1 Prise Salz
100 g kalte Butter, gewürfelt
1 Ei, verquirlt

VARIANTE

Süßer Mürbeteig
Mit dem Mehl 2 Esslöffel Puderzucker hinzufügen. Nach dem Blindbacken den Boden mit 1 verquirlten Ei bestreichen und noch einmal 5 Minuten backen, damit er knusprig wird.

1 Den Backofen auf 200 °C vorheizen. Mehl, Xanthan und Salz in eine Schüssel sieben und vermischen. Die Butter hinzufügen und mit den Fingerspitzen einarbeiten, bis Krümel entstehen. Oder den Teig in einer Küchenmaschine zubereiten.

2 Das Ei dazugeben und mit einer Palette oder einem runden Messer untermischen. Nach und nach 1–2 Esslöffel kaltes Wasser hinzufügen. Immer nur einige Tropfen dazugeben und untermischen, gerade so viel, bis ein Teig entsteht.

3 Den Teig auf die bemehlte Arbeitsfläche setzen und behutsam kurz kneten, bis er glatt ist. In Frischhaltefolie einwickeln und 10 Minuten kalt stellen. Den Teig auf der dünn bemehlten Arbeitsfläche ausrollen, bis er etwa 5 mm dick und ausreichend groß für die Kuchenform ist.

4 Den Teig behutsam um das Nudelholz legen, auf die Form heben und entrollen. Behutsam an den Boden und die Wände der Form, bei einer geriffelten Form in die Rillen drücken. Die Ränder begradigen, Löcher gegebenenfalls wieder schließen. Den Boden mit einer Gabel einstechen.

5 Den Boden mit Backpapier belegen und mit Backlinsen beschweren (es können aber auch getrocknete Hülsenfrüchte wie Erbsen und Bohnen verwendet werden). Die Form auf ein Backblech stellen und den Boden im vorgeheizten Ofen 15 Minuten backen.

6 Die Form aus dem Backofen nehmen und vorsichtig Backpapier und Backlinsen entfernen. Den Boden noch einmal für 5 Minuten in den Ofen schieben, damit er knusprig wird. Eine Füllung der Wahl daraufgeben und den Kuchen nach den Anweisungen im Rezept fertig backen.

BLITZ-BLÄTTERTEIG

ERGIBT 400 g
ZUBEREITUNG 30 Min.
PLUS KÜHLZEIT

175 g glutenfreies Mehl, sowie Mehl zum Bestäuben
1 TL Xanthan
1 große Prise Salz
115 g Butter, in Alufolie gewickelt für 1 Stunde in das Gefrierfach gelegt, oder bis sie hart ist

1 Mehl, Xanthan und Salz in eine große Schüssel sieben. Die Butter halb auspacken, an der Folie festhalten (so lässt die Wärme Ihrer Finger sie nicht schmelzen) und in das Mehl raspeln.

2 Butter und Mehl verrühren, bis sie gut vermischt sind. Nach und nach mit einer Palette oder einem runden Messer 120 ml eiskaltes Wasser untermischen, bis ein Teig entsteht.

3 Den Teig auf der dünn bemehlten Arbeitsfläche kurz kneten, zu einer Kugel formen, in Frischhaltefolie wickeln und für 10 Minuten in den Kühlschrank legen. Dann zu einem 20 × 35 cm großen Rechteck ausrollen.

4 Den Teig gedanklich in drei gleich große Stücke teilen oder die Drittel mit dem Rücken eines Messers vorsichtig markieren. Das untere Drittel des Teigs über das mittlere Drittel falten.

5 Nun das obere Teigdrittel über das untere Drittel falten. Die Teigränder leicht zusammendrücken.

6 Den Teig um 45 Grad drehen, ausrollen und wieder falten. In Frischhaltefolie wickeln und für mindestens 20 Minuten kalt stellen.

PASTETENTEIG

ERGIBT 500 g
ZUBEREITUNG 20 Min.

350 g glutenfreies Mehl, sowie Mehl zum Bestäuben
2 TL Xanthan
1 TL Salz
3 EL Milch
100 g Schweineschmalz oder weißes Pflanzenfett

1 Mehl, Xanthan und Salz in eine große Schüssel sieben. 250 ml Wasser mit Milch und Schmalz sanft zum Kochen bringen, zu dem Mehl geben und rasch mit einem Holzlöffel unterschlagen.

2 Den Teig auf die dünn bemehlte Arbeitsfläche setzen und behutsam kneten, bis er glatt ist. Da er klebrig sein kann, lässt er sich möglicherweise besser zwischen zwei Stücken Backpapier ausrollen.

TEIG HERSTELLEN

REZEPTE

Die für dieses Buch ausgewählten und getesteten Rezepte sind leckere glutenfreie Alternativen zu beliebten Gerichten, die normalerweise mit glutenhaltigen Getreiden zubereitet werden, oder Fertiggerichten, die häufig Glutenzusätze enthalten. Zudem bieten wir ein breites Spektrum von Gerichten an, für die Zutaten aus glutenfreien Getreiden verwendet werden, und auch einige glutenfreie Varianten von Speisen aus Take-aways.

Die »Richtwerte pro Portion« bei jedem Rezept zeigen auf einen Blick, wie viele Kalorien, gesättigte Fettsäuren und Salz ein Gericht enthält, die drei wichtigsten Dinge, auf die man bei einer gesunden Ernährung achten muss. Bei drei Punkten sind die Werte hoch, bei zwei Punkten mittel, bei einem Punkt niedrig. Falls Sie ein Rezept auswählen, bei dem einer dieser Werte hoch ist, sollten Sie sich zu den anderen Mahlzeiten des Tages für Speisen entscheiden, bei denen er mittel oder niedrig ist. In jedem Rezept gibt zudem die Übersicht »Nährwerte pro Portion« enthaltene Kalorien, Proteine, Fette, Kohlenhydrate, Zucker, Ballaststoffe und Salz an. Sollten Sie hier tatsächlich rechnen müssen, hilft Ihnen diese Information, ausgewogene Mahlzeiten zusammenzustellen.

Bei Mehlen und anderen Zutaten aus glutenfreien Getreiden wie Reisnudeln und Maisstärke setzt man voraus, dass sie glutenfrei sind. Prüfen Sie jedoch stets auf dem Etikett, ob sie bei der Herstellung durch anderes Getreide verunreinigt worden sein könnten.

FRÜHSTÜCK UND SNACKS

MÜSLI MIT KOKOSNUSS

Datteln verleihen dieser supergesunden Mischung aus Getreideflocken, Samen, Früchten und Nüssen Süße.

PORTIONEN 6
ZUBEREITUNG 15 Min.
GARZEIT 5 Min.

RICHTWERTE PRO PORTION

● ● ● Kalorien
● ● ● Ges. Fettsäuren
● ○ ○ Salz

NÄHRWERTE PRO PORTION

Brennwert 557 kcal/2322 kJ

Protein 12 g

Fett 34 g
Ges. Fettsäuren 14 g

Kohlenhydrate 49 g
Zucker 29 g

Ballaststoffe 10 g

Salz Spuren

- 75 g Reisflocken
- 75 g Buchweizenflocken
- 75 g gemahlene Leinsamen
- 175 g entsteinte Soft-Datteln, gehackt
- 75 g getrocknete Sauerkirschen
- 125 g Paranusskerne, grob gehackt
- 50 g geschälte Sonnenblumenkerne
- 100 g Kokosraspel
- Milch, griechischer Joghurt und frische Früchte der Saison nach Wahl zum Servieren

1 Getreideflocken, Leinsamen, Datteln, Kirschen, Paranusskerne und Sonnenblumenkerne in eine große Schüssel geben und vermischen.

2 Die Kokosraspel in eine Pfanne geben und ohne Fett einige Minuten behutsam rösten, bis sie goldbraun sind, dabei rühren, damit sie nicht anbrennen.

3 Das Müsli auf sechs Portionsschalen verteilen und mit den Kokosraspeln bestreuen. Ausreichend Milch dazugießen. Falls gewünscht, griechischen Joghurt und frische Früchte daraufgeben.

Tipp
Es können auch größere Mengen Müsli zubereitet werden. In einem luftdicht verschlossenen Behälter hält es sich bis zu drei Wochen. Wird Müsli aufbewahrt, die Kokosraspel vor dem Untermischen abkühlen lassen.

GETROCKNETE SAUERKIRSCHEN
Diese Kirschen schmecken wunderbar säuerlich und doch fruchtig. Sie eignen sich auch als Snack oder zum Backen. In einem fest verschlossenen Behälter halten sie sich sechs Monate.

PORRIDGE MIT KOMPOTT

Klassischer Porridge, den man mit Früchten serviert, die mit Anis aromatisiert wurden, schmeckt einfach lecker. Für die leichtere Version ersetzt man Sahne durch Milch.

PORTIONEN	6
ZUBEREITUNG	10 Min.
GARZEIT	20 Min.

200 g Haferflocken
750 ml Milch, nötigenfalls mehr
250 ml Kaffeesahne

FÜR DAS KOMPOTT
200 g entsteinte Soft-Backpflaumen
75 g Sauerkirschen
300 ml frisch gepresster Orangensaft
1 Sternanis

RICHTWERTE PRO PORTION

● ● ● ○ Kalorien
● ● ● ○ Ges. Fettsäuren
● ● ○ ○ Salz

1 Für das Kompott Backpflaumen, Kirschen, Orangensaft und Sternanis in einen Topf geben, zum Kochen bringen und nach Reduzieren der Hitze 15 Minuten köcheln lassen. Beiseitestellen und ziehen lassen.

2 In der Zwischenzeit Haferflocken und 500 ml Milch in einem Topf sorgfältig verrühren. Unter ständigem Rühren langsam zum Kochen bringen, bis die Haferflocken die Milch aufgenommen haben. Nach und nach restliche Milch und die Kaffeesahne unterrühren. Die Mischung wieder zum Kochen bringen und unter Rühren 10–15 Minuten köcheln lassen oder bis sie dick und cremig ist. Nötigenfalls noch Milch hinzufügen.

3 Die Früchte abtropfen lassen. Den Sternanis entfernen, die Flüssigkeit aufbewahren. Den Porridge in tiefe Schalen schöpfen. Die abgetropften Früchte und etwas Saft darübergeben.

NÄHRWERTE PRO PORTION

Brennwert 403 kcal/1692 kJ

Protein 11 g

Fett 16 g
Ges. Fettsäuren 8 g

Kohlenhydrate 54 g
Zucker 31 g

Ballaststoffe 7 g

Salz 0,3 g

Variationen
Zu den Haferflocken mit der Milch 1 Zimtstange und 2 Teelöffel gemahlenen Zimt hinzufügen. Nach dem Kochen die Zimtstange entfernen und den Brei mit Zimt bestreut und etwas Sahne servieren. Für das Kompott können auch getrocknete Aprikosen und Sultaninen oder Feigen und Cranberrys verwendet werden.

Tipp
Das Kompott hält sich in einem verschlossenen Behälter gekühlt bis zu einer Woche.

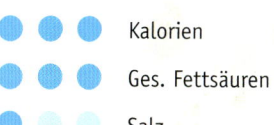

SUPER FÜR KIDS

NÄHRSTOFF-KRACHER
Backpflaumen sind ballaststoffreich – gut für Verdauung und Cholesterinspiegel.

FRÜHSTÜCK UND SNACKS

HERBSTLICHES KOMPOTT

PORTIONEN 4
ZUBEREITUNG 10 Min.
PLUS EINWEICHZEIT
GARZEIT 15 Min.

Servieren Sie diesen leckeren Obstsalat warm oder kalt zum Frühstück oder als Dessert, wenn die Tage kühler werden.

RICHTWERTE PRO PORTION

● ○ ○ Kalorien
● ○ ○ Ges. Fettsäuren
● ○ ○ Salz

100 g getrocknete Äpfel
100 g getrocknete Feigen
100 g Backpflaumen
1 Zimtstange
½ Vanilleschote, längs halbiert
abgeriebene Schale und Saft von 1 Bio-Orange
1 EL Zucker
Sahnejoghurt oder Haferbrei zum Servieren

NÄHRWERTE PRO PORTION

Brennwert 165 kcal/703 kJ
Protein 2,6 g
Fett Spuren
Ges. Fettsäuren Spuren
Kohlenhydrate 38 g
Zucker 38 g
Ballaststoffe 8 g
Salz Spuren

1 Alle Trockenfrüchte in eine Schüssel geben. Zimtstange, Vanilleschote, abgeriebene Orangenschale und Orangensaft hinzufügen. 200 ml kochendes Wasser dazugießen. Die Früchte abgedeckt über Nacht durchziehen lassen.

2 Am folgenden Morgen den Schüsselinhalt in einen Topf geben. Den Zucker und 150 ml kaltes Wasser hinzufügen und alles zum Kochen bringen.

3 Die Hitze reduzieren und den Topfinhalt unbedeckt 15 Minuten köcheln lassen. Vanilleschote und Zimtstange entfernen. Das Kompott mit einem Löffel Sahnejoghurt oder Haferbrei servieren.

Variante
Für dieses Rezept können auch andere Trockenfrüchte verwendet werden wie etwa Aprikosen, Pfirsiche, Datteln oder eine Beerenmischung. Für ein wärmendes Winterkompott 2 Stücke fein gehackten Ingwer in Sirup sowie 2 Esslöffel des Sirups hinzufügen.

MÜSLI MIT APFELCHIPS

Dieses Müsli hat gerade die richtige Süße und sorgt für einen energiereichen Start in den Tag.

PORTIONEN 8
ZUBEREITUNG 20 Min.
GARZEIT 1½–2 Std.

RICHTWERTE PRO PORTION

● ● ●   Kalorien
● ● ●   Ges. Fettsäuren
● ● ●   Salz

NÄHRWERTE PRO PORTION

Brennwert 446 kcal/1868 kJ

Protein 8,5 g

Fett 12,4 g
Ges. Fettsäuren 1,1 g

Kohlenhydrate 64,2 g
Zucker 27 g

Ballaststoffe 7,4 g

Salz Spuren

4–6 Tafeläpfel, nach Entfernen des Kerngehäuses in sehr dünne Ringe geschnitten
Saft von 1 Zitrone
1 TL Demerarazucker
3 TL gemahlener Zimt
200 g Buchweizenflocken
200 g Reisflocken
etwas flüssiger Honig oder Ahornsirup
3 EL Sonnenblumenöl
200 g abgezogene Mandeln
300 g getrocknete Aprikosen, gehackt
100 g getrocknete Cranberrys
Milch und Naturjoghurt zum Servieren

1 Für die Apfelchips den Backofen auf 150 °C vorheizen. Die Apfelscheiben im Zitronensaft wenden und nebeneinander auf mit Backpapier belegten Blechen verteilen. Mit dem Zucker und 1 Teelöffel Zimt bestreuen. In den Backofen schieben und etwa 1–1½ Stunden garen, dabei im Auge behalten. Nach der Hälfte der Zeit wenden. Wenn sie zu dunkel werden, die Temperatur auf 140 °C reduzieren. Herausnehmen und zum Abtrocknen auf sauberem Backpapier verteilen. Oder nach Ausschalten des Ofens über Nacht im leicht geöffneten Backofen lassen, damit sie noch etwas knuspriger werden.

2 Die Backofentemperatur auf 180 °C schalten. Buchweizenflocken, Reisflocken und restlichen Zimt in eine große Schüssel geben (es können auch andere glutenfreie Getreide wie Quinoaflocken, Quinoa-Pops, Hirseflocken und Sojaflocken verwendet werden). Honig oder Ahornsirup mit dem Öl verrühren, über die Getreidemischung geben und sorgfältig unterheben. Die Mischung auf einem Backblech verteilen und 10 Minuten rösten, bis sie goldbraun ist. Durchrühren, die Mandeln hinzufügen und alles noch einmal 20 Minuten backen, bis die Nüsse leicht geröstet sind. Herausnehmen und die Trockenfrüchte unterrühren, dann abkühlen lassen. Mit Apfelchips, Milch und etwas Joghurt servieren.

Tipp
Man kann auch die doppelten Mengen Müsli und Apfelchips zubereiten und getrennt in fest verschlossenen Behältern aufbewahren. Sie sind drei Wochen haltbar.

MARONENPFANNKUCHEN MIT SCHOKOLADE UND PFLAUMEN

Maronenmehl ist in italienischen Lebensmittelgeschäften und im Internet erhältlich.

PORTIONEN	4
ZUBEREITUNG	20 Min. PLUS WARTEZEIT
GARZEIT	20 Min.
EINFRIEREN	1 Monat

RICHTWERTE PRO PORTION

● ● ●   Kalorien
● ● ●   Ges. Fettsäuren
● ● ●   Salz

NÄHRWERTE PRO PORTION

Brennwert 422 kcal/1766 kJ

Protein 9 g

Fett 18 g
Ges. Fettsäuren 7,2 g

Kohlenhydrate 68 g
Zucker 44 g

Ballaststoffe 8 g

Salz 1,4 g

75 g Maronenmehl
75 g glutenfreies Mehl
1 Prise Salz
1 TL Zucker
1 TL glutenfreies Natron
300 ml Milch, nötigenfalls auch mehr
1 Ei
Sonnenblumenöl zum Ausbacken

FÜR DIE FÜLLUNG
250 g entsteinte Soft-Backpflaumen
100 g dunkle Schokolade (70 % Kakaoanteil), in Stücke gleicher Größe gebrochen

1 Für den Teig beide Mehle, Salz, Zucker und Natron in einer großen Schüssel vermischen. Milch und Ei in einem Krug behutsam verquirlen. Langsam zu dem Mehl gießen und ununterbrochen schlagen, bis die Zutaten gut vermischt sind. Sollte der Teig zu dick sein, noch etwas Milch dazugeben. Für 30 Minuten oder über Nacht in den Kühlschrank stellen.

2 Für die Füllung die Backpflaumen in einem kleinen Topf gerade mit Wasser bedecken. Etwa 10 Minuten köcheln lassen, damit sie weich werden. Mit einem Schaumlöffel herausheben und die Früchte halbieren. Beiseitestellen.

3 Die Schokolade in einer hitzebeständigen Schüssel auf einen Topf mit gerade köchelndem Wasser setzen und unter gelegentlichem Rühren schmelzen lassen. Die Schüssel vom Topf nehmen und beiseitestellen.

4 Eine beschichtete Pfanne oder Crêpepfanne erhitzen. Etwas Öl in die Pfanne geben. Die Pfanne schwenken und überschüssiges Öl in einen Krug gießen. Auf mittlere bis schwache Hitze reduzieren. Eine Kelle Teig in die Pfanne geben und die Pfanne kippen, damit er sich verteilt. 2 Minuten garen, bis sich der Crêpe von den Seiten löst. Mit einem Spatel wenden und die andere Seite garen, bis sie knusprig wird. Auf einen Teller gleiten lassen. Einige Pflaumen daraufsetzen und Schokolade darüberträufeln. Den Crêpe falten oder aufrollen. Mit den übrigen Zutaten ebenso verfahren.

BUCHWEIZENPFANNKUCHEN MIT ORANGEN

Der leicht nussige Geschmack von Buchweizenmehl harmoniert wunderbar mit Orangen.

PORTIONEN	4
ZUBEREITUNG	15 Min. PLUS RUHEZEIT
GARZEIT	30 Min.
EINFRIEREN	1 Monat

100 g Buchweizenmehl
25 g Reismehl
1 Prise Salz
1 TL Zucker
1 Ei, verquirlt
200 ml Milch
3 Orangen, geschält und in dünne Scheiben geschnitten, Saft aufbewahrt
1½ EL Ahornsirup, sowie zusätzlicher Ahornsirup
Sonnenblumenöl zum Ausbacken

RICHTWERTE PRO PORTION

● ● ○   Kalorien
● ○ ○   Ges. Fettsäuren
● ○ ○   Salz

NÄHRWERTE PRO PORTION

Brennwert 258 kcal/1078 kJ

Protein 6 g

Fett 8 g
Ges. Fettsäuren 2 g

Kohlenhydrate 40 g
Zucker 16 g

Ballaststoffe 3,4 g

Salz Spuren

1 Für den Teig beide Mehle mit Salz und Zucker in einer Schüssel vermischen. In die Mitte eine Mulde drücken und das Ei hineingeben. Sorgfältig unterrühren. Die Milch mit 150 ml Wasser in einem Krug verrühren. Langsam mit einem Schneebesen unter das Mehl schlagen, bis ein glatter Teig entsteht. Für 30 Minuten oder über Nacht kalt stellen.

2 Eine Grillpfanne bei hoher Temperatur erhitzen. Aufbewahrten Orangensaft mit dem Ahornsirup vermischen. Die Orangenscheiben rundum mit der Mischung bestreichen. Die Scheiben portionsweise in die Pfanne legen und auf jeder Seite 2 Minuten garen, bis sie leicht gebräunt sind.

3 Den Teig umrühren. In einer beschichteten Pfanne oder Crêpepfanne 1 Esslöffel Öl bei hoher Temperatur erhitzen. Die Pfanne schwenken, um den Boden zu überziehen, das restliche Öl in einen Krug gießen. Auf mittlere bis schwache Hitze reduzieren und eine Kelle Teig in die Pfanne geben. Die Pfanne kippen, damit sich der Teig verteilt. Den Crêpe auf jeder Seite 2 Minuten garen, bis er hell goldbraun ist. Orangenscheiben und etwas Ahornsirup daraufgeben. Mit den übrigen Zutaten ebenso verfahren.

Tipp
Zum Einfrieren Pfannkuchen mit Zwischenlagen aus Butterbrotpapier in einen Gefrierbeutel geben. Zum Verzehr langsam auftauen lassen und wieder erhitzen.

NÄHRSTOFF-KRACHER
Dieses Gericht ist reich an Vitamin C.

FRÜHSTÜCK UND SNACKS

BUTTERMILCHPFANNKUCHEN

Ein Stapel Pfannkuchen mit Ahornsirup und frischem Obst ist als Familienfrühstück kaum schlagbar. Die Pfannkuchen langsam erhitzen, damit sie in der Mitte garen.

- PORTIONEN 4
- ZUBEREITUNG 5 Min.
- GARZEIT 10 Min.
- EINFRIEREN 6 Monate

RICHTWERTE PRO PORTION

● ● ○ Kalorien
● ● ○ Ges. Fettsäuren
● ○ ○ Salz

NÄHRWERTE PRO PORTION

Brennwert 218 kcal/912 kJ
Protein 8 g
Fett 10 g
Ges. Fettsäuren 2 g
Kohlenhydrate 22 g
Zucker 6 g
Ballaststoffe 0,6 g
Salz 1 g

Zutaten:

- 85 g Reismehl
- 1 TL Xanthan
- 1 EL Zucker
- 1½ TL glutenfreies Backpulver
- 1 Prise Salz
- 150 ml Buttermilch
- 4 EL Milch
- 2 große Eier, getrennt
- einige Tropfen Vanilleextrakt
- Pflanzenöl zum Ausbacken
- Ahornsirup und frisches Beerenobst zum Servieren

1 Mehl, Xanthan, Zucker, Backpulver und Salz in einer Schüssel vermischen. Buttermilch, Milch, Eigelbe und Vanilleextrakt hinzufügen und sorgfältig unterschlagen.

2 In einer sauberen Schüssel die Eiweiße mit dem elektrischen Handrührgerät steif schlagen. Einen großen Löffel Eischnee zum Lockern unter den Teig rühren, den Rest behutsam unterheben.

3 Eine große schwere Pfanne bei mittelhoher Temperatur erhitzen. Einige Tropfen Öl hineingeben und mit einem Stück Küchenpapier in der Pfanne verteilen. 4 gehäufte Esslöffel Teig mit reichlich Zwischenraum in die heiße Pfanne setzen. Die Pfannkuchen sollten zum Schluss etwa 8 cm Durchmesser haben. Die Pfannkuchen bei schwacher Hitze etwa 2–3 Minuten garen, bis die Unterseite goldbraun ist. Umdrehen und die andere Seite ebenfalls 2 Minuten garen.

4 Die Pfannkuchen zum Warmhalten in ein sauberes Küchenhandtuch wickeln. Vier weitere Pfannkuchen zubereiten. Die Pfannkuchen warm mit etwas Ahornsirup beträufelt und mit einer Handvoll frischer Beeren bestreut servieren.

FRÜHSTÜCKS-FRITTATA

Dieses leckere Frühstück für die ganze Familie ist im Handumdrehen zubereitet und serviert.

PORTIONEN 4
ZUBEREITUNG 20 Min.
GARZEIT 30–35 Min.
PLUS RUHEZEIT

RICHTWERTE PRO PORTION

● ● ○ Kalorien
● ● ● Ges. Fettsäuren
● ● ● Salz

NÄHRWERTE PRO PORTION

Brennwert 299 kcal/1234 kJ

Protein 15,5 g

Fett 23 g
Ges. Fettsäuren 8 g

Kohlenhydrate 7 g
Zucker 1 g

Ballaststoffe 1,2 g

Salz 1,5 g

1 EL Olivenöl
150 g geräucherter Bauchspeck, in kleine Stücke geschnitten
75 g kleine Champignons, geviertelt
150 g gegarte und abgekühlte Kartoffeln, in 1 cm große Würfel geschnitten
4 Eier
1 EL Sahne
Salz und frisch gemahlener schwarzer Pfeffer
75 g Kirschtomaten, halbiert
Butter zum Einfetten
30 g geriebener Hartkäse wie Gouda

1 Den Backofen auf 190 °C vorheizen. Das Öl in einer schweren Pfanne erhitzen. Den Speck darin 3 Minuten sanft bräunen. Die Pilze hinzufügen und bei starker Hitze 5 Minuten braten, bis sie rundum gebräunt sind. Die Kartoffeln dazugeben und 2 Minuten garen.

2 In einer großen Schüssel Eier und Sahne verschlagen, großzügig salzen und pfeffern. Kartoffelmischung und Kirschtomaten sorgfältig untermischen.

3 Eine 20 cm große runde Backform einfetten und die Eimischung hineingießen. Darauf achten, dass alle Zutaten gut verteilt sind und das Ei sie gerade bedeckt. Den Käse darüberstreuen und die Frittata 20–25 Minuten backen, bis sie gerade gestockt, goldbraun und an den Rändern aufgegangen ist.

4 Herausnehmen und mindestens 5 Minuten ruhen lassen. In Stücke schneiden und warm oder mit Zimmertemperatur servieren.

Variation
Anstelle von Speck in Scheiben geschnittene Kochwurst verwenden. Diese braten, bis sie leicht knusprig ist.

SÜSSKARTOFFELKÜCHLEIN MIT SCHWARZKÜMMEL

Schwarzkümmel verleiht den Küchlein feine Würze und nimmt den Süßkartoffeln die Schwere. Die Küchlein sind eine kohlenhydratarme Alternative zu Kartoffelpuffern.

PORTIONEN 6
ZUBEREITUNG 30 Min.
GARZEIT 20–30 Min.
EINFRIEREN 1 Monat

RICHTWERTE PRO PORTION

● ● ● Kalorien
● ● ○ Ges. Fettsäuren
● ● ● Salz

NÄHRWERTE PRO PORTION

Brennwert 210 kcal/880 kJ

Protein 6 g

Fett 5 g
Ges. Fettsäuren 1,6 g

Kohlenhydrate 36 g
Zucker 4 g

Ballaststoffe 2 g

Salz 0,8 g

NÄHRSTOFF-KRACHER
Süßkartoffeln sind reich an dem Antioxidans Betacarotin.

---

2 mittelgroße Süßkartoffeln mit Schale
2 Eier, verquirlt
175 g Reismehl
3 TL glutenfreies Backpulver
½ TL frisch geriebene Muskatnuss
1 EL Schwarzkümmelsamen
Salz und schwarzer Pfeffer
etwas Butter zum Ausbacken
gebratener Speck und gebratene Tomaten zum Servieren

1 Die Süßkartoffeln in einem Topf mit Salzwasser etwa 15–20 Minuten garen, bis sie weich sind. Abtropfen und etwas abkühlen lassen, dann schälen und zerstampfen. Die Eier hinzufügen und sorgfältig untermischen. Die Masse beiseitestellen.

2 Mehl und Backpulver in eine Schüssel sieben. Die Muskatnuss untermischen. Die Süßkartoffeln hinzufügen und sorgfältig unterrühren, aber behutsam, weil die Masse sonst nicht gleichmäßig backt. Schwarzkümmel, Salz und Pfeffer dazugeben.

3 In einer beschichteten Pfanne bei mittlerer Temperatur etwas Butter erhitzen, bis sie schäumt. 1 gehäuften Esslöffel Süßkartoffelmasse hineingeben und mit einer Palette etwas flacher drücken. Das Küchlein 4–5 Minuten garen, bis die Unterseite goldbraun ist. Umdrehen und die andere Seite die gleiche Zeit backen, bis sie gebräunt ist. Mit der restlichen Masse ebenso verfahren. Die Küchlein mit gebratenem Speck und Tomaten servieren.

Variante
1 fein gehackte grüne Chilischote hinzufügen. Für eine süßere Variante Schwarzkümmel und andere Gewürze weglassen und stattdessen 1 Teelöffel gemahlenen Zimt dazugeben. Die Küchlein mit Ahornsirup servieren.

KARTOFFELBROT

Dieses irische Kartoffelbrot ist in der Mitte wunderbar cremig und außen herrlich knusprig.

PORTIONEN	4
ZUBEREITUNG	15 Min.
GARZEIT	40 Min.
EINFRIEREN	1 Monat

675 g mehligkochende Kartoffeln
50 g Butter
150 g glutenfreies Mehl, sowie Mehl zum Bestäuben
Salz und schwarzer Pfeffer
3 EL Olivenöl und etwas Butter zum Ausbacken
knusprig gebratener Speck und Spiegeleier zum Servieren

RICHTWERTE PRO PORTION

● ● ● Kalorien
● ● ● Ges. Fettsäuren
● ● ● Salz

NÄHRWERTE PRO PORTION

Brennwert 422 kcal/1765 kJ
Protein 7 g
Fett 19 g
Ges. Fettsäuren 8 g
Kohlenhydrate 55 g
Zucker 1,5 g
Ballaststoffe 4,5 g
Salz 0,2 g

1 Die Kartoffeln ungeschält in einem großen Topf mit kochendem Salzwasser 20–25 Minuten garen, bis sie weich sind. Abtropfen und etwas abkühlen lassen, dann schälen und zerstampfen. Die Butter dazugeben und ein glattes Püree herstellen.

2 Das Mehl hineinsieben. Das Püree großzügig salzen und pfeffern. Die Masse mit den Händen zusammendrücken. Auf die bemehlte Arbeitsfläche setzen und etwa 5 mm dick ausrollen oder mit der Hand flach drücken. Die Masse in 4 × 6 cm große Rechtecke schneiden und diese in Dreiecke.

3 In einer großen beschichteten Pfanne die Hälfte des Öls oder der Butter bei mittelhoher Temperatur erhitzen. Die Hälfte der Kartoffelküchlein darin auf jeder Seite 2 Minuten backen, bis sie goldbraun sind. Auf Küchenpapier abtropfen lassen. Mit den restlichen Küchlein ebenso verfahren. Oder eine Grillplatte mit etwas Öl einpinseln und erhitzen. Die Küchlein portionsweise auf jeder Seite 2–3 Minuten grillen. Auf Küchenpapier abtropfen lassen. Zum Frühstück mit knusprig gebratenem Speck und Spiegeleiern servieren.

Tipp

Werden Kartoffeln in der Schale gegart, bleiben sie trockener. Man kann auch übrig gebliebenen Kartoffelbrei verwenden, der aber zuerst etwas erwärmt werden muss. Zum Wiedererhitzen tiefgefrorener Küchlein diese über Nacht auftauen lassen und in einer Pfanne oder im Mikrowellengerät bei mittlerer Temperatur 2 Minuten bzw. im Backofen bei 180 °C 10–15 Minuten erhitzen.

SUPER FÜR KIDS

EIER BENEDICT

Wer weiße Muffins lieber mag, verwendet die Weißbrotmischung auf Seite 38 und fügt 2 Esslöffel Zucker hinzu.

PORTIONEN 4
ZUBEREITUNG 20 Min.
PLUS GEHZEIT
GARZEIT 35 Min.
EINFRIEREN 3 Monate

RICHTWERTE PRO PORTION

● ● ●   Kalorien
● ● ●   Ges. Fettsäuren
● ● ○   Salz

NÄHRWERTE PRO PORTION

Brennwert 753 kcal/3167 kJ
Protein 28 g
Fett 38 g
Ges. Fettsäuren 19 g
Kohlenhydrate 75 g
Zucker 11 g
Ballaststoffe 13,5 g
Salz 0,8 g

450 g glutenfreie dunkle Brotmehlmischung (siehe Seite 38), sowie Mehlmischung zum Bestäuben
2 TL Trockenhefe
1 TL Xanthan
Salz und schwarzer Pfeffer

300 ml Milch
90 g Butter, sowie etwas Butter zum Bestreichen
2 EL Zuckerrohrmelasse
5 Eier, sowie 2 Eigelb
3 EL Weißweinessig

1 Mehl, Hefe, Xanthan und 1 Prise Salz in eine Schüssel sieben und vermischen. Die Milch erhitzen, bis sie lauwarm ist. 15 g Butter, Melasse und 1 Ei hinzufügen und mit einer Gabel unterschlagen. In die Mitte der Mehlmischung eine Mulde drücken. Die flüssigen Zutaten hineingießen und untermischen. Den Teig auf die bemehlte Arbeitsfläche setzen und 5 Minuten kneten, bis er glatt ist. 2 cm dick ausrollen und 8 Kreise mit 8 cm Durchmesser ausstechen. Auf ein bemehltes Blech legen und mit eingeölter Klarsichtfolie abdecken. 1 Stunde an einem warmen Platz gehen lassen.

2 Eine große schwere Pfanne erhitzen. Die Muffins darin bei mittlerer Hitze 6–7 Minuten garen, bis die Unterseiten goldbraun sind. Umdrehen und zugedeckt noch einmal 7–8 Minuten backen, bis sie goldbraun sind.

3 Eine Pfanne bei schwacher Hitze auf den Herd stellen und 5 cm kochendes Wasser mit 1 Esslöffel Essig hineingießen. Nacheinander 4 Eier in die Pfanne schlagen und 1 Minute köcheln lassen. Die Eier von der Kochstelle nehmen und 10 Minuten gar ziehen lassen.

4 Für eine Hollandaise den restlichen Essig in einem kleinen Topf auf die Hälfte reduzieren. Mit den Eigelben in eine hitzebeständige Schüssel geben und auf einen Topf mit köchelndem Wasser setzen. Die Eigelbe schaumig aufschlagen. 75 g Butter in kleinen Stückchen langsam unter die Eigelbmasse schlagen, bis sich alles zu einer dicken glatten Sauce verbindet. Von der Kochstelle nehmen und würzen. Die Muffins halbieren und mit Butter bestreichen. Auf jede Hälfte ein Ei setzen und mit Sauce beschöpfen.

TÜRKISCHE EIER

PORTIONEN 4
ZUBEREITUNG 15 Min.
GARZEIT 40–45 Min.

Dieses Gericht, das in der Türkei »Memenen« heißt, ist würzig und einfach lecker. Falls gewünscht, kann mehr Chilischote hinzugefügt werden.

RICHTWERTE PRO PORTION

● ● ● Kalorien
● ● ● Ges. Fettsäuren
● ● ● Salz

NÄHRWERTE PRO PORTION

Brennwert 208 kcal/871 kJ

Protein 12 g

Fett 12 g
Ges. Fettsäuren 4 g

Kohlenhydrate 13 g
Zucker 13 g

Ballaststoffe 4 g

Salz 0,5 g

1 EL Olivenöl
1 Zwiebel, in Scheiben geschnitten
je 1 grüne, rote und orangefarbene Paprikaschote, in Streifen geschnitten
150 g Sahnejoghurt
3 EL gehackte Minzeblätter
2 Knoblauchzehen, zerdrückt

1 rote Chilischote, nach Entfernen von Samen und Scheidewänden, fein gehackt
1 Dose Tomatenstücke (etwa 400 g)
1 Prise Zucker
Salz und frisch gemahlener schwarzer Pfeffer
4 Eier
3 EL grob gehackte Korianderblätter

1 Das Öl in einer großen beschichteten Pfanne bei mittlerer Temperatur erhitzen. Die Zwiebel darin 5 Minuten garen. Die Paprikaschoten hinzufügen und unter gelegentlichem Rühren 20 Minuten garen.

2 In der Zwischenzeit Joghurt, Minze und Knoblauch in einer kleinen Servierschüssel vermischen. Abdecken und beiseitestellen.

3 Chilischote, Tomaten und Zucker in die Pfanne geben. Alles großzügig salzen und pfeffern und noch einmal 10 Minuten garen.

4 Vier Mulden in die Paprikamischung drücken und die Eier hineinschlagen. Den Deckel auflegen und die Eier 5–10 Minuten garen, bis sie die gewünschte Konsistenz haben.

5 Das Gericht mit dem Koriander bestreuen und mit dem Minze-Knoblauch-Joghurt servieren.

HEIDELBEER-FRÜHSTÜCKSMUFFINS

ERGIBT	6 Muffins
ZUBEREITUNG	10 Min.
GARZEIT	25–30 Min.
EINFRIEREN	6 Monate

RICHTWERTE PRO PORTION

- ●●○ Kalorien
- ●●○ Ges. Fettsäuren
- ●○○ Salz

NÄHRWERTE PRO MUFFIN

Brennwert 390 kcal/1640 kJ

Protein 8 g

Fett 17 g
Ges. Fettsäuren 3 g

Kohlenhydrate 48 g
Zucker 22 g

Ballaststoffe 2 g

Salz 0,6 g

Beginnen Sie den Tag mit gesunden frischen Heidelbeermuffins und servieren Sie ein Glas Milch dazu!

175 g glutenfreies Mehl	1 Prise Salz
60 g Polenta oder feines Maismehl	140 g Heidelbeeren
115 g Zucker	abgeriebene Schale von 1 Bio-Zitrone
1 TL Xanthan	100 ml Pflanzenöl
1½ TL glutenfreies Backpulver	100 ml Milch
½ TL glutenfreies Natron	3 Eier

1 Den Backofen auf 180 °C vorheizen. In eine tiefe Muffinform mit zwölf Mulden Papierbackförmchen setzen. Mehl, Polenta, Zucker, Xanthan, Backpulver, Natron und Salz in einer großen Schüssel vermischen.

2 Heidelbeeren und abgeriebene Zitronenschale untermischen. Öl, Milch und Eier verrühren. Zu den trockenen Zutaten geben und kurz untermischen.

3 Den Teig in die Papierförmchen füllen. Die Muffins 25–30 Minuten backen, bis sie aufgegangen und goldbraun sind. 5 Minuten in der Muffinform abkühlen lassen, dann auf ein Kuchengitter heben. Am besten noch leicht warm servieren.

SUPER FÜR KIDS

NÄHRSTOFF-KRACHER
Heidelbeeren enthalten Antioxidantien, die Krebs entgegenwirken.

HEIDELBEEREN
Heidelbeeren haben ein zartes Aroma, das beim Garen viel intensiver wird, weshalb man sie gern zum Backen nimmt. Für dieses Rezept können auch Himbeeren oder in Stücke geschnittene Erdbeeren verwendet werden.

FRÜHSTÜCKSRIEGEL MIT FRÜCHTEN UND NÜSSEN

Diese energiereichen Haferriegel sind ein perfektes Frühstück und ein großartiger Vormittagssnack.

ERGIBT	8 Riegel
ZUBEREITUNG	15 Min.
GARZEIT	30–35 Min.

Pflanzenöl zum Einfetten
115 g verzehrfertige Trockenaprikosen
85 g Haselnusskerne, die braune Haut entfernt
85 g Mandelkerne
85 g Rosinen oder Sultaninen
85 g getrocknete Cranberrys
1 Dose gezuckerte Kondensmilch (397 g)
200 g Haferflocken
85 g Puffreis

RICHTWERTE PRO PORTION

● ● ● Kalorien
● ● ○ Ges. Fettsäuren
● ○ ○ Salz

NÄHRWERTE PRO RIEGEL

Brennwert 534 kcal/2244 kJ
Protein 12 g
Fett 20 g
Ges. Fettsäuren 4 g
Kohlenhydrate 66 g
Zucker 40 g
Ballaststoffe 6 g
Salz 0,4 g

1 Den Backofen auf 160 °C vorheizen. Ein Backblech dünn einölen und mit Backpapier belegen.

2 Die Aprikosen mit einer Schere in kleine Stücke schneiden und in eine Schüssel geben. Haselnüsse und Mandeln grob hacken und mit den Rosinen oder Sultaninen und Cranberrys ebenfalls in die Schüssel füllen.

3 Die Kondensmilch in einem großen schweren Topf bei schwacher Hitze zum Kochen bringen. Dabei ständig rühren, da sie anbrennen kann. Von der Kochstelle nehmen. Früchte, Nüsse, Haferflocken und Puffreis hineingeben und mit einem Holzlöffel sorgfältig verrühren. Die Mischung auf das Backblech geben und mit dem Rücken eines nassen Löffels glatt streichen. Für 30–35 Minuten in den Backofen schieben, bis sie hell goldbraun ist.

4 Herausnehmen und 5 Minuten abkühlen lassen, dann auf ein großes Brett stürzen. In 16 Riegel schneiden und auskühlen lassen. In einem luftdicht verschlossenen Behälter halten die Riegel bis zu einer Woche.

Variante

Schokoladenriegel Vor den übrigen Zutaten 2 Esslöffel Kakaopulver in die Milch rühren und 60 g grob gehackte dunkle Schokolade (70 % Kakaoanteil) dazugeben.

NÄHRSTOFF-KRACHER
Mandeln sind reich an Calcium, Vitamin E und herzfreundlichen Fetten.

SUPER FÜR KIDS

FRÜCHTERIEGEL

Ganz einfach zuzubereiten und jederzeit griffbereit für ein Frühstück unterwegs!

ERGIBT 8 Riegel
ZUBEREITUNG 10 Min.
GARZEIT 30–35 Min.

RICHTWERTE PRO PORTION

● ● ●   Kalorien
● ● ○   Ges. Fettsäuren
● ○ ○   Salz

NÄHRWERTE PRO RIEGEL

Brennwert 476 kcal/2000 kJ

Protein 11 g

Fett 12 g
Ges. Fettsäuren 4 g

Kohlenhydrate 80 g
Zucker 44 g

Ballaststoffe 7 g

Salz 0,3 g

Öl zum Einfetten
1 Dose gezuckerte Kondensmilch (397 g)
300 g getrocknete Beerenfrüchte, wie Cranberrys, Heidelbeeren und Sauerkirschen
250 g Haferflocken
50 g Puffreis
30 g geschälte Sonnenblumenkerne
30 g geschälte Kürbiskerne

1 Den Backofen auf 160 °C vorheizen. Eine etwa 23 × 33 cm große rechteckige Backform dünn einölen.

2 Die Kondensmilch in einem großen schweren Topf behutsam erhitzen und langsam zum Kochen bringen. Von der Kochstelle nehmen. Früchte, Haferflocken, Puffreis, Sonnenblumenkerne und Kürbiskerne hineingeben und mit einem Holzlöffel sorgfältig verrühren.

3 Die Mischung in die vorbereitete Backform füllen und mit dem Rücken eines nassen Löffels glatt streichen. Für 30–35 Minuten in den Backofen schieben, bis sie hell goldbraun ist.

4 Aus dem Backofen nehmen und 5 Minuten in der Form abkühlen lassen. In 16 Riegel schneiden und diese zum Auskühlen auf ein Kuchengitter heben. In einem luftdicht verschlossenen Behälter aufbewahrt halten sie sich bis zu einer Woche.

Tipp
Ganz nach persönlichem Geschmack können anstelle von Beeren die gleiche Menge gehackte Trockenaprikosen, Sultaninen oder Rosinen verwendet werden oder Sie ersetzen Sonnenblumen- und Kürbiskerne durch gehackte Haselnüsse.

SUPER FÜR KIDS

NÄHRSTOFFKRACHER
Haferflocken liefern Kohlenhydrate mit niedrigem GI.

VORSPEISEN, PARTYFOOD UND DIPS

BROTSTANGEN MIT PAPRIKADIP

Partyknabberei in drei Geschmacksrichtungen, man kann aber auch einfach nur glutenfreie Polenta darüberstreuen.

ERGIBT 18 Stangen
ZUBEREITUNG 15 Min.
PLUS GEHZEIT
GARZEIT 40–50 Min.

RICHTWERTE PRO PORTION

● ● ○ Kalorien
● ● ● Ges. Fettsäuren
● ● ○ Salz

NÄHRWERTE PRO STANGE

Brennwert 158 kcal/662 kJ

Protein 6 g

Fett 9,5 g
Ges. Fettsäuren 2,5 g

Kohlenhydrate 16 g
Zucker 2,5 g

Ballaststoffe 1,5 g

Salz 0,4 g

350 g glutenfreie Weißbrotmehlmischung (siehe Seite 38), sowie Mehlmischung zum Bestäuben
2 TL Trockenhefe
2 TL Xanthan
2 TL Zucker
1 TL Salz
2 Eier
2 EL Olivenöl
Pflanzenöl zum Einölen
4 EL Mohnsamen
4 EL Sesam
6 EL fein geriebener Parmesan

FÜR DEN PAPRIKADIP
2 große rote Paprikaschoten, geviertelt, Stielansatz, Samen und Scheidewände entfernt
4 ungeschälte Knoblauchzehen
3 EL Olivenöl
1 TL geräuchertes Paprikapulver (Pimentón)
½ TL Zucker
½ TL gemahlener Kreuzkümmel
½ TL Salz
1 Spritzer Tabasco

1 Den Backofen auf 220 °C vorheizen. Mehl, Hefe, Xanthan, Zucker und Salz in eine Schüssel sieben. 1 Ei, Olivenöl und 250 ml lauwarmes Wasser verquirlen. Zu der Mehlmischung geben und einen Teig herstellen. Den Teig auf der dünn bemehlten Arbeitsfläche 5 Minuten kneten. Wieder in die Schüssel legen, mit eingeölter Frischhaltefolie abdecken und 1 Stunde an einem warmen Platz gehen lassen, bis er sein Volumen verdoppelt hat.

2 In der Zwischenzeit die Paprikaviertel mit der Haut nach oben 15–20 Minuten im Ofen rösten, bis sie leicht geschwärzt sind. Den Knoblauch hinzufügen und 10 Minuten garen. Paprika und Knoblauch unter einem feuchten Küchentuch abkühlen lassen, dann die Haut abziehen. Alle Zutaten für den Dip in einer Küchenmaschine grob zerkleinern.

3 Zwei Backbleche dünn einölen. Den Teig zu einer dicken Wurst rollen und in 18 Stücke teilen. Jedes Stück zu einer 12 cm langen Stange rollen. Mohn, Sesam und Parmesan auf drei getrennten Tellern verteilen. Das verbliebene Ei verquirlen und auf die Stangen streichen. Jeweils ein Drittel in Mohn, Sesam und Parmesan wälzen. Mit etwas Abstand auf die Bleche legen und 15–20 Minuten backen, bis sie goldbraun und knusprig sind.

KÄSESTANGEN MIT TOMATEN-BASILIKUM-DIP

Aus übrig gebliebenen Teigresten kann man kleine Kekse formen, die ebenfalls großartig schmecken.

ERGIBT	18 Stangen
ZUBEREITUNG	15 Min. PLUS KÜHLZEIT
GARZEIT	15–20 Min.

225 g glutenfreies Mehl, sowie Mehl zum Bestäuben
100 g Butter, gewürfelt
2 TL Senfpulver
1 TL Xanthan
½ TL Salz
85 g alter Cheddar, gerieben, oder Blauschimmelkäse, zerkrümelt
1 Ei, verquirlt
Milch zum Bestreichen

3 EL fein geriebener Parmesan
Paprikapulver zum Bestreuen

FÜR DEN DIP
4 mittelgroße Tomaten
2 EL fein gehacktes Basilikum
1 EL Olivenöl
1 EL Tomatenmark
½ TL Zucker
Salz und schwarzer Pfeffer

RICHTWERTE PRO PORTION

● ● ● Kalorien
● ● ● Ges. Fettsäuren
● ● ● Salz

NÄHRWERTE PRO STANGE

Brennwert 133 kcal/554 kJ
Protein 4 g
Fett 8,5 g
Ges. Fettsäuren 5 g
Kohlenhydrate 10 g
Zucker 1 g
Ballaststoffe 0,8 g
Salz 0,4 g

1 Mehl, Butter, Senfpulver, Xanthan und Salz in eine Küchenmaschine geben und das Gerät laufen lassen, bis eine krümelige Mischung entstanden ist. In eine Schüssel füllen. Den Käse unterrühren, dann das Ei mit 4 Esslöffeln kaltem Wasser hinzufügen. Mit einem runden Messer einarbeiten, um eine Teigkugel herzustellen. Auf der bemehlten Arbeitsfläche kurz kneten, dann in Frischhaltefolie einwickeln und 30 Minuten kalt stellen.

2 Den Backofen auf 200 °C vorheizen. Den Teig auf der dünn bemehlten Arbeitsfläche zu einem 23 × 36 cm großen Rechteck ausrollen. Die Ränder begradigen. Die Teigplatte mit der Milch bestreichen, dann mit Parmesan und Paprikapulver bestreuen. 2 cm breite Streifen abschneiden und auf Backbleche legen. Die Streifen 15–20 Minuten backen, bis sie goldbraun und aufgegangen sind. Abkühlen lassen.

3 Für den Dip die Tomaten unten einritzen und 30 Sekunden in kochendes Wasser legen. Die Haut abziehen, die Tomaten auf einem Brett grob hacken. Das Fruchtfleisch mit dem Saft, aber möglichst ohne Kerne in einer kleinen Schüssel mit den übrigen Zutaten sorgfältig verrühren und abschmecken. Den Dip bei Zimmertemperatur servieren, dazu die Käsestangen reichen.

LAVASH MIT AUBERGINENDIP

Lavash ist knuspriges iranisches Brot, das sich mit einem Auberginendip großartig als Snack oder Vorspeise eignet.

PORTIONEN 8
ZUBEREITUNG 20 Min.
GARZEIT 1 Std. 10 Min.

RICHTWERTE PRO PORTION

 Kalorien

 Ges. Fettsäuren

●●◐ Salz

NÄHRWERTE PRO PORTION

Brennwert 226 kcal/994 kJ

Protein 5,5 g

Fett 17 g
Ges. Fettsäuren 3,5 g

Kohlenhydrate 15,5 g
Zucker 1,5 g

Ballaststoffe 3 g

Salz 0,6 g

150 g glutenfreies Mehl, sowie Mehl zum Bestäuben
2 TL Xanthan
½ TL Salz
2 Eiweiß
15 g Butter, zerlassen
2 EL Sesam
1 EL Mohnsamen

FÜR DEN DIP
2 mittelgroße Auberginen
2 Knoblauchzehen, zerdrückt
Schale und Saft von 1 Bio-Zitrone
3 EL Tahin
½ TL Salz
90 ml Olivenöl
3 EL fein gehacktes Koriandergrün
4 EL griechischer Joghurt
schwarzer Pfeffer

1 Den Backofen auf 200 °C vorheizen. Die Auberginen auf einem Backblech 30–40 Minuten garen, bis sie weich und leicht geschwärzt sind.

2 In der Zwischenzeit für das Brot Mehl, Xanthan und Salz in eine große Schüssel sieben. 1 Eiweiß mit 90 ml Wasser verquirlen und mit der zerlassenen Butter sorgfältig unter die Mehlmischung rühren, um einen Teig herzustellen. Den Teig auf der bemehlten Arbeitsfläche leicht kneten und in 6 Kugeln teilen. Die Kugeln sehr dünn ausrollen und auf Bleche legen.

3 Die Brote mit dem restlichen Eiweiß bestreichen, mit Sesam und Mohn bestreuen und portionsweise je 10–15 Minuten backen, bis sie goldbraun und knusprig sind.

4 Die Auberginen halbieren und das Fleisch in eine Küchenmaschine löffeln. Mit den übrigen Zutaten zu einem groben Dip zerkleinern. Abschmecken, in eine Schüssel füllen und mit dem Brot servieren.

Tipp
Nach dem Abkühlen hält sich das Brot in einem luftdicht verschlossenen Behälter 2–3 Tage. Vor dem Verzehr im Backofen aufbacken. Der Dip kann in einem luftdicht verschlossenen Behälter 2–3 Tage im Kühlschrank aufbewahrt werden.

TZATZIKI

PORTIONEN 4
ZUBEREITUNG 10 Min.

Traditionell wird dieses Gericht in Griechenland mit Fladenbrot als Vorspeise serviert, es passt aber auch zu Lammfleischgerichten.

RICHTWERTE PRO PORTION

 Kalorien

 Ges. Fettsäuren

 Salz

1 Stück Salatgurke (10 cm), längs geviertelt, die Samen entfernt
200 g griechischer Joghurt oder dicker Naturjoghurt
1 EL fein gehackte frische Minze
1 EL fein gehackter frischer Dill
1 kleine Knoblauchzehe, zerdrückt
1 EL Zitronensaft
Salz und frisch gemahlener schwarzer Pfeffer

NÄHRWERTE PRO PORTION

Brennwert 49 kcal/ 203 kJ

Protein 2,5 g

Fett 3 g
Ges. Fettsäuren 2 g

Kohlenhydrate 3 g
Zucker 3 g

Ballaststoffe 0,2 g

Salz 0,2 g

1 Die Gurke in ein Sieb raspeln und mit der Hand etwas drücken, damit sie möglichst viel Flüssigkeit abgibt.

2 Die Gemüseraspeln in ein sauberes Küchenhandtuch schütten und die restliche Flüssigkeit herausdrücken. Dann auf ein Brett geben und fein hacken.

3 Die Gurke mit den restlichen Zutaten vermischen. Das Tzatziki nach Geschmack salzen und pfeffern und bis zum Verzehr abgedeckt kalt stellen.

Tipp
Servieren Sie diesen leckeren Dip mit in Stäbchen geschnittenem Gemüse, etwa Möhren, Gurke und Staudensellerie, um Kinder zum Verzehr von mehr Gemüse zu motivieren.

BLINI MIT RÄUCHERFORELLE UND SCHARFSAURER GURKE

Servieren Sie diese kleinen Pfannkuchen als Kanapees mit einem Belag aus Gurke, Forelle und Sauerrahm.

ERGIBT 10 Blini
ZUBEREITUNG 15 Min. PLUS MARINIERZEIT
GARZEIT 10–15 Min.
EINFRIEREN 6 Monate, NUR DIE BLINI

RICHTWERTE PRO PORTION

- ●●○ Kalorien
- ●●● Ges. Fettsäuren
- ●●○ Salz

NÄHRWERTE PRO BLINI

Brennwert 171 kcal/714 kJ
Protein 6,5 g
Fett 8,5 g
Ges. Fettsäuren 4 g
Kohlenhydrate 16 g
Zucker 3,5 g
Ballaststoffe 0,6 g
Salz 0,9 g

- 85 g Buchweizenmehl
- 85 g glutenfreies Mehl
- ½ TL glutenfreies Backpulver
- 1 TL Trockenhefe
- Salz
- 200 ml Milch
- 1 Ei, getrennt
- 15 g Butter, zerlassen
- 250 g Salatgurke, geschält, halbiert und nach Entfernen der Samen in dünne Scheiben geschnitten
- ½ TL weiße Senfkörner
- ½ TL Sichuanpfefferkörner
- 3 EL Apfelessig
- 1 EL fein gehackter Dill
- 1 EL Zucker
- ½ TL getrocknete Chiliflocken
- Pflanzenöl zum Braten
- 140 g Räucherforelle, fein gehackt
- 150 g Sauerrahm

1 Mehle, Backpulver, Hefe und ½ Teelöffel Salz in eine große Schüssel sieben. Die Milch leicht erwärmen, dann mit Eigelb und zerlassener Butter sorgfältig unter das Mehl mischen. Den Teig abgedeckt 30 Minuten stehen lassen.

2 Die Gurke in eine Schüssel geben. Senfkörner und Pfefferkörner im Mörser grob zerstoßen. Mit Essig, Dill, Zucker, ½ Teelöffel Salz und Chiliflocken zu der Gurke geben und untermischen. Abgedeckt für 20 Minuten zum Durchziehen beiseitestellen.

3 Den Teig durchrühren. Das Eiweiß in einer sauberen Schüssel schlagen, bis sich steife Spitzen bilden. Unter den Teig heben. Eine beschichtete schwere Pfanne erhitzen. Einige Tropfen Öl hineingeben und mit Küchenpapier verteilen. Den Teig esslöffelweise in die Pfanne setzen. Die Blini sollten etwa 5 cm Durchmesser haben. Bei mittlerer Hitze 1–2 Minuten backen, bis sich oben Bläschen bilden und die Unterseite goldbraun ist. Umdrehen und noch einmal 1 Minute garen. Insgesamt 35–40 Blini herstellen. Warm mit Gurke, Räucherforelle und Sauerrahm servieren.

GEMÜSE-TEMPURA

Da der Teig für diesen japanischen Snack sofort verarbeitet werden muss, bereitet man zunächst das Gemüse vor.

PORTIONEN 6
ZUBEREITUNG 25 Min.
GARZEIT 10 Min.

RICHTWERTE PRO PORTION

● ● ●   Kalorien
● ● ○   Ges. Fettsäuren
● ○ ○   Salz

NÄHRWERTE PRO PORTION

Brennwert 221 kcal/918 kJ

Protein 3 g

Fett 13 g
Ges. Fettsäuren 2 g

Kohlenhydrate 22 g
Zucker 0,5 g

Ballaststoffe 3 g

Salz 0,3 g

---

1 rote Paprikaschote, geputzt und in Streifen geschnitten
1 kleiner Kopf Brokkoli, in Röschen geteilt
1 mittelgroße Zwiebel, geachtelt
2 Möhren, in Stäbchen geschnitten
1 EL Maisstärke
Sonnenblumenöl zum Frittieren

FÜR DEN DIP
2 EL glutenfreier Mirin (süßer Reiswein)
3 EL Tamari (glutenfreie Sojasauce)
1–2 EL Zucker nach Geschmack
1 EL Limettensaft

FÜR DEN TEIG
1 Eigelb
120 ml eiskaltes Mineralwasser mit Kohlensäure
100 g Reismehl, gesiebt
Salz und schwarzer Pfeffer

1 Für den Dip Mirin, Tamari und Zucker in einer Schüssel vermischen. Limettensaft und 3 Esslöffel Wasser unterrühren. Abschmecken und nötigenfalls noch Wasser hinzufügen. Beiseitestellen. Für den Teig das Eigelb in eine Schüssel geben und mit einer Gabel verquirlen. Das Mineralwasser untermischen. Reismehl sowie etwas Salz und Pfeffer kurz unterrühren.

2 Das vorbereitete Gemüse in der Maisstärke wenden. Etwa 8 cm hoch Öl in einen Wok gießen und erhitzen. Den Wok im Auge behalten. Wenn er nicht gebraucht wird, von der Kochstelle ziehen. Die Gemüse nacheinander dünn mit Teig überziehen und in das Öl geben. Den Wok nicht überfüllen. Die Gemüse nach etwa 2–3 Minuten mit einem Schaumlöffel herausheben, sobald der Teig goldbraun und knusprig ist. Auf Küchenpapier abtropfen lassen. Mit dem übrigen Gemüse ebenso verfahren. Heiß mit dem Dip servieren.

TAMARI
Meist wird Sojasauce aus fermentierten Sojabohnen und geröstetem Weizen hergestellt, Tamari jedoch nur aus Bohnen. Daher ist es glutenfrei.

SESAM-GARNELEN-TOASTS

Diese großartigen Kanapees, die man zu Getränken reicht, sind in wenigen Minuten fertig. Lässt man die Chilischote weg, eignen sie sich auch als Snack für Kinder.

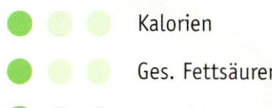

ERGIBT 64 Toasts
ZUBEREITUNG 15 Min.
GARZEIT 15–20 Min.

RICHTWERTE PRO PORTION

● ● ○   Kalorien
● ○ ○   Ges. Fettsäuren
● ○ ○   Salz

- 250 g gegarte und geschälte Garnelen
- 1 rote Chilischote, nach Entfernen von Stielansatz, Samen und Scheidewänden, fein gehackt
- 1 Handvoll Koriandergrün, fein gehackt
- Salz und Pfeffer
- 8 Scheiben glutenfreies Weißbrot (siehe Seite 38), leicht getoastet
- 4 EL Sesam, nötigenfalls auch mehr
- 4–5 EL Sonnenblumenöl, nötigenfalls auch mehr

NÄHRWERTE PRO TOAST

Brennwert 43 kcal/182 kJ

Protein 2 g

Fett 3 g
Ges. Fettsäuren 0,5 g

Kohlenhydrate 3 g
Zucker 0,2 g

Ballaststoffe 0,3 g

Salz 0,2 g

1 Die Garnelen mit Chilischote, Koriander, Salz und Pfeffer in eine Küchenmaschine geben und sorgfältig zerkleinern. Die Rinde von dem Brot abschneiden und zurückstellen (siehe Tipp).

2 Die Garnelenmischung auf die Toasts streichen und gut andrücken, damit sie haften bleibt. Die Toasts in Viertel schneiden und diese in Dreiecke. Den Sesam auf einem Teller verteilen und die Toasts mit der bestrichenen Seite hineindrücken.

3 In einer Pfanne 1 Esslöffel Öl bei mittlerer Temperatur erhitzen. Die Toasts portionsweise mit der unbestrichenen Seite hineinlegen und 1–2 Minuten braten. Anschließend wenden und die bestrichene Seite für 1–2 Minuten backen, bis sie goldbraun ist. Herausnehmen und auf Küchenpapier abtropfen lassen. Sesam in der Pfanne gegebenenfalls entfernen und die übrigen Toasts braten. Nötigenfalls noch Öl hinzufügen.

Tipp
Aus der Brotrinde können Semmelbrösel hergestellt werden. Die Rinde in einer Küchenmaschine zerkleinern. Im Kühlschrank halten die Brösel sich drei Tage, im Gefriergerät bis zu drei Monate.

GEMÜSE-FRÜHLINGSROLLEN

Sie können die Rollen im Voraus frittieren und vor dem Verzehr im heißen Backofen wieder aufbacken.

ERGIBT 10 Rollen
ZUBEREITUNG 30 Min.
GARZEIT 15–20 Min.

RICHTWERTE PRO PORTION

● ● ○ Kalorien
● ● ○ Ges. Fettsäuren
● ● ○ Salz

NÄHRWERTE PRO ROLLE

Brennwert 105 kcal/440 kJ

Protein 1,1 g

Fett 6 g
Ges. Fettsäuren 0,7 g

Kohlenhydrate 12 g
Zucker 8 g

Ballaststoffe 1 g

Salz 0,7 g

15 g getrocknete Shiitake, 20 Minuten in kochendem Wasser eingeweicht
1 kleine Möhre, in Stifte geschnitten
3 Frühlingszwiebeln, in Stifte geschnitten
85 g Weißkohl, in Streifen geschnitten
2 Knoblauchzehen, zerdrückt
2 cm Ingwerwurzel, geschält und gerieben
2 EL Tamari (glutenfreie Sojasauce)
1 EL chinesischer Shaoxing-Reiswein
½ TL chinesisches Fünfgewürzpulver
1 EL Pflanzenöl
60 g Bohnensprossen
20 Reisteighüllen (Asienladen)
Pflanzenöl zum Frittieren

FÜR DEN CHILIDIP
60 g Zucker
90 ml Reisessig
2 Knoblauchzehen, gehackt
2 rote Chilischoten, nach Entfernen von Stielansatz, Samen und Scheidewänden, fein gehackt

1 Die Pilze abtropfen lassen, fein hacken und mit den nachfolgenden 5 Zutaten vermischen. In einem kleinen Krug Tamari, Reiswein und Fünfgewürzpulver verrühren. Das Öl in einer Pfanne oder einem Wok erhitzen. Alle Gemüse darin 1 Minute unter Rühren braten. Die Tamarimischung dazugeben und 30 Sekunden köcheln lassen. Die Gemüse von der Kochstelle nehmen und abkühlen lassen.

2 Für den Dip die Zutaten mit 4 Esslöffeln Wasser in einem kleinen Topf zum Kochen bringen und 5 Minuten köcheln lassen, bis die Sauce etwas eingedickt ist. Abkühlen lassen.

3 Eine Teighülle 10–15 Sekunden in warmes Wasser tauchen, bis sie weich ist. Auf ein feuchtes Küchenhandtuch legen und betupfen, bis sie etwas klebrig wird. 1 Esslöffel Füllung in die Mitte setzen. Die Teighülle unten über die Füllung klappen, dann seitlich. Die Hülle fest aufrollen. Eine zweite Teighülle einweichen und um die erste wickeln. Mit den übrigen Zutaten ebenso verfahren. Das Öl in einer Fritteuse oder einem großen Topf auf 180 °C erhitzen. Jeweils 2 Frühlingsrollen darin 3–4 Minuten frittieren, bis sie goldbraun sind. Mit einem Schaumlöffel herausheben und auf Küchenpapier abtropfen lassen. Warm stellen, während die übrigen Rollen frittiert werden. Die Frühlingsrollen heiß mit dem Chilidip servieren.

GARNELENSPIESSE IN ZITRONENMARINADE

Für ein asiatisch inspiriertes Familienessen können Sie diesen Snack zusammen mit Hähnchenspießen servieren.

PORTIONEN 4
ZUBEREITUNG 15 Min.
PLUS MARINIERZEIT
GARZEIT 10 Min.

RICHTWERTE PRO PORTION
● ○ ○ Kalorien
● ○ ○ Ges. Fettsäuren
● ● ● Salz

NÄHRWERTE PRO PORTION
Brennwert 128 kcal/541 kJ
Protein 17 g
Fett 1 g
Ges. Fettsäuren 0,1 g
Kohlenhydrate 3 g
Zucker 3 g
Ballaststoffe 0 g
Salz 2 g

2 Knoblauchzehen, grob gehackt
½ rote Chilischote, nach Entfernen der Samen, grob gehackt
2 Stängel Zitronengras (nur das untere Drittel), nach Entfernen der harten Außenschicht, grob gehackt
3 cm frischer Ingwer, fein gehackt
1 EL gehackte Korianderwurzeln oder -stängel
2 EL glutenfreie Nam pla (Fischsauce)
2 TL Roh-Rohrzucker
1 EL Limettensaft, plus Limettenspalten zum Servieren
40 rohe geschälte Riesengarnelen, Därme entfernt

1 Den Grill vorbereiten. Alle Zutaten bis auf die Garnelen in Mixer oder Küchenmaschine mit der Pulsfunktion zu einer feinen Paste zerkleinern.

2 Die Garnelen in der Marinade drehen und zugedeckt für 1 Stunde in den Kühlschrank stellen. In der Zwischenzeit 8 Bambusspieße in Wasser legen, damit sie beim Grillen nicht verbrennen.

3 Jeweils 5 Garnelen in einer C-Form auf einen Spieß stecken. Die Garnelen auf jeder Seite 2–3 Minuten grillen, bis sie rosa und leicht gebräunt sind. Mit den Limettenspalten servieren.

Garen im Backofen
Den Grill auf höchster Stufe vorheizen und die Grillpfanne mit Alufolie auslegen. Die Spieße hineingeben und auf jeder Seite 2–3 Minuten garen.

Einfrieren
Die marinierten rohen Garnelen in einem Gefrierbeutel einfrieren. Vor Verwendung im Kühlschrank vollständig auftauen lassen.

MINI-FISCHFRIKADELLEN MIT KORIANDERMAYONNAISE

Falls Sie wegen der Salmonellengefahr rohe Eier lieber meiden, verzichten Sie auf die Mayonnaise.

PORTIONEN 4
ZUBEREITUNG 30 Min.
  PLUS KALT STELLEN
GARZEIT 30 Min.
EINFRIEREN 3 Monate
  NUR DIE FISCHFRIKADELLEN

RICHTWERTE PRO PORTION

 Kalorien
 Ges. Fettsäuren
● ● ○ Salz

NÄHRWERTE PRO PORTION

Brennwert 766 kcal/2534 kJ
Protein 32 g
Fett 37 g
Ges. Fettsäuren 7,5 g
Kohlenhydrate 37 g
Zucker 7 g
Ballaststoffe 2,5 g
Salz 1 g

SUPER FÜR KIDS

NÄHRSTOFF-KRACHER
Fettfische wie Lachs sind reich an Omega-3-Fettsäuren – gut für das Herz.

- 2 Eigelb
- 1 TL Dijonsenf
- Salz und schwarzer Pfeffer
- 1 EL Weißweinessig
- 300 ml Sonnenblumenöl, sowie Öl zum Braten
- 1 Handvoll Koriandergrün, nur die Blätter, fein gehackt
- 450 g Lachsfilet ohne Haut
- 300 ml Milch
- 200 g Kartoffelpüree
- 1 kleine Handvoll Dill, fein gehackt
- abgeriebene Schale und Saft von ½ Bio-Zitrone
- ¼–½ TL Cayennepfeffer
- ½ grüne Paprikaschote, geputzt und fein gehackt
- 2–3 EL Reisstärke
- 1 Ei, verquirlt
- 100 g glutenfreies Weißbrot (siehe Seite 38), fein zerkrümelt

1 Für die Mayonnaise Eigelb, Senf, etwas Salz und Pfeffer und den Essig in eine Küchenmaschine geben. Bei laufendem Motor das Öl in einem dünnen, gleichmäßigen Strahl dazugießen, bis die Mischung emulgiert und dick wird. Abschmecken und nötigenfalls noch Essig, Salz oder Pfeffer hinzufügen. In eine Servierschüssel füllen und den Koriander unterrühren. Abgedeckt beiseitestellen.

2 Den Lachs in eine tiefe Pfanne geben, mit der Milch übergießen und salzen und pfeffern. Zum Kochen bringen und 4–6 Minuten köcheln lassen, bis er nicht mehr glasig ist. Mit einem Schaumlöffel in eine Schüssel heben und zerpflücken. Kartoffelpüree, Dill, Schale und Saft der Zitrone, Cayennepfeffer, Paprikaschote sowie Salz und Pfeffer untermischen. ½ Esslöffel der Mischung zu einer Mini-Frikadelle formen. Auf diese Weise etwa 20 Frikadellen herstellen. Auf ein mit Backpapier belegtes Blech setzen.

3 Die Frikadellen in der Reisstärke wenden, in das Ei tauchen und mit den Brotbröseln überziehen. Für 30 Minuten kalt stellen. In einer beschichteten Pfanne 1 Esslöffel Öl erhitzen. Die Frikadellen portionsweise auf jeder Seite 3–4 Minuten goldbraun braten, dann mit der Mayonnaise servieren.

SUPPEN UND SALATE

FRANZÖSISCHE ZWIEBELSUPPE

Diese Suppe ist so sättigend, dass sie auch als Hauptgericht serviert werden kann.

PORTIONEN	6
ZUBEREITUNG	25 Min.
GARZEIT	1½–1¾ Std.

RICHTWERTE PRO PORTION

● ○ ○ Kalorien
● ● ○ Ges. Fettsäuren
● ○ ○ Salz

NÄHRWERTE PRO PORTION

Brennwert 298 kcal/1249 kJ

Protein 13 g

Fett 13 g
Ges. Fettsäuren 6 g

Kohlenhydrate 28 g
Zucker 9 g

Ballaststoffe 3 g

Salz 0,9 g

2 EL Olivenöl
6 mittelgroße Zwiebeln, geschält, halbiert und in dünne Scheiben geschnitten
Salz und schwarzer Pfeffer
1 Lorbeerblatt
1 EL Demerarazucker
120 ml trockener Weißwein
1,2 l heiße glutenfreie Rinder- oder Gemüsebrühe

FÜR DIE TOASTS
6 Scheiben glutenfreies Weißbrot (siehe Seite 38), nach Entfernen der Rinde leicht getoastet
150 g Gruyère, gerieben

1 Das Öl in einer großen feuerfesten Kasserolle erhitzen. Die Zwiebeln hinzufügen und gut durchrühren. Salz, Pfeffer und Lorbeerblatt dazugeben. Die Zwiebeln bei schwacher Hitze etwa 15 Minuten garen, bis sie weich werden. Die Temperatur etwas erhöhen und den Zucker unterrühren. Die Zwiebeln weitere 35 Minuten garen, bis sie goldbraun und karamellisiert sind. Gelegentlich umrühren und nötigenfalls die Hitze reduzieren, damit sie nicht anbrennen.

2 Bei mittelhoher Temperatur den Wein hinzufügen und rühren, um den Bodensatz zu lösen. Den Topfinhalt 1–2 Minuten garen, dann die Brühe dazugießen und zum Kochen bringen. Die Hitze reduzieren und alles unbedeckt noch einmal 20–30 Minuten garen. Das Lorbeerblatt herausnehmen und die Suppe mit Salz und Pfeffer abschmecken.

3 Den Backofen auf 180 °C vorheizen. 1 Handvoll Käse in die Suppe geben und sorgfältig unterrühren. Die getoasteten Brotscheiben auf die Suppe setzen und den restlichen Käse auf ihnen verteilen. Den Topf ohne Deckel in den Backofen stellen, bis der Käse zu blubbern beginnt und goldbraun wird. Die Suppe auf Schalen verteilen und jeweils ein Käsetoast daraufsetzen.

MINESTRONE

Diese Suppe kann je nach Jahreszeit mit einer Vielzahl von Gemüsen zubereitet werden.

PORTIONEN	8
ZUBEREITUNG	40 Min.
GARZEIT	1¾–2¼ Std.
EINFRIEREN	3 Monate

RICHTWERTE PRO PORTION

 Kalorien
 Ges. Fettsäuren
 Salz

NÄHRWERTE PRO PORTION

Brennwert 215 kcal/910 kJ

Protein 11 g

Fett 4 g
Ges. Fettsäuren 0,5 g

Kohlenhydrate 34 g
Zucker 7 g

Ballaststoffe 9,5 g

Salz 0,8 g

- 1 Schweinshachse oder eine Packung durchwachsener Speck, in Stücke geschnitten
- 1 EL Olivenöl
- 1 mittelgroße Zwiebel, fein gehackt
- 2 Lorbeerblätter
- 3 große Möhren, gewürfelt
- 1 Fenchelknolle, fein gehackt
- 2 Knoblauchzehen, fein gehackt
- schwarzer Pfeffer
- 4 große reife Tomaten, gehackt
- Blätter von einigen Thymianzweigen
- 1 Prise frisch geriebene Muskatnuss
- 1 Dose Kichererbsen (400 g), abgetropft und abgespült
- 1 Dose weiße Bohnen (400 g), abgetropft und abgespült
- 100 g enthülste Dicke Bohnen, frisch oder aufgetaut
- 100 g enthülste Erbsen, frisch oder aufgetaut
- 200 g kleine glutenfreie Nudeln, fertig gekauft oder frisch zubereitet (siehe Seite 42–43)
- 100 g Spinat
- geriebener Parmesan oder Pecorino

1 Die Hachsenstücke in einen großen Topf geben. Fast bis zum Rand kaltes Wasser auffüllen und zum Kochen bringen. Auf mittelschwache Hitze reduzieren und die Hachse mit halb aufgelegtem Deckel 1–1½ Stunden garen, bis sie weich wird. Die Brühe durch ein Sieb gießen, Fleisch und Knochen aufbewahren. Die Brühe noch einmal durch ein feines Sieb in einen Messbecher gießen. Es sollten 1,2 Liter vorhanden sein. Nötigenfalls Wasser ergänzen. Beiseitestellen. Das Fleisch von den Knochen lösen und beiseitestellen, die Knochen wegwerfen.

2 Das Öl in einem großen schweren Topf erhitzen. Die Zwiebel mit den Lorbeerblättern hineingeben und bei mittelschwacher Hitze 5–7 Minuten garen, bis sie weich ist. Möhren und Fenchel hinzufügen und 8 Minuten garen, bis sie weich sind. Den Knoblauch sowie Pfeffer nach Geschmack unterrühren. Die Tomaten dazugeben und bei schwacher Hitze 10 Minuten garen. Nötigenfalls noch etwas Brühe hinzufügen. Thymian, Muskatnuss, Kichererbsen, Bohnen und Erbsen unterrühren. Alles mit Brühe bedecken und 10 Minuten köcheln lassen. Nudeln, Fleisch und restliche Brühe dazugeben und zum Kochen bringen. Den Topfinhalt köcheln lassen, bis die Nudeln gar sind. Den Spinat unterrühren. Die Suppe abschmecken und mit dem geriebenen Käse servieren.

SUPER FÜR KIDS

NÄHRSTOFF-KRACHER
Dosen-Hülsenfrüchte sind exzellente Lieferanten von löslichen Ballaststoffen.

SUPPEN UND SALATE

GEMÜSESUPPE

PORTIONEN 4–6
ZUBEREITUNG 10 Min.
GARZEIT 30 Min.

Diese Suppe bietet sich an, um rohe Gemüsereste weiterzuverarbeiten, die beim Zubereiten anderer Gerichte übrig geblieben sind.

RICHTWERTE PRO PORTION

 Kalorien
 Ges. Fettsäuren
 Salz

NÄHRWERTE PRO PORTION

Brennwert 124–186 kcal/519–778 kJ

Protein 1–1,5 g

Fett 6–9 g
Ges. Fettsäuren 0,8–1 g

Kohlenhydrate 10–14 g
Zucker 4,5–7 g

Ballaststoffe 3–4,5 g

Salz 0,4–0,6 g

---

3 EL Olivenöl
1 Zwiebel, gehackt
1 Stange Lauch (nur der weiße Teil), gehackt
1 Stange Staudensellerie, gehackt
500 g geputzte Wurzelgemüse wie Möhren, Kartoffeln, Pastinaken und Speiserüben, in gleich große Würfel geschnitten
Salz und frisch gemahlener schwarzer Pfeffer
Sahne zum Servieren

FÜR DIE BRÜHE
1 Zwiebel
2 Gewürznelken
1 Möhre, in vier Stücke geschnitten
1 Stange Staudensellerie, in 4 Stücke geschnitten
2 Lorbeerblätter
2 Stangen Lauch, geputzt und grob gehackt
1 Prise Salz
1 TL schwarze Pfefferkörner

1 Zur Zubereitung der Brühe die Zwiebel mit den Gewürznelken spicken. Mit Möhre, Sellerie, Lorbeerblättern, Lauch, Salz und Pfefferkörnern in einen großen Topf geben. 1,5 l Wasser hinzufügen und zum Kochen bringen. Die Hitze reduzieren, bis der Topfinhalt gerade noch köchelt. Die Zutaten mit halb aufgelegtem Deckel 1 Stunde garen. Den Herd ausschalten und den Topfinhalt zugedeckt stehen lassen, damit die Aromen verschmelzen können.

2 Das Öl in einem großen schweren Topf erhitzen. Zwiebel, Lauch und Staudensellerie darin 5 Minuten garen, bis sie weich, aber noch nicht gebräunt sind.

3 Die Wurzelgemüse und 750 ml Wasser sowie großzügig Salz und Pfeffer hinzufügen.

4 Den Topfinhalt zum Kochen bringen, dann die Hitze so weit reduzieren, dass er gerade noch köchelt. Zugedeckt 20 Minuten garen, bis alle Gemüse weich sind.

5 Die Zutaten im Mixer oder mit dem Pürierstab pürieren, bis die Suppe vollkommen glatt ist. Falls gewünscht, noch Brühe hinzufügen. Die Suppe abschmecken und zum Servieren etwas Sahne daraufgeben.

ROTE-BETE-SUPPE

Rote Bete verleiht der Suppe stets eine wunderbare Farbe. Hier bekommt die Suppe durch Ingwer angenehme Würze und durch Wasabi feurige Schärfe.

PORTIONEN 4
ZUBEREITUNG 10 Min.
GARZEIT 55 Min.

RICHTWERTE PRO PORTION

● ● ○ Kalorien
● ● ○ Ges. Fettsäuren
● ● ○ Salz

NÄHRWERTE PRO PORTION

Brennwert 113 kcal/475 kJ
Protein 4 g
Fett 5,5 g
Ges. Fettsäuren 2 g
Kohlenhydrate 12 g
Zucker 12 g
Ballaststoffe 4 g
Salz 0,7 g

NÄHRSTOFF-KRACHER
Rote Bete ist reich an Antioxidantien und Folsäure.

Zutaten

- 500 g rohe Rote Bete, Blattstiele entfernt
- 1 Prise Zucker
- Salz
- 1 EL Olivenöl
- 1 Bund Frühlingszwiebeln, geputzt und fein gehackt
- 5 cm Ingwerwurzel, geschält und gerieben
- Salz und schwarzer Pfeffer
- 750 ml heiße glutenfreie Gemüsebrühe
- 3 EL Sauerrahm
- ¼ TL Wasabipaste, nach Geschmack auch mehr

1 Die Rote Bete mit dem Zucker in einen Topf mit Salzwasser geben und das Wasser zum Kochen bringen. Die Bete-Knollen bei schwacher bis mittlerer Hitze mit halb aufgelegtem Deckel 40 Minuten garen, bis sie so weich sind, dass sie sich mit einem scharfen Messer einstechen lassen. Abtropfen und etwas abkühlen lassen, dann schälen und grob hacken.

2 In einem sauberen Topf das Öl erhitzen. Die Frühlingszwiebeln darin bei mittlerer Hitze 2–3 Minuten garen, bis sie weich werden. Den Ingwer hinzufügen und 1 Minute garen. Die Rote Bete dazugeben. Gut umrühren, um sie mit Öl zu überziehen, dann salzen und pfeffern. Die Brühe dazugießen und zum Kochen bringen.

3 Die Hitze so weit reduzieren, dass der Topfinhalt noch köchelt. Etwa 10 Minuten sanft garen, dann in einer Küchenmaschine oder mit dem Stabmixer glatt pürieren. Nötigenfalls noch etwas Salz und Pfeffer hinzufügen. Sauerrahm und Wasabi verrühren. Die Suppe in Schalen schöpfen und etwas Wasabirahm daraufgeben.

Tipp
Anstelle von Wasabipaste kann man auch geriebenen Meerrettich verwenden.

FENCHELSUPPE MIT PARMESANCRACKERN

Parmesancracker sind ganz einfach zuzubereiten und machen aus dieser cremigen Suppe einen echten Knüller.

PORTIONEN 4
ZUBEREITUNG 20 Min.
GARZEIT 45 Min.

RICHTWERTE PRO PORTION

● ● ● Kalorien
● ● ○ Ges. Fettsäuren
● ○ ○ Salz

NÄHRWERTE PRO PORTION

Brennwert 465 kcal/1917 kJ

Protein 9 g

Fett 45 g
Ges. Fettsäuren 26 g

Kohlenhydrate 6 g
Zucker 5 g

Ballaststoffe 4 g

Salz 0,6 g

1–2 EL Olivenöl
50 g Butter
1 Zwiebel, fein gehackt
Salz und Pfeffer
1 Stange Staudensellerie, fein gehackt
1 Möhre, fein gehackt
2 Knoblauchzehen, fein gehackt
3–4 Fenchelknollen, geputzt und fein gehackt, das Grün aufbewahrt
750 ml heiße glutenfreie Gemüsebrühe (siehe gegenüber)
4 EL fein geriebener Parmesan
200 g Sahne
1 Prise frisch geriebene Muskatnuss

1 In einem großen Topf 1 Esslöffel Öl und die Butter erhitzen. Die Zwiebel darin bei schwacher Hitze 5–6 Minuten garen, bis sie weich ist. Salzen und pfeffern. Sellerie und Möhre dazugeben und 10 Minuten bei schwacher Hitze garen, bis sie goldbraun sind. Knoblauch und Fenchel hinzufügen und bei sehr schwacher Hitze 5 Minuten garen, bis der Fenchel weich wird. Nötigenfalls noch Öl dazugeben. Etwas Brühe angießen und zum Kochen bringen. Die restliche Brühe dazugeben und aufwallen lassen. Die Hitze reduzieren und alles noch einmal 20 Minuten köcheln lassen.

2 Für die Parmesancracker 4 Parmesanhäufchen gleicher Größe bei schwacher Hitze in eine große beschichtete Pfanne geben und mit dem Rücken eines Löffels flach drücken. Einige Minuten garen, bis der Parmesan zu schmelzen beginnt und eine Kruste bildet. Wenn er unten knusprig wird und an den Rändern Bläschen erscheinen, die Cracker mit einer Palette behutsam umdrehen. Noch einige Minuten rösten, dann von der Kochstelle nehmen. In der Pfanne lassen, damit sie warm bleiben.

3 Die Suppe in eine Küchenmaschine geben, glatt pürieren und wieder in den Topf füllen. Salzen und pfeffern. Die Sahne hinzufügen und die Suppe behutsam erhitzen. In breiten Schalen mit einer Prise Muskatnuss, einem Parmesancracker und etwas Fenchelgrün garniert servieren.

TOMATEN-BROT-SUPPE

Für diese rustikale Suppe lassen sich großartig Brotreste verwerten. Tomaten sind im Sommer am aromatischsten.

PORTIONEN	4
ZUBEREITUNG	15 Min.
GARZEIT	25–30 Min.

2 EL Olivenöl
1 Zwiebel, fein gehackt
Salz und schwarzer Pfeffer
2 Knoblauchzehen, fein gehackt
900 g Tomaten, enthäutet und grob gehackt
4 dicke Scheiben altbackenes glutenfreies Brot (siehe Seite 38), grob zerzupft
1 Handvoll Basilikumblätter
bestes Olivenöl zum Beträufeln

FÜR DIE GEMÜSEBRÜHE
4 Möhren, grob gehackt
4 Zwiebeln, grob gehackt
4 Stangen Staudensellerie, grob gehackt
2 Lorbeerblätter
1 große Handvoll Pfefferkörner
Salz

RICHTWERTE PRO PORTION
● ● ○ Kalorien
● ○ ○ Ges. Fettsäuren
● ○ ○ Salz

NÄHRWERTE PRO PORTION
Brennwert 225 kcal/947 kJ
Protein 6,5 g
Fett 10 g
Ges. Fettsäuren 1,5 g
Kohlenhydrate 27 g
Zucker 9 g
Ballaststoffe 4 g
Salz 0,6 g

1 Für die Gemüsebrühe alle Zutaten mit 2 Litern Wasser und Salz in einen großen Topf geben und zum Kochen bringen. Die Hitze reduzieren und den Topfinhalt mit halb aufgelegtem Deckel 1 Stunde köcheln lassen. Durch ein Sieb in einen großen Krug gießen. Es sollten etwa 1,2 Liter vorhanden sein. Im Kühlschrank aufbewahrt, hält sich die Brühe bis zu drei Tage.

2 Das Olivenöl in einem großen Topf erhitzen. Die Zwiebel darin bei schwacher Hitze 5–6 Minuten garen, bis sie weich ist. Salz, Pfeffer und Knoblauch unterrühren und 1 Minute garen. Tomaten mit Saft hinzufügen und bei schwacher Hitze 5 Minuten garen. 750 ml Brühe und das Brot dazugeben. Das Brot mit einem Löffel in die Brühe drücken.

3 Alles mit halb aufgelegtem Deckel etwa 15 Minuten sanft garen. Die Suppe sollte so dick sein, dass man sie fast mit einer Gabel essen kann, nötigenfalls aber heißes Wasser hinzufügen. Abschmecken und das Basilikum unterrühren. In Schalen schöpfen und mit etwas Olivenöl servieren.

Tipp
Zum Einfrieren übrig gebliebener Brühe diese zunächst 10 Minuten kräftig kochen lassen, um das Aroma zu intensivieren. Nach dem Abkühlen in einen Gefrierbeutel oder in Eiswürfelbehälter füllen. Innerhalb eines Monats verbrauchen.

SUPER FÜR KIDS

NÄHRSTOFFKRACHER
Tomaten sind reich an Lycopen, das vor einigen Krebsarten schützen soll.

SCHELLFISCHTOPF

Diese herzhafte Suppe mit zartem weißfleischigem Fisch und saftigen Garnelen ist eine vollwertige Mahlzeit.

PORTIONEN 4
ZUBEREITUNG 20 Min.
GARZEIT 30 Min.

RICHTWERTE PRO PORTION

●●● Kalorien
●●● Ges. Fettsäuren
●●● Salz

NÄHRWERTE PRO PORTION

Brennwert 693 kcal/2908 kJ
Protein 44 g
Fett 33,5 g
Ges. Fettsäuren 17 g
Kohlenhydrate 43 g
Zucker 10 g
Ballaststoffe 3,5 g
Salz 3 g

- 25 g Butter
- 1 Zwiebel, fein gehackt
- Salz und schwarzer Pfeffer
- 200 g Räucherspeck, in Stücke geschnitten
- 1 Lorbeerblatt
- 3 mittelgroße festkochende Kartoffeln, geschält und in mundgerechte Stücke geschnitten
- 2 EL Reismehl
- 1 Glas trockener Weißwein
- 300 ml Kaffeesahne
- 600 ml heiße glutenfreie Fisch- oder Gemüsebrühe (siehe Seite 101)
- 1 Dose Mais (400 g), abgetropft und abgespült
- 350 g ungefärbter geräucherter Schellfisch, enthäutet und grob gehackt
- 250 g geschälte rohe Garnelen

1 Die Butter in einem großen Topf erhitzen. Die Zwiebel mit etwas Salz und Pfeffer hinzufügen und bei niedriger Temperatur 2–3 Minuten garen, bis sie weich ist. Die Temperatur etwas erhöhen. Speck und Lorbeerblatt dazugeben und 4–5 Minuten garen.

2 Die Temperatur herunterschalten. Die Kartoffeln hinzufügen und sorgfältig untermischen. Das Mehl dazugeben und ebenfalls gut unterrühren. Den Wein hinzufügen und nach Erhöhen der Hitze unter gelegentlichem Rühren köcheln lassen. Kaffeesahne und Brühe dazugießen und zum Kochen bringen.

3 Die Hitze reduzieren. Den Mais dazugeben und den Topfinhalt etwa 15 Minuten köcheln lassen, bis die Kartoffeln gar sind. Fisch und Garnelen hinzufügen und zugedeckt 4–6 Minuten garen, bis beide nicht mehr glasig sind. Die Suppe abschmecken.

Tipp
Das Geheimnis des Erfolgs besteht bei dieser Suppe darin, dass der Fisch nicht übergart wird. Er ist nach wenigen Minuten fertig und gart in der heißen Brühe noch weiter, nachdem der Topf vom Herd genommen wurde.

QUINOASALAT MIT MANGO, LIMETTE UND KOKOSNUSS

Ein gesunder Salat voller tropischer Aromen und leuchtender Farben. Versuchen Sie reife, aromatische Mangos zu bekommen, auch wenn sie etwas teurer sind.

PORTIONEN 4
ZUBEREITUNG 15 Min.
GARZEIT 10 Min.

RICHTWERTE PRO PORTION

● ● ○ Kalorien
● ● ○ Ges. Fettsäuren
● ○ ○ Salz

NÄHRWERTE PRO PORTION

Brennwert 460 kcal/1935 kJ

Protein 15 g

Fett 20 g
Ges. Fettsäuren 8 g

Kohlenhydrate 54 g
Zucker 12,5 g

Ballaststoffe 7,5 g

Salz 0,8 g

50 g Kokosraspel
300 g Quinoa
1 Dose weiße Bohnen (400 g), abgetropft und abgespült
½ rote Zwiebel, fein gehackt
1 große Mango, geschält, entsteint und in mundgerechte Stücke geschnitten
1 Limette, geschält und filetiert, Filets halbiert
1 Handvoll Minze, fein gehackt
1 Handvoll glatte Petersilie, fein gehackt

FÜR DAS DRESSING
3 EL Olivenöl
1 EL Weißweinessig
1 Prise Zucker
Salz und schwarzer Pfeffer

1 Die Kokosraspel ohne Fett in einer Pfanne bei mittlerer Temperatur 2–3 Minuten rösten, bis sie goldbraun sind, dabei rühren, damit sie nicht anbrennen. Von der Kochstelle nehmen und abkühlen lassen.

2 Für das Dressing alle Zutaten in eine kleine Schüssel oder einen Krug geben und verschlagen. Abschmecken und nötigenfalls nachwürzen.

3 Die Quinoa nach den Anweisungen auf der Packung garen. Gut abtropfen lassen und in eine große Servierschüssel füllen. Solange die Quinoa noch warm ist, weiße Bohnen, Zwiebel, Mango, Limette, Minze, Petersilie sowie Salz und Pfeffer nach Geschmack unterheben.

4 Das Dressing darübergießen und sorgfältig unterheben. Den Salat mit den gerösteten Kokosraspeln bestreuen und sofort servieren.

NÄHRSTOFF-KRACHER
Mango ist ein exzellenter Lieferant von Betacarotin.

WEISSE-BOHNEN-SALAT MIT THUNFISCH UND ZWIEBELN

Ein klassischer italienischer Salat, der sich gut für ein Picknick eignet, da er haltbar und gut zu transportieren ist.

PORTIONEN 4
ZUBEREITUNG 10 Min.

RICHTWERTE PRO PORTION

 Kalorien
 Ges. Fettsäuren
Salz

NÄHRWERTE PRO PORTION

Brennwert 231 kcal/965 kJ

Protein 18 g

Fett 13 g
Ges. Fettsäuren 2 g

Kohlenhydrate 13 g
Zucker 3,5 g

Ballaststoffe 6 g

Salz 1,5 g

3 EL Olivenöl
1 EL Rotweinessig
Salz und frisch gemahlener schwarzer Pfeffer
1 Dose Thunfisch in Olivenöl (etwa 200 g), abgetropft
1 rote Zwiebel, geviertelt und in sehr dünne Scheiben geschnitten
2 EL Kapern, abgespült, abgetropft und grob gehackt
1 Dose kleine weiße Bohnen (etwa 400 g), abgetropft und abgespült
1 Handvoll glatte Petersilie, fein gehackt

1 In einer Schüssel Olivenöl und Essig verschlagen, dann großzügig salzen und pfeffern. Den Thunfisch in eine Schüssel geben und mit einer Gabel grob zerteilen.

2 Die restlichen Zutaten hinzufügen. Den Salat sorgfältig durchheben, bis alles gut mit Dressing überzogen ist. Das Ganze servieren oder in einen Behälter zum Mitnehmen füllen.

Variante
Das Rezept durch einen Beutel Salat und einige halbierte Kirschtomaten ergänzen, um eine vollständige Mahlzeit für zu Hause zuzubereiten.

Tipp
Sie können den Thunfisch auch durch kalte Makrele oder die weißen Bohnen durch eine andere Sorte Dosenbohnen ersetzen.

SOBA-NUDEL-GARNELEN-SALAT

Hier wurden nussig schmeckende Soba-Nudeln mit Tigergarnelen und Orangen-Ingwer-Dressing kombiniert.

PORTIONEN 4
ZUBEREITUNG 15 Min.
GARZEIT 25 Min.

RICHTWERTE PRO PORTION

● ● ● Kalorien
● ● ● Ges. Fettsäuren
● ● ● Salz

NÄHRWERTE PRO PORTION

Brennwert 396 kcal/1670 kJ

Protein 27 g

Fett 12 g
Ges. Fettsäuren 1,5 g

Kohlenhydrate 45 g
Zucker 5 g

Ballaststoffe 4 g

Salz 1,2 g

200 g Soba-Nudeln (siehe Info)
Salz und schwarzer Pfeffer
1 EL Sonnenblumenöl
250 g rohe Tigergarnelen, geschält, die Schwanzfächer entfernt
300 g TK-Sojabohnen
4 Frühlingszwiebeln, fein gehackt
1 rote Chilischote, nach Entfernen von Samen und Scheidewänden, in schmale Ringe geschnitten
1 Handvoll Korianderblätter, grob gehackt
1 Handvoll Minzeblätter, grob gehackt

FÜR DAS DRESSING
Saft von 1 Orange
5 cm Ingwerwurzel, geschält und gerieben
1 EL Tamari (glutenfreie Sojasauce)
2 Knoblauchzehen, zerdrückt
1 Prise Zucker

1 Die Nudeln in einem großen Topf mit kochendem Salzwasser nach Anweisung auf der Packung garen. Abtropfen lassen und in eine Servierschüssel füllen. In einer Schüssel alle Zutaten für das Dressing sowie Salz und Pfeffer nach Geschmack verschlagen. Das Dressing beiseitestellen.

2 Das Öl in einer Pfanne erhitzen. Die Garnelen hineingeben, salzen und pfeffern. Bei relativ hoher Temperatur 3–4 Minuten garen, bis sie rosa sind. Mit einem Schaumlöffel herausnehmen und etwas abkühlen lassen. Längs halbieren und zu den Nudeln geben.

3 Die Sojabohnen in einem Topf mit kochendem Salzwasser 3–5 Minuten garen, bis sie weich sind. Abtropfen lassen und unter kaltem Wasser abschrecken. Sojabohnen, Frühlingszwiebeln, Chilischote und die Hälfte der Kräuter in die Schüssel geben. Das Dressing darübergießen und sorgfältig unterheben. Den Salat mit den übrigen Kräutern bestreut servieren.

Info
Soba-Nudeln sind glutenfreie japanische Nudeln aus Buchweizen.

SUPER FÜR KIDS

NÄHRSTOFF-KRACHER
Sojabohnen liefern Ballaststoffe, Protein, Eisen und Folsäure.

SPINAT-PINIENKERNE-SALAT

Knusprige Brotkrumen und geröstete Samen krönen diesen frischen Salat, der für sich oder als Beilage zu gegrillten Lammkoteletts serviert werden kann.

PORTIONEN 4
ZUBEREITUNG 15 Min.
GARZEIT 10 Min.

250 g junge Spinatblätter
1 Handvoll dicke Rosinen (nach Belieben)
100 g sonnengetrocknete Tomaten, grob gehackt
50 g Pinienkerne, geröstet

FÜR DAS DRESSING
3 EL Olivenöl
1 EL Orangensaft
1 Prise Zucker
Salz und schwarzer Pfeffer

FÜR DIE BROTKRUMEN
2–3 Scheiben glutenfreies Brot (siehe Seite 38), zerzupft
1 Prise getrocknete Chilischoten

RICHTWERTE PRO PORTION
● ○ ○ Kalorien
● ○ ○ Ges. Fettsäuren
● ○ ○ Salz

NÄHRWERTE PRO PORTION
Brennwert 270 kcal/1124 kJ
Protein 6 g
Fett 19 g
Ges. Fettsäuren 2 g
Kohlenhydrate 17,5 g
Zucker 9,5 g
Ballaststoffe 4 g
Salz 0,8 g

1 Für das Dressing die Zutaten in einer Schüssel verrühren. Das Dressing probieren und nötigenfalls nachwürzen. Beiseitestellen. Den Backofen auf 200 °C vorheizen.

2 Für die Brotkrumen das Brot in eine Küchenmaschine geben und zu Krümeln zerkleinern. Die Krümel in einem Bräter verteilen und für 5–10 Minuten in den Backofen schieben, bis sie golden, aber noch nicht braun sind. Chiliflocken sowie Salz und Pfeffer nach Geschmack untermischen. Beiseitestellen.

3 Zum Zusammenstellen des Salats das Dressing in eine große Salatschüssel gießen und in der Schüssel schwenken. Die Spinatblätter dazugeben und die Schüssel rütteln, um den Spinat mit Dressing zu überziehen. Rosinen (sofern gewünscht) und Tomaten hinzufügen und behutsam unterheben. Erst die Pinienkerne, dann die Brotkrumen über den Salat streuen und servieren.

Tipp
Für einen sättigenderen Salat etwas gehobelten Parmesan, zerkrümelten Feta oder zerzupften Büffelmilchmozzarella hinzufügen.

NÄHRSTOFF-KRACHER
Spinat ist reich an Beta-carotin, das der Körper in Vitamin A umwandelt.

SALAT VON ROTEM REIS, KICHERERBSEN UND ARTISCHOCKEN

PORTIONEN 4
ZUBEREITUNG 10 Min.
GARZEIT 35 Min.

Ein sättigender Hauptspeisensalat, der sich aber auch gut als Beilage zu gegrilltem Lachs oder Hähnchen eignet.

RICHTWERTE PRO PORTION

● ● ● Kalorien
● ● ● Ges. Fettsäuren
● ● ● Salz

NÄHRWERTE PRO PORTION

Brennwert 710 kcal/2958 kJ

Protein 17 g

Fett 28 g
Ges. Fettsäuren 5,5 g

Kohlenhydrate 90 g
Zucker 7 g

Ballaststoffe 5 g

Salz 1,3 g

- 400 g roter Camargue-Reis
- 1 Dose Kichererbsen (400 g), abgetropft und abgespült
- 1 Glas gegrillte Artischocken (280 g), abgetropft
- 1 rote Chilischote, nach Entfernen von Stielansatz, Samen und Scheidewänden, fein gehackt
- 1 Handvoll Koriandergrün, fein gehackt
- 1 Handvoll glatte Petersilie, fein gehackt
- 2 EL Pinienkerne, geröstet
- 75 g Feta, zerkrümelt

FÜR DAS KORIANDER-ORANGEN-DRESSING

- 6 EL bestes Olivenöl
- 2 EL Weißweinessig
- Saft von 1 großen Orange
- 1½ TL Koriandersamen, grob zerstoßen
- 1 TL Dijonsenf
- 1 Prise Zucker
- Salz und schwarzer Pfeffer

1 Für das Dressing alle Zutaten in eine kleine Schüssel oder einen Krug geben und sorgfältig vermischen. Das Dressing abschmecken.

2 Den Reis in einen großen Topf mit Salzwasser geben und nach der Anweisung auf der Packung garen, bis er weich ist. Gut abtropfen lassen und in eine Servierschüssel füllen.

3 Kichererbsen, Artischocken, Chilischote und Kräuter zu dem noch warmen Reis geben und sorgfältig untermischen. Das Dressing über den Salat gießen und unterheben. Den Salat abschmecken. Pinienkerne und Feta über den Salat streuen, dann servieren.

NÄHRSTOFF-KRACHER
Lösliche Ballaststoffe in Kichererbsen wirken positiv auf Blutzucker und Cholesterin.

 **Tipp**
Roter Camargue-Reis hat einen leicht nussigen Geschmack. Man kann auch gleiche Teile Camargue-Reis und Basmatireis verwenden.

NUDELN UND REIS

ZITRONEN-SPARGEL-NUDELN

Verwenden Sie für dieses einfache Gericht möglichst absolut frischen Spargel der Saison.

PORTIONEN 4
ZUBEREITUNG 5 Min.
GARZEIT 15–20 Min.

RICHTWERTE PRO PORTION

● ● ● Kalorien
● ● ● Ges. Fettsäuren
● ○ ○ Salz

NÄHRWERTE PRO PORTION

Brennwert 420 kcal/1770 kJ

Protein 12 g

Fett 13 g
Ges. Fettsäuren 2 g

Kohlenhydrate 63 g
Zucker 3 g

Ballaststoffe 5 g

Salz Spuren

250 g Spargel, geschält, die Stangen halbiert
90 ml Olivenöl
Salz und schwarzer Pfeffer
350 g glutenfreie Tagliatelle (fertig gekauft oder selbst hergestellt, siehe Seite 42–43)
2 Knoblauchzehen, zerdrückt
abgeriebene Schale und Saft von 1 großen Bio-Zitrone
1 rote Chilischote, nach Entfernen von Stielansatz, Samen und Scheidewänden, fein gehackt
½ TL frisch geriebene Muskatnuss
3 EL fein gehackte glatte Petersilie
frisch geriebener Parmesan zum Servieren

1 In einem kleinen Topf Salzwasser zum Kochen bringen. Den Spargel darin 2 Minuten blanchieren. Abtropfen lassen und mit kaltem Wasser abschrecken.

2 Eine Grillpfanne erhitzen. Den blanchierten Spargel mit etwas Olivenöl beträufeln und großzügig salzen und pfeffern. Den Spargel in der heißen Pfanne 5–6 Minuten garen, bis er dunkle Streifen hat, zwischendurch ab und zu wenden. Beiseitestellen.

3 In einem großen Topf Salzwasser zum Kochen bringen. Die Nudeln hineingeben und nach der Anweisung auf der Packung garen. Am Anfang durchrühren, damit sie nicht verkleben.

4 In einer großen Pfanne das restliche Öl erhitzen. Knoblauch, Zitronenschale und Chilischote hineingeben und 30 Sekunden braten. Zitronensaft, reichlich schwarzen Pfeffer und Muskatnuss hinzufügen. Die Pfanne von der Kochstelle nehmen.

5 Die Nudeln abtropfen lassen. Mit Spargel und Petersilie in die Pfanne geben und die Zutaten sorgfältig unterheben. Das Gericht auf Teller verteilen und mit Parmesan bestreut servieren.

LINGUINE MIT PESTO

Linguine mit einem rasch zubereiteten Pesto sind ein zeitloser Klassiker aus der italienischen Stadt Genua.

PORTIONEN	4
ZUBEREITUNG	10 Min.
GARZEIT	bis zu 12 Min.

2 Knoblauchzehen, grob gehackt
1 große Handvoll Basilikumblätter
100 g Parmesan, fein gerieben
100 g Pecorino, fein gerieben
85 g Pinienkerne, geröstet
Salz
etwa 200 ml bestes Olivenöl
350 g glutenfreie Linguine
  (flache Spaghetti, fertig gekauft oder selbst hergestellt, siehe Seite 42–43)
Tomatensalat zum Servieren

RICHTWERTE PRO PORTION

Kalorien
Ges. Fettsäuren
Salz

NÄHRWERTE PRO PORTION

Brennwert 658 kcal/2766 kJ

Protein 32 g

Fett 31 g
Ges. Fettsäuren 11 g

Kohlenhydrate 63 g
Zucker 3 g

Ballaststoffe 4 g

Salz 1 g

1 Für das Pesto den Knoblauch mit Basilikum, Parmesan, Pecorino, Pinienkernen und Salz nach Geschmack in eine Küchenmaschine geben und pürieren. Das Gerät so lange laufen lassen, bis die Zutaten eine einigermaßen homogene Masse ergeben.

2 Langsam das Olivenöl dazugeben und mit der Pulsfunktion untermischen. Aufhören, wenn das Pesto die gewünschte Konsistenz hat – es sollte aber nicht flüssig werden. Das Pesto abschmecken. Oder im Mörser ein Pesto mit gröberer Konsistenz herstellen.

3 Die Nudeln in einen großen Topf mit kochendem Salzwasser geben und nach der Anweisung auf der Packung garen. Am Anfang umrühren, damit sie nicht verkleben. Abtropfen lassen und mit etwas Garwasser wieder in den Topf geben. So viel Pesto hinzufügen und unterheben, dass die Nudeln gerade überzogen werden. Das Gericht mit einem frischen Tomatensalat servieren.

Tipp
Für eine gehaltvollere Mahlzeit können gegarte und gehackte grüne Bohnen sowie gegarte und gewürfelte Kartoffeln dazugegeben werden.

RICOTTA-KÜRBIS-RAVIOLI

Die Ravioli am Vortag zubereiten, mit Polenta bestäuben und auf einem Tablett mit Folie abgedeckt kalt stellen.

PORTIONEN	4
ZUBEREITUNG	30 Min.
	PLUS KÜHLZEIT
GARZEIT	40–45 Min.
EINFRIEREN	1 Monat

RICHTWERTE PRO PORTION

● ● ○ Kalorien
● ● ○ Ges. Fettsäuren
● ○ ○ Salz

NÄHRWERTE PRO PORTION

Brennwert 640 kcal/2670 kJ

Protein 16 g

Fett 40 g
Ges. Fettsäuren 15 g

Kohlenhydrate 53 g
Zucker 3 g

Ballaststoffe 3 g

Salz 1,2 g

175 g Butternusskürbis, geschält, und nach Entfernen der Samen, in 5 cm große Würfel geschnitten
1 EL Olivenöl
Salz und schwarzer Pfeffer
85 g Ricotta
30 g Parmesan, fein gerieben
1 Knoblauchzehe, zerdrückt
½ TL frisch geriebene Muskatnuss
350 g glutenfreier Nudelteig (siehe Seite 42–43)
glutenfreies Mehl zum Bestäuben
Polenta oder feines Maismehl zum Bestäuben

FÜR DIE SALBEIBUTTER
3 EL Olivenöl
60 g Butter
abgeriebene Schale von ½ Bio-Zitrone
2 TL grob gehackte Salbeiblätter
fein geriebener Parmesan zum Servieren

1 Den Backofen auf 200 °C vorheizen. Die Kürbiswürfel in einem Bräter verteilen. Öl, 3 Esslöffel Wasser, Salz und Pfeffer darübergeben. Den Bräter mit Alufolie abdecken und die Kürbiswürfel 30–35 Minuten garen, bis sie weich sind. In einer Küchenmaschine glatt pürieren. Das Püree im Bräter verteilen und abkühlen lassen. Ricotta, Parmesan, Knoblauch und Muskatnuss in eine Schüssel geben. Das Kürbispüree sowie Salz und Pfeffer nach Geschmack untermischen. Die Füllung kalt stellen.

2 Den Nudelteig auf der dünn bemehlten Arbeitsfläche 3 mm dick ausrollen. Mit einem 6 cm großen runden Ausstecher 64 Kreise ausstechen. Auf die Hälfte ½ Teelöffel Füllung setzen. Die Ränder mit etwas Wasser bestreichen und die anderen Kreise daraufsetzen. Die Ränder zusammendrücken. Die Ravioli mit Polenta bestreuen und abgedeckt kalt stellen.

3 In einem großen Topf Salzwasser zum Kochen bringen. Die Ravioli darin 4–5 Minuten garen, bis sie al dente sind. Eine große Pfanne erhitzen. Olivenöl, Butter, Zitronenschale und Salbei hineingeben und 30 Sekunden braten. Vom Herd nehmen und großzügig Pfeffer dazugeben. Die Ravioli in einem Sieb abtropfen lassen, in die Pfanne geben und gut durchmischen. Mit Parmesan bestreut servieren.

NUDELN MIT FLEISCHBÄLLCHEN

PORTIONEN 4
ZUBEREITUNG 20 Min.
PLUS KALT STELLEN
GARZEIT 40 Min.

Sardellen geben den Bällchen Aroma, aber keinen fischigen Geschmack. Für eine kinderfreundliche Variante den Rotwein durch 150 ml glutenfreie Rinderbrühe ersetzen.

RICHTWERTE PRO PORTION

Kalorien
Ges. Fettsäuren
Salz

NÄHRWERTE PRO PORTION

Brennwert 601 kcal/2521 kJ

Protein 28 g

Fett 24 g
Ges. Fettsäuren 7,5 g

Kohlenhydrate 61 g
Zucker 8 g

Ballaststoffe 5 g

Salz 0,7 g

NÄHRSTOFF-KRACHER
Mageres rotes Fleisch ist ein ausgezeichneter Eisenlieferant.

SUPER FÜR KIDS

1 rote Zwiebel, fein gehackt
300 g Rinderhackfleisch
1 Prise getrocknete Chiliflocken
1 Handvoll glatte Petersilie, gehackt
3 Sardellenfilets, gehackt
 (nach Belieben)
Reismehl für die Hände
2–3 EL Olivenöl
300 g glutenfreie Spaghetti
 oder Tagliatelle (siehe Seite 42–43)

FÜR DIE SAUCE
1 EL Olivenöl
1 Zwiebel, fein gehackt
Salz und schwarzer Pfeffer
1 kleines Glas Rotwein
1 Dose Tomatenstücke (400 g)
1 Prise getrockneter Oregano
frisch geriebener Parmesan
 zum Servieren

1. Zwiebel, Fleisch, Chiliflocken, Petersilie und Sardellenfilets (sofern gewünscht) in eine große Schüssel geben, mit den Händen vermischen und gut durchkneten. Mit bemehlten Händen golfballgroße Portionen abnehmen und zu Kugeln formen. Es sollten etwa 12 Bällchen werden. Auf einen Teller legen und kalt stellen, damit sie fest werden.

2. In einer großen beschichteten Pfanne mit Deckel etwas Öl erhitzen. Die Bällchen portionsweise bei mittelhoher Temperatur etwa 6–8 Minuten rundum bräunen. Zwischendurch nötigenfalls noch Öl hinzufügen. Fertige Bällchen zum Abtropfen auf einen mit Küchenpapier belegten Teller heben.

3. Für die Sauce in der gleichen Pfanne das Öl erhitzen. Die Zwiebel mit Salz und Pfeffer hinzufügen und bei schwacher Hitze 3–4 Minuten garen, bis sie weich ist. Den Wein dazugeben und nach Erhöhen der Temperatur 2–3 Minuten kochen lassen. Die Hitze so weit reduzieren, dass er noch köchelt. Tomaten und Oregano hinzufügen und 5 Minuten sanft garen. Die Fleischbällchen dazugeben und bei schwacher Hitze halb zugedeckt 20 Minuten garen, dabei gelegentlich drehen. Nötigenfalls noch etwas heißes Wasser dazugeben. Die Nudeln nach Anweisung garen. Die Sauce abschmecken. Mit den Nudeln und mit Parmesan bestreut servieren.

EINTOPF VON SCHÄLERBSEN, NUDELN UND GEMÜSEN

PORTIONEN	4
ZUBEREITUNG	15 Min.
GARZEIT	1 Std.
EINFRIEREN	1 Monat

Schälerbsen müssen recht kräftig gewürzt werden, um ihre Aromen zu entfalten. Sparen Sie daher bei diesem nahrhaften Gericht nicht an Salz und Pfeffer.

RICHTWERTE PRO PORTION

- ●●○ Kalorien
- ●●○ Ges. Fettsäuren
- ●○○ Salz

NÄHRWERTE PRO PORTION

Brennwert 474 kcal/1996 kJ

Protein 17 g

Fett 13 g
Ges. Fettsäuren 8 g

Kohlenhydrate 57 g
Zucker 8 g

Ballaststoffe 8 g

Salz 0,8 g

- 85 g Reisnudeln
- 1 EL Olivenöl
- 1 Zwiebel, fein gehackt
- Salz und schwarzer Pfeffer
- 2 Knoblauchzehen, fein gehackt
- 1 TL Kurkuma
- 1 TL Koriandersamen, zerstoßen
- 3 Möhren, gewürfelt
- 2 Zucchini, gewürfelt
- 225 g gelbe Schälerbsen, gewaschen
- 200 ml Kokosmilch
- 1 l heiße glutenfreie Gemüsebrühe (siehe Seite 101)
- 1 große Handvoll Korianderblätter, grob gehackt, zum Garnieren

1 Die Nudeln nach Anweisung auf der Packung 5 Minuten in kochendem Wasser quellen und anschließend abtropfen lassen. Beiseitestellen. Das Öl in einer großen schweren Pfanne erhitzen und die Zwiebel darin bei schwacher Hitze 2–3 Minuten garen. Großzügig salzen und pfeffern. Knoblauch, Kurkuma und Koriandersamen hinzufügen und 2 Minuten garen.

2 Möhren und Zucchini unterrühren und 5 Minuten garen. Die Schälerbsen untermischen, dann die Kokosmilch. Die Hitze erhöhen und alles 1 Minute kochen lassen. Die Brühe dazugießen und zum Kochen bringen.

3 Den Topfinhalt bei schwacher Hitze halb zugedeckt 40–50 Minuten köcheln lassen, bis die Schälerbsen weich werden. Nötigenfalls heißes Wasser ergänzen. 5 Minuten vor Ende der Garzeit die Nudeln dazugeben. Großzügig salzen und pfeffern und mit dem Koriander garniert servieren.

NÄHRSTOFF-KRACHER
Lösliche Ballaststoffe in Erbsen wirken positiv auf Blutzucker und Cholesterin.

FRISCHES KORIANDERGRÜN
Korianderblätter sind zart und starke oder anhaltende Hitze beeinträchtigt ihr Aroma. Deshalb erst am Ende der Garzeit dazugeben, sofern sie nicht in einer Paste verwendet werden.

THAI-AUBERGINENCURRY

In diesem milden Curry, das auch Kinder mögen, vermischen sich scharfe, süße und saure Aromen.

2 EL Sonnenblumenöl	Salz und schwarzer Pfeffer
1 Zwiebel, fein gehackt	2 normale Auberginen, grob gehackt
3 Knoblauchzehen, fein gehackt	1 Dose Kokosmilch (400 ml)
1 Zimtstange	1 Prise Palm- oder Demerarazucker
1 Sternanis	600 ml heiße glutenfreie Gemüsebrühe (siehe Seite 101)
1 rote Chilischote, nach Entfernen von Stielansatz, Samen und Scheidewänden, fein gehackt	glutenfreie Nam pla (Fischsauce) nach Geschmack
1 Stängel Zitronengras, geputzt, nach Entfernen der Außenblätter, gehackt	200 g Reisnudeln
	1 Handvoll Korianderblätter
4 Kaffirlimettenblätter, entstielt und in Streifen geschnitten	1 Limette, in Spalten geschnitten, zum Servieren

PORTIONEN 4
ZUBEREITUNG 20–25 Min.
GARZEIT 40 Min.

RICHTWERTE PRO PORTION

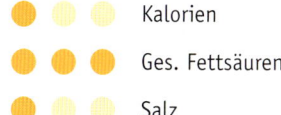

Kalorien
Ges. Fettsäuren
Salz

NÄHRWERTE PRO PORTION

Brennwert 464 kcal/1940 kJ

Protein 6,5 g

Fett 23 g
Ges. Fettsäuren 16 g

Kohlenhydrate 46 g
Zucker 3 g

Ballaststoffe 2,5 g

Salz 0,7 g

1 In einem großen schweren Topf 1 Esslöffel Öl erhitzen. Die Zwiebel darin bei schwacher Hitze 2–3 Minuten garen. Knoblauch, Zimtstange, Sternanis, Chili, Zitronengras, Limettenblätter sowie Salz und Pfeffer nach Geschmack unterrühren. Übriges Öl und Auberginen dazugeben und bei mittlerer Hitze 5 Minuten garen, bis die Aubergine hell goldbraun wird.

2 Etwas Kokosmilch mit dem Zucker unterrühren und zum Kochen bringen. Restliche Kokosmilch und Brühe dazugeben und aufwallen lassen. Die Hitze reduzieren und 1 Spritzer Nam pla hinzufügen. Den Topfinhalt 20 Minuten köcheln lassen. Die Nudeln garen und abtropfen lassen.

3 Das Curry abschmecken. Nötigenfalls noch Fischsauce oder Zucker hinzufügen und 1 Minute garen. Sternanis und Zimtstange entfernen. Die Hälfte des Korianders unterrühren. Die Nudeln auf vier Schalen verteilen. Curry und übrigen Koriander darübergeben. Mit der Limette servieren.

Tipp
Kaffirlimettenblätter sind in asiatischen Lebensmittelgeschäften erhältlich. Frische Blätter können eingefroren und direkt aus dem Gefriergerät verwendet werden.

SUPER FÜR KIDS

PAD THAI

Dieses traditionelle thailändische Nudelgericht lässt sich auch ganz einfach glutenfrei zubereiten.

PORTIONEN 8
ZUBEREITUNG 15 Min.
GARZEIT 15 Min.

RICHTWERTE PRO PORTION

● ● ● Kalorien
● ● ○ Ges. Fettsäuren
● ● ○ Salz

NÄHRWERTE PRO PORTION

Brennwert 681 kcal/2847 kJ

Protein 40 g

Fett 26 g
Ges. Fettsäuren 5 g

Kohlenhydrate 51 g
Zucker 7 g

Ballaststoffe 0,5 g

Salz 0,6 g

---

550 g getrocknete breite Reisbandnudeln
3 EL Sonnenblumenöl
4 Eier, verquirlt
1 TL Garnelenpaste (nach Belieben)
4 scharfe rote Chilischoten, nach Entfernen von Samen und Scheidewänden, fein gehackt
6 Hähnchenbrustfilets, in 5 mm dicke Scheiben geschnitten
2 Bund Frühlingszwiebeln, fein gehackt
1 Spritzer glutenfreie Nam pla (Fischsauce)
Saft von 2 Limetten
2 EL Zucker
Salz und frisch gemahlener schwarzer Pfeffer
300 g ungesalzene Erdnusskerne
1 Handvoll Korianderblätter, fein gehackt
Limettenspalten zum Servieren

1 Die Nudeln in einer großen Schüssel mit kochendem Wasser bedecken und 8 Minuten quellen lassen, oder bis sie weich sind. Abtropfen lassen und beiseitestellen. In der Zwischenzeit in einem großen Wok 1 Esslöffel Öl bei hoher Temperatur erhitzen und im Wok verteilen. Eier hineingeben und 1 Minute rühren, bis sie zu stocken beginnen. Herausnehmen, klein schneiden und beiseitestellen.

2 Das restliche Öl in den Wok geben. Garnelenpaste (sofern verwendet) und Chilis darin verrühren. Ebenfalls bei starker Hitze das Fleisch hineingeben und 5 Minuten kräftig rühren, bis es nicht mehr rosa ist. Frühlingszwiebeln, Nam pla, Limettensaft und Zucker hinzufügen und sorgfältig untermischen. Alles einige Minuten garen, bis sich der Zucker aufgelöst hat, dann großzügig salzen und pfeffern. Das Ei wieder in den Wok geben.

3 Die Nudeln hinzufügen und unterheben, um sie mit Sauce zu überziehen, dann die Hälfte von Erdnüssen und Koriander unterheben. Das Gericht in eine große flache vorgewärmte Servierschüssel füllen. Restliche Erdnüsse und verbliebenen Koriander darüberstreuen. Mit den Limettenspalten garnieren.

PIKANTE NUDELN MIT AROMATISCHEM RED SNAPPER

Sambal oelek ist eine scharfe indonesische Chilipaste und die perfekte Ergänzung für diesen zarten Fisch.

PORTIONEN	4
ZUBEREITUNG	15 Min. PLUS MARINIERZEIT
GARZEIT	25–30 Min.

RICHTWERTE PRO PORTION

 Kalorien

 Ges. Fettsäuren

● ● ● Salz

NÄHRWERTE PRO PORTION

Brennwert 473 kcal/1982 kJ

Protein 35 g

Fett 8 g
Ges. Fettsäuren 1 g

Kohlenhydrate 59 g
Zucker 11 g

Ballaststoffe 4 g

Salz 1 g

1 Red Snapper, filetiert, enthäutet und in große Stücke gehackt
250 g dünne Reisnudeln
1 EL Sonnenblumenöl
1 Bund Frühlingszwiebeln, in Scheiben geschnitten
300 g Buschbohnen, geputzt und in kleine Stücke geschnitten
1 rote Paprikaschote, geputzt und fein gehackt
2 Knoblauchzehen, fein gehackt
1–2 TL Sambal oelek oder 1 rote Chilischote, gehackt
1 EL Tamari (glutenfreie Sojasauce)
1 Handvoll Koriandergrün, nur die Blätter
1 Orange, geschält und filetiert

FÜR DIE MARINADE
abgeriebene Schale und Saft von 1 Bio-Orange
2 TL fein gehackte Thymianblätter
1 rote Chilischote, nach Entfernen von Stielansatz, Samen und Scheidewänden, fein gehackt
2 Knoblauchzehen, fein gehackt
1 EL Olivenöl
Salz und schwarzer Pfeffer

1 Den Fisch in ein flaches Gefäß legen. Die Marinadezutaten in einem Krug gut vermischen und über den Fisch geben. Die Stücke darin wenden. Bis zu 1 Stunde ziehen lassen. Den Backofen auf 180 °C vorheizen. Den Fisch mit einem Schaumlöffel herausheben und in einen Bräter legen. 20–25 Minuten garen, bis er nicht mehr glasig ist. Herausnehmen und beiseitestellen.

2 Die Nudeln mit kochendem Wasser übergießen und 10 Minuten quellen lassen oder nach Packungsanweisung garen. Abtropfen lassen. Das Öl in einen Wok oder Topf geben und verteilen. Die Frühlingszwiebeln hinzufügen und bei mittelhoher Temperatur 2–3 Minuten garen, bis sie weich sind. Die Bohnen unterrühren und etwa 5 Minuten garen, bis sie weich werden, Paprikaschote und Knoblauch untermischen und 2–3 Minuten garen.

3 Sambal oelek und Tamari dazugeben. Die Nudeln unterheben. Alles noch einmal 3–5 Minuten garen, dann in eine Servierschüssel füllen. Fisch und Koriander darauf anrichten. Mit den Orangenfilets garniert servieren.

SCHWEINEHACK UND NUDELN MIT MÖHRENPICKLES

Eingelegte frische Möhren nehmen dem Schweinefleisch die Schwere. Für Kinder auf die Chilischoten verzichten.

PORTIONEN	4
ZUBEREITUNG	15 Min.
GARZEIT	30 Min.

RICHTWERTE PRO PORTION

- Kalorien
- Ges. Fettsäuren
- Salz

NÄHRWERTE PRO PORTION

Brennwert 396 kcal/1653 kJ

Protein 20 g

Fett 12 g
Ges. Fettsäuren 4 g

Kohlenhydrate 48 g
Zucker 9 g

Ballaststoffe 3 g

Salz 0,9 g

200 g Reisnudeln
1 EL Olivenöl
1 Zwiebel, fein gehackt
Salz und schwarzer Pfeffer
3 Knoblauchzehen, fein gehackt
2 grüne Chilischoten, nach Entfernen von Stielansatz, Samen und Scheidewänden, fein gehackt
1 Prise getrocknete Minze
1 Prise Piment
350 g Schweinehackfleisch
1 EL Tamari (glutenfreie Sojasauce)
1 TL Zucker
gegarte grüne Bohnen zum Servieren

FÜR DIE PICKLES
3 mittelgroße Möhren
1 EL Weißweinessig
1–2 TL Zucker
1 Handvoll frische Minzeblätter, fein gehackt, sowie Minze zum Garnieren (nach Belieben)

1 Die Nudeln in einer Schüssel mit kochendem Wasser übergießen. 10 Minuten oder nach Packungsanweisung quellen und dann abtropfen lassen. Beiseitestellen.

2 Für die Pickles die Möhren schälen und mit einem Gemüsehobel schräg in dünne Scheiben schneiden. In einer kleinen Schüssel Essig und Zucker verquirlen und über die Möhren gießen. Die Minze sowie Salz und Pfeffer nach Geschmack unterrühren. Die Pickles beiseitestellen.

3 Das Öl in einer großen schweren Pfanne erhitzen. Die Zwiebel mit etwas Salz und Pfeffer darin bei schwacher Hitze 2–3 Minuten braten. Knoblauch, Chili, Minze und Piment unterrühren und 1 Minute garen.

4 Die Hitze etwas erhöhen. Das Hackfleisch dazugeben und 8–10 Minuten unter gelegentlichem Rühren garen. Tamari und Zucker untermischen und 1–2 Minuten garen. Probieren und nötigenfalls noch Salz, Pfeffer und Tamari hinzufügen. Das Hackfleisch auf die Nudeln schöpfen, daneben etwas Möhrenpickles anrichten. Falls gewünscht, mit etwas zusätzlicher gehackter Minze bestreuen, dann mit den grünen Bohnen servieren.

PFEFFRIGER RINDFLEISCH-NUDEL-TOPF

Pfannengerührte Rindfleischstreifen und knackige Zuckerschoten in einer Sauce nach chinesischer Art.

PORTIONEN	4
ZUBEREITUNG	15 Min.
GARZEIT	20 Min.

200 g Reisnudeln
600 g Sirloin-Steak, in dünne Scheiben geschnitten
Salz und schwarzer Pfeffer
1 TL (gemahlener) Sichuanpfeffer
1 EL Sonnenblumenöl
3 Knoblauchzehen, in dünne Scheiben geschnitten
5 cm Ingwerwurzel, geschält und in dünne Scheiben geschnitten
1 grüne Chilischote, nach Entfernen von Samen und Scheidewänden, in schmale Streifen geschnitten
200 g Zuckerschoten, in schmale Stücke geschnitten (nach Belieben)
3 Frühlingszwiebeln, in schmale Ringe geschnitten, zum Garnieren

FÜR DIE SAUCE
2 EL Tamari (glutenfreie Sojasauce)
1 EL glutenfreie Nam pla (Fischsauce)
1 EL Maisstärke
1 TL Zucker

RICHTWERTE PRO PORTION

●●○ Kalorien
●○○ Ges. Fettsäuren
●●○ Salz

NÄHRWERTE PRO PORTION

Brennwert 450 kcal/1884 kJ
Protein 40 g
Fett 10 g
Ges. Fettsäuren 3 g
Kohlenhydrate 46 g
Zucker 4 g
Ballaststoffe 1,2 g
Salz 1,9 g

1 Die Nudeln in eine Schüssel geben und mit kochendem Wasser übergießen. 10 Minuten oder nach den Anweisungen auf der Packung quellen und dann abtropfen lassen. Beiseitestellen.

2 Für die Sauce Tamari, Nam pla, Maisstärke und Zucker vermischen und beiseitestellen.

3 Das Fleisch in Salz, Pfeffer und Sichuanpfeffer wenden. Das Öl in einem Wok erhitzen. Das Fleisch hinzufügen und bei mittelhoher Temperatur 3–4 Minuten rühren, bis es rundum gebräunt ist. Herausnehmen.

4 Nötigenfalls noch Öl in den Wok geben. Knoblauch, Ingwer, Chili und Zuckerschoten (sofern gewünscht) darin 2 Minuten unter Rühren braten. Die Sauce dazugießen und zum Kochen bringen. 2–3 Esslöffel Wasser hinzufügen oder mehr. Den Topfinhalt weitere 2 Minuten garen. Das Fleisch in den Wok geben und unterrühren, dann die Nudeln unterheben. Das Gericht in einer Schüssel anrichten und mit den Frühlingszwiebeln garnieren.

SCHARFER REIS MIT HÄHNCHEN UND GRANATAPFELKERNEN

Die kräftige Gewürzmischung veredelt dieses einfache Geflügelgericht, das auch ein echter Augenschmaus ist!

PORTIONEN 4
ZUBEREITUNG 15 Min.
PLUS MARINIERZEIT
GARZEIT 35–40 Min.

RICHTWERTE PRO PORTION

● ● ● Kalorien
● ● ○ Ges. Fettsäuren
● ● ● Salz

NÄHRWERTE PRO PORTION

Brennwert 518 kcal/2174 kJ
Protein 38 g
Fett 8 g
Ges. Fettsäuren 2 g
Kohlenhydrate 68 g
Zucker 13 g
Ballaststoffe 2 g
Salz 0,35 g

½ TL gemahlener Zimt
½ TL gemahlenes Piment
½ TL gemahlene Gewürznelken
½ TL gemahlener Koriander
Salz und schwarzer Pfeffer
Saft von 1 Orange
150 ml Granatapfelsaft (siehe Tipp)
2 Knoblauchzehen, fein gehackt
8 Hähnchenschenkel mit Haut
3 Zucchini, in dicke Scheiben geschnitten
300 g Basmatireis
1–2 ganze Scotch-bonnet-Chilischoten oder mildere Chilischoten
150 g Granatapfelkerne oder Kerne von 1 Granatapfel

1 Den Backofen auf 200 °C vorheizen. Alle Gewürze mit Orangensaft, Granatapfelsaft und Knoblauch vermischen. Die Hähnchenschenkel in einen Bräter legen und mit der Hälfte der Marinade übergießen. Abgedeckt 30 Minuten stehen lassen, dann 20–25 Minuten im Backofen garen. Die Zucchini dazugeben und alles weitere 15 Minuten garen.

2 In der Zwischenzeit Reis und Chilis in einen Topf geben und den Reis gerade mit Wasser bedecken. Salz und restliche Gewürzmischung hinzufügen. Den Reis bei mittlerer Hitze halb zugedeckt 15 Minuten garen, bis er das Wasser aufgenommen hat und gerade gar ist. Von der Kochstelle nehmen und mit aufgelegtem Deckel noch 10 Minuten stehen lassen.

3 Den Reis in eine Servierschüssel füllen. Hähnchenschenkel mit Bratensaft und Zucchini darauf anrichten. Die Granatapfelkerne darüberstreuen. Die Chilis ganz als Garnierung verwenden oder gehackt darübergeben, aber Vorsicht, Scotch-bonnet-Chilischoten sind extrem scharf!

Tipp
Für frischen Granatapfelsaft drückt man die Kerne von 3 Granatäpfeln durch ein Sieb. Oder man verwendet für ein intensiveres Aroma Granatapfelsirup.

BRASILIANISCHER REIS MIT BOHNEN UND CHORIZO

Reis nimmt wunderbar die Aromen geräucherter Chorizo auf, die ihrerseits den frischen Geschmack von grüner Chilischote und Koriandergrün intensiviert.

PORTIONEN 4
ZUBEREITUNG 25–30 Min. PLUS KÜHLZEIT
GARZEIT 1 Std.

RICHTWERTE PRO PORTION

- ●●○ Kalorien
- ●●○ Ges. Fettsäuren
- ●●○ Salz

NÄHRWERTE PRO PORTION

Brennwert 543 kcal/2274 kJ
Protein 25 g
Fett 18 g
Ges. Fettsäuren 5,5 g
Kohlenhydrate 59 g
Zucker 3,5 g
Ballaststoffe 7 g
Salz 1,6 g

NÄHRSTOFF-KRACHER
Die löslichen Ballaststoffe der Bohnen wirken positiv auf das Blutcholesterin.

- 225 g schwarze Bohnen, über Nacht eingeweicht und mit frischem Wasser abgespült
- 600 ml heiße glutenfreie Rinderbrühe
- 150 g Basmatireis
- 2 EL Olivenöl
- 1 Zwiebel, fein gehackt
- Salz und schwarzer Pfeffer
- 1 Lorbeerblatt
- 2 grüne Chilischoten, nach Entfernen von Stielansatz, Samen und Scheidewänden, fein gehackt
- 100 g glutenfreie geräucherte Chorizo, grob gehackt
- 100 g durchwachsener Speck, gewürfelt
- 1 Handvoll Korianderblätter, fein gehackt
- Orangenscheiben zum Servieren

1 Die Bohnen abtropfen lassen und in einen großen Topf geben. Mit der Rinderbrühe und nötigenfalls noch etwas heißem Wasser bedecken. Zugedeckt zum Kochen bringen und 10 Minuten garen. Die Hitze so weit reduzieren, dass die Flüssigkeit noch köchelt. Die Bohnen mit halb aufgelegtem Deckel 1–1½ Stunden garen, bis sie weich sind. Beiseitestellen.

2 In der Zwischenzeit den Reis in einem mittelgroßen Topf in kochendem Salzwasser 10–15 Minuten oder nach den Anweisungen auf der Packung garen. Abtropfen lassen und beiseitestellen. Das Öl in einer großen schweren Pfanne erhitzen. Die Zwiebel mit etwas Salz und Pfeffer hineingeben. Bei schwacher Hitze 6–8 Minuten garen, dabei rühren, damit sie nicht zu stark bräunt. Wenn sie weich ist, Lorbeerblatt und Chilischoten unterrühren. Die Temperatur etwas erhöhen. Chorizo und Speck hinzufügen und 10 Minuten garen, bis sie gebräunt sind.

3 Die Bohnen mit etwas Garflüssigkeit dazugeben und 5 Minuten köcheln lassen, dann Reis und Koriander untermischen. Das Lorbeerblatt herausnehmen und das Gericht mit den Orangenscheiben servieren.

LAMM-FEIGEN-PILAW

Die Gewürzmischung harmoniert perfekt mit dem Lamm und die Früchte verleihen diesem Gericht zarte Süße.

PORTIONEN 4
ZUBEREITUNG 15 Min.
GARZEIT 40 Min.

3 EL Olivenöl
500 g Lammkeulensteaks, in mundgerechte Stücke geschnitten
Salz und schwarzer Pfeffer
1 Zwiebel, fein gehackt
2 EL Pinienkerne
200 g Basmatireis
2 Tomaten, geschält und gehackt
1 Prise Zucker
100 g getrocknete Feigen, recht klein gehackt
1 TL Zimt
½ TL Piment
1 Handvoll Dill, fein gehackt
1 Handvoll Minzeblätter, fein gehackt

RICHTWERTE PRO PORTION

●●○ Kalorien
●●○ Ges. Fettsäuren
●○○ Salz

NÄHRWERTE PRO PORTION

Brennwert 573 kcal/2392 kJ

Protein 32 g

Fett 24 g
Ges. Fettsäuren 6 g

Kohlenhydrate 54 g
Zucker 16 g

Ballaststoffe 4 g

Salz 0,3 g

1 In einem großen schweren Topf die Hälfte des Öls erhitzen. Das Fleisch salzen und pfeffern und bei mittelhoher Temperatur 10 Minuten braten. Nach der Hälfte der Zeit wenden, damit die Stücke rundum bräunen. Mit einem Schaumlöffel herausheben und beiseitestellen.

2 Das restliche Öl in der Pfanne erhitzen. Die Zwiebel darin bei niedriger Temperatur 5 Minuten garen, bis sie beginnt, Farbe anzunehmen. Die Pinienkerne hineingeben und 2–3 Minuten braten, bis sie braun werden. Den Reis sorgfältig unterrühren. Die Tomaten mit dem Zucker untermischen und 1–2 Minuten garen.

3 Feigen und 400 ml kochendes Wasser dazugeben. Großzügig pfeffern und salzen. Zimt und Piment unterrühren. Alles zugedeckt bei schwacher Hitze 10–15 Minuten garen, bis der Reis weich ist. Den Deckel abnehmen. Das Fleisch dazugeben und die Mischung weitere 5 Minuten garen, bis sie dick wird. Die Hälfte von Dill und Minze unterrühren. Das Gericht abschmecken und mit den übrigen Kräutern bestreut servieren.

TOMATEN HÄUTEN
Die Tomaten in eine hitzebeständige Schüssel legen und mit kochendem Wasser bedecken. Nach 10 Sekunden herausnehmen. Abtropfen und etwas abkühlen lassen, dann pellen. Die Haut wird sich leicht abziehen lassen.

NUDELN UND REIS

LACHS-KEDGEREE

PORTIONEN	4
ZUBEREITUNG	20 Min.
GARZEIT	20 Min.

Ein anglo-indisches Gericht, das traditionell mit Schellfisch zubereitet wird und hier durch Lachs eine besondere Note erhält.

RICHTWERTE PRO PORTION

● ● ○ Kalorien
● ● ● Ges. Fettsäuren
● ● ● Salz

300 g geräuchertes Schellfischfilet
300 g Lachsfilet
200 g Basmatireis
1 Prise Safranfäden
60 g Butter
4 hart gekochte Eier
2 EL gehackte Petersilienblätter, plus Petersilie zum Garnieren
Salz und frisch gemahlener schwarzer Pfeffer
Zitronenspalten und gebuttertes glutenfreies Vollkorntoast, schräg halbiert, zum Servieren

NÄHRWERTE PRO PORTION

Brennwert 574 kcal/2395 kJ

Protein 41 g

Fett 28 g
Ges. Fettsäuren 11 g

Kohlenhydrate 37 g
Zucker 1 g

Ballaststoffe Spuren

Salz 1,9 g

1 Die Fischfilets nebeneinander in eine große Pfanne legen, mit Wasser bedecken und behutsam zum Köcheln bringen. Nach 5 Minuten vorsichtig herausheben und abtropfen lassen.

2 In der Zwischenzeit den Reis mit dem Safran in kochendem Salzwasser 10–12 Minuten oder nach Packungsanweisung garen. Abtropfen lassen und die Butter unterrühren.

3 Den Fisch in große Stücke zerblättern, dabei alle Gräten entfernen. Die Haut wegwerfen. Den Fisch zum Reis geben.

4 Die Eigelbe der hart gekochten Eier herauslösen und beiseitestellen. Das Eiweiß hacken und in den Reis rühren. Die Petersilie sowie Salz und Pfeffer nach Geschmack hinzufügen.

5 Das Gericht auf vorgewärmte Teller verteilen. Das zerkrümelte Eigelb und noch etwas Petersilie darübergeben. Das Kedgeree mit Zitronenspalten und Toast servieren.

FLEISCH UND FISCH

LACHS IM TEIGMANTEL

Dieses klassische Sommergericht sieht beeindruckend aus und lässt sich überraschend einfach zubereiten.

PORTIONEN	6
ZUBEREITUNG	30 Min. PLUS KÜHLZEIT
GARZEIT	25–30 Min.
EINFRIEREN	1 Monat UNGEGART

RICHTWERTE PRO PORTION

● ● ○ Kalorien
● ● ● Ges. Fettsäuren
● ○ ○ Salz

NÄHRWERTE PRO PORTION

Brennwert 516 kcal/2151 kJ

Protein 32 g

Fett 32 g
Ges. Fettsäuren 10 g

Kohlenhydrate 23 g
Zucker 1,5 g

Ballaststoffe 0,5 g

Salz 0,8 g

NÄHRSTOFF-KRACHER
Versuchen Sie pro Woche mindestens eine Portion Fettfisch zu essen.

100 g Blattspinat
800 g Lachsfilet, enthäutet
Salz und schwarzer Pfeffer
1–2 EL geriebener Meerrettich (nach Belieben)
1 Bund Dill, fein gehackt
abgeriebene Schale von 1 Bio-Zitrone
Öl zum Einfetten
glutenfreies Mehl zum Bestäuben
400 g glutenfreier Blätterteig (siehe Seite 46–47)
1 Ei, verquirlt
grüne Bohnen und neue Kartoffeln zum Servieren

1 Den Spinat in einen mittelgroßen Topf geben, mit etwas Wasser benetzen und bei schwacher Hitze zugedeckt 2 Minuten garen, bis er zusammenfällt. Abtropfen und etwas abkühlen lassen, dann möglichst viel Wasser herausdrücken. Beiseitestellen.

2 Den Lachs salzen und pfeffern. Zwischen zwei Stücken Frischhaltefolie auf etwa 1 cm Dicke flach klopfen. Die obere Folie entfernen und den Meerrettich (sofern gewünscht) auf dem Lachs verteilen, dann den Spinat. Dill und Zitronenschale vermischen und gleichmäßig über den Spinat streuen.

3 Den Lachs mithilfe der Frischhaltefolie vorsichtig zu einer dicken Rolle (etwa 10 × 25 cm groß) aufrollen. Die Frischhaltefolie an den Seiten zusammendrehen. Die Rolle für etwa 1 Stunde in den Kühlschrank legen.

4 Ein Backblech dünn einölen. Den Teig auf der dünn bemehlten Arbeitsfläche zu einem 35 cm großen und etwa 3 mm dicken Quadrat ausrollen. Den Lachs auspacken und mit der Nahtstelle nach unten gerade in die Mitte der Teigplatte setzen. Die Ränder der Teigplatte darüberlegen und mit Wasser verbinden, sodass ein Päckchen entsteht. Mit der Nahtstelle nach unten auf das Blech legen. Mit der Hälfte des Eigelbs bestreichen und für 30 Minuten kalt stellen. Den Backofen auf 200 °C vorheizen. Die Rolle mit dem restlichen Eigelb bestreichen und etwa 25–30 Minuten backen, bis der Teig durchgebacken und goldbraun ist. Die Rolle in Scheiben schneiden und mit grünen Bohnen und Kartoffeln servieren.

FISCHFRIKADELLEN

Polenta ist beim Panieren von Fischfrikadellen eine gute glutenfreie Alternative zu Semmelbröseln.

PORTIONEN 4
ZUBEREITUNG 20 Min. PLUS KALT STELLEN
GARZEIT 50 Min.
EINFRIEREN 1 Monat

RICHTWERTE PRO PORTION

● ○ ○ Kalorien
● ● ○ Ges. Fettsäuren
● ● ○ Salz

NÄHRWERTE PRO PORTION

Brennwert 409 kcal/1715 kJ

Protein 28 g

Fett 14,5 g
Ges. Fettsäuren 3 g

Kohlenhydrate 40 g
Zucker 4 g

Ballaststoffe 3 g

Salz 0,5 g

SUPER FÜR KIDS

- 400 g mehligkochende Kartoffeln
- 400 g weißfleischiger Fisch mit Haut
- 200 ml Milch
- 1 Lorbeerblatt
- 1 Stückchen Butter
- 1 Zwiebel, fein gehackt
- Salz und schwarzer Pfeffer
- 1 Handvoll glatte Petersilie, gehackt
- 2 TL Kapern, abgespült und gehackt
- 2 Gewürzgurken, grob gehackt
- 100 g Polenta oder feines Maismehl zum Panieren
- Blätter von einigen Thymianzweigen, fein gehackt
- 2 EL glutenfreies Mehl
- 1 Ei, verquirlt
- 3–4 EL Sonnenblumenöl zum Braten
- glutenfreie Sauce tartare, evtl. selbst hergestellt aus Mayonnaise, hartgekochtem Eigelb und Schnittlauch

1 Die Kartoffeln mit Schale in einem großen Topf mit kochendem Wasser 20–30 Minuten weich garen. Abtropfen und abkühlen lassen, schälen und zerstampfen. Beiseitestellen. Den Fisch mit Milch und Lorbeerblatt in eine Pfanne geben und bei schwacher Hitze zugedeckt 5 Minuten köcheln lassen, bis er sich zerblättern lässt. Vom Herd nehmen, enthäuten und entgräten. Das Lorbeerblatt wegwerfen, etwas von der Milch für das Kartoffelpüree aufbewahren. Den Fisch zerblättern und beiseitestellen.

2 Die Butter in einer Pfanne zerlassen. Zwiebel mit Salz und Pfeffer hineingeben und bei schwacher Hitze 5 Minuten weich garen. Abkühlen lassen. In einer Schüssel Fisch, Kartoffeln, Zwiebel, Petersilie, Kapern und Gurken behutsam vermischen. Falls die Masse zu fest ist, 1–2 Esslöffel Milch dazugeben. Salzen und pfeffern, zu 8 Kugeln formen und diese flach drücken.

3 Polenta und Thymian vermischen und auf einem Teller verteilen, ebenso Mehl und Ei in je einem Teller. Die Frikadellen erst im Mehl, dann im Ei und schließlich in der Polenta wenden. Auf einer Platte 20 Minuten kalt stellen oder jetzt einfrieren. Etwas Öl in einer beschichteten Pfanne erhitzen. Die Frikadellen portionsweise bei mittlerer Hitze auf jeder Seite 3–4 Minuten braten, bis sie goldbraun sind. Nötigenfalls noch Öl in die Pfanne geben. Die Frikadellen mit Sauce tartare und gemischtem Salat servieren.

LACHS MIT KÄSEKRUSTE

Die Käsekruste verleiht dem Lachs ein herrliches Aroma. Diese Zubereitungsmethode ist eine wunderbare Möglichkeit, Kinder zum Fischessen zu bewegen.

PORTIONEN	4
ZUBEREITUNG	10 Min.
GARZEIT	20 Min.

4 große Stücke Lachsfilet mit Haut (à etwa 150 g)
Öl zum Einfetten
Salz und schwarzer Pfeffer
125 g Cheddar, gerieben
25 g Parmesan, gerieben
1 Spritzer glutenfreie Worcestersauce oder Tamari (glutenfreie Sojasauce)
2 Scheiben glutenfreies Brot, zu Brotkrumen zerkleinert
Rote-Bete-Salat zum Servieren

RICHTWERTE PRO PORTION

● ● ○   Kalorien
● ● ●   Ges. Fettsäuren
● ○ ○   Salz

NÄHRWERTE PRO PORTION

Brennwert 490 kcal/2046 kJ

Protein 42 g

Fett 30 g
Ges. Fettsäuren 11 g

Kohlenhydrate 13 g
Zucker 1 g

Ballaststoffe 2 g

Salz 1,3 g

1 Den Backofen auf 200 °C vorheizen. Den Fisch in einen großen, dünn eingeölten Bräter legen, salzen und pfeffern.

2 Cheddar, Parmesan, Worcestersauce oder Tamari und Brotkrumen vermischen. Gleichmäßig auf die Lachsfilets verteilen und andrücken.

3 Die Lachsfilets für 20 Minuten in den Backofen schieben, bis die Kruste goldbraun wird und der Fisch sich zerblättern lässt. Sollte die Kruste schon vorher zu braun werden, den Bräter mit Alufolie abdecken. Den Fisch herausnehmen und mit einem Rote-Bete-Salat servieren.

Variante
Den Lachs durch weißfleischigen Fisch wie Kabeljau ersetzen.

LACHSFILET
Kaufen Sie für dieses Gericht Rückenfilet, das dicker als Schwanzfilet ist. Bei Verwendung von Schwanzfilet muss eventuell die Garzeit reduziert werden.

SUPER FÜR KIDS

NÄHRSTOFF-KRACHER
Möglichst zweimal pro Woche Fisch essen, auch fettreichen wie Lachs.

FLEISCH UND FISCH

ASIATISCHER KNUSPERFISCH

Ein Potpourri aus Gemüsen mit gebratenem Fisch und einem vietnamesischen Dressing.

PORTIONEN	4
ZUBEREITUNG	20 Min.
GARZEIT	15 Min.

RICHTWERTE PRO PORTION

 Kalorien
 Ges. Fettsäuren
 Salz

NÄHRWERTE PRO PORTION

Brennwert 488 kcal/2043 kJ

Protein 34 g

Fett 11 g
Ges. Fettsäuren 1 g

Kohlenhydrate 56 g
Zucker 5 g

Ballaststoffe 4 g

Salz 0,6 g

---

4 Rotbarben-, Knurrhahn- oder Seebarschfilets, enthäutet
1 EL Reismehl
1 EL Sonnenblumenöl

FÜR NUDELN UND GEMÜSE
250 g dünne Reisnudeln
200 g Pak choi, geputzt und in Streifen geschnitten
2 Möhren, geraspelt
1 Handvoll Bohnensprossen
4 Frühlingszwiebeln, in dünne Scheiben geschnitten

1 Handvoll Minzeblätter, zerzupft
1 Handvoll Thai-Basilikumblätter oder normale Basilikumblätter, zerzupft
1 Handvoll Korianderblätter
1 EL Sesam zum Garnieren

FÜR DAS DRESSING
Saft von 2 Limetten
2 EL Reisessig
glutenfreie Nam pla (Fischsauce)

1 Für das Dressing Limettensaft und Reisessig vermischen, dann Nam pla nach Geschmack hinzufügen. Das Dressing beiseitestellen.

2 Die Fischfilets im Reismehl wenden. In einem Wok oder einer tiefen Pfanne das Öl erhitzen. 2 Filets gleichzeitig bei mittelhoher Temperatur etwa 4–6 Minuten braten, bis sie goldbraun und knusprig sind, nach der Hälfte der Garzeit wenden. Mit einem Fischheber herausnehmen und zum Abtropfen auf einen mit Küchenpapier belegten Teller geben. Die restlichen Filets braten.

3 Die Nudeln in eine Schüssel geben. Mit kochendem Wasser übergießen und 3–4 Minuten oder nach den Anweisungen auf der Packung quellen lassen. Gut abtropfen lassen, nötigenfalls trennen und zum Abkühlen beiseitestellen. Pak choi, Möhren und die Hälfte des Dressings in eine große Schüssel geben und mischen. Bohnensprossen, Frühlingszwiebeln, abgekühlte Nudeln und restliches Dressing dazugeben und unterheben. Die Hälfte der Kräuter untermischen. Den Salat in eine Servierschüssel füllen und die Fischfilets daraufsetzen. Mit den übrigen Kräutern und dem Sesam bestreut servieren.

TIKKA-HÄHNCHENSPIESSE MIT GURKEN-MINZE-RAITA

Raita ist ein einfacher indischer Dip, der sich gut als Beilage zu vielen gegrillten Gerichten eignet.

PORTIONEN	4
ZUBEREITUNG	20 Min.
	PLUS MARINIERZEIT
GARZEIT	10 Min.

RICHTWERTE PRO PORTION

 Kalorien

 Ges. Fettsäuren

 Salz

NÄHRWERTE PRO PORTION

Brennwert 242 kcal/1019 kJ

Protein 40 g

Fett 7 g
Ges. Fettsäuren 4 g

Kohlenhydrate 4,5 g
Zucker 4 g

Ballaststoffe 0,5 g

Salz 0,8 g

FÜR DIE SPIESSE
6 EL fettarmer Naturjoghurt
1 EL Zitronensaft
1 TL gemahlener Kreuzkümmel
1 TL gemahlener Koriander
½ TL Kurkuma
2 TL Cayennepfeffer oder Chilipulver
½ TL Salz
1 Knoblauchzehe, zerdrückt
3 cm frischer Ingwer, gerieben
600 g Hähnchenbrustfilet oder Oberschenkelfleisch ohne Haut, in 3 cm große Würfel geschnitten

FÜR DIE RAITA
1 Stück Salatgurke (10 cm), nach Entfernen der Samen, geraspelt
200 g Sahnejoghurt
1 Handvoll Minzeblätter, fein gehackt
1 kleine Knoblauchzehe, zerdrückt
Salz und frisch gemahlener schwarzer Pfeffer

1 Die Zutaten für die Spieße bis auf das Fleisch in einer Schüssel vermischen. Die Hähnchenwürfel unterheben und 1 Stunde abgedeckt kalt stellen.

2 Inzwischen 8 Bambusspieße in Wasser legen, damit sie später unter dem Grill nicht verbrennen.

3 Die Gurkenraspel in einem sauberen Küchenhandtuch gut ausdrücken. Mit den restlichen Raita-Zutaten vermischen und nach Geschmack salzen und pfeffern. Abgedeckt kalt stellen.

4 Das Fleisch auf die abgetropften Spieße stecken.

5 Den Grill auf höchster Stufe vorheizen. Die Spieße auf jeder Seite 3–5 Minuten grillen, oder bis sie gebräunt sind. Mit der Raita servieren.

 **Variante**
Oder, noch einfacher, 2 Esslöffel gekaufte glutenfreie Tikka-Paste mit Joghurt vermischen und als Marinade verwenden.

MARINIERTE CHINESISCHE CHICKENWINGS

An Chickenwings ist reichlich Fleisch und sie sind preiswert. Sollten sie im Supermarkt nicht erhältlich sein, fragen Sie Ihren Metzger.

PORTIONEN 4
ZUBEREITUNG 15 Min.
PLUS MARINIERZEIT
GARZEIT 50–60 Min.

RICHTWERTE PRO PORTION

● ● ○ Kalorien
● ○ ○ Ges. Fettsäuren
● ● ● Salz

NÄHRWERTE PRO PORTION

Brennwert 446 kcal/1856 kJ
Protein 22,5 g
Fett 29 g
Ges. Fettsäuren 4,5 g
Kohlenhydrate 23 g
Zucker 1,5 g
Ballaststoffe 1,5 g
Salz 2,4 g

24 Hühnchenflügel
Saft von 1 Zitrone
8 EL glutenfreies Mehl oder Reismehl
2 TL Salz
1½ TL Fünfgewürzpulver
1½ TL schwarzer Pfeffer
120 ml Sonnenblumenöl
6 Frühlingszwiebeln, geputzt und schräg in 2,5 cm große Stücke geschnitten
3 Chilischoten, nach Entfernen von Stielansatz, Samen und Scheidewänden, schräg in dünne Scheiben geschnitten (für Kinder weglassen)
5 Knoblauchzehen, in Scheiben geschnitten
Tamari (glutenfreie Sojasauce) und Reis zum Servieren

1 Hühnchenflügel und Zitronensaft in eine große Schüssel geben, sorgfältig vermischen und für 20 Minuten beiseitestellen. Mehl, Salz, Fünfgewürzpulver und Pfeffer in einer zweiten großen Schüssel vermischen. Hühnchenflügel und Saft hinzufügen. Die Zutaten sorgfältig vermischen und 5 Minuten stehen lassen, dabei ab und zu umheben.

2 Das Öl in einem Wok oder einer großen tiefen Pfanne erhitzen. Vier Hühnchenflügel hineinlegen und bei mittelhoher Temperatur 8–10 Minuten braten, bis sie goldbraun und knusprig sind. Zum Abtropfen auf einen mit Küchenpapier belegten Teller heben. Mit den restlichen Chickenwings ebenso verfahren.

3 Das Öl bis auf etwa 3 Esslöffel Öl aus dem Wok gießen. Das verbliebene Öl bei schwacher bis mittlerer Temperatur wieder erhitzen. Frühlingszwiebeln, Chilischoten und Knoblauch hineingeben und 2–3 Minuten garen, sie dürfen aber nicht verbrennen. Die Chickenwings wieder in den Wok legen und durchheben. Dann auf einem Teller anrichten und servieren. Dazu Tamari und Reis reichen.

SÜSSSAURE HÄHNCHENBRUST

Anders als die meisten Varianten aus dem Take-away ist dieses Gericht leicht und garantiert glutenfrei.

PORTIONEN 4
ZUBEREITUNG 15 Min.
GARZEIT 20 Min.

300 g kleine grüne Bohnen, geputzt und schräg halbiert
3 EL glutenfreies Mehl
½ TL Salz
6 EL eiskaltes Mineralwasser mit Kohlensäure
400 g Hähnchenbrustfilet, in Streifen geschnitten
Sonnenblumenöl zum Braten
1 rote und 1 gelbe Paprikaschote, nach Entfernen von Stielansatz, Samen und Scheidewänden, in schmale Streifen geschnitten
1 Zwiebel, fein gehackt
2 EL Korianderblätter, fein gehackt, zum Servieren
Reis zum Servieren

FÜR DIE SAUCE
3 EL glutenfreier Reiswein oder halbtrockener Sherry
½ TL getrocknete Chiliflocken
2 Knoblauchzehen, gerieben
1 EL Nam pla (Fischsauce)
3 TL Zucker
Saft von 1 Limette

RICHTWERTE PRO PORTION

● ● ○ Kalorien
● ○ ○ Ges. Fettsäuren
● ○ ○ Salz

NÄHRWERTE PRO PORTION

Brennwert 245 kcal/1028 kJ

Protein 27,5 g

Fett 7,5 g
Ges. Fettsäuren 1,1 g

Kohlenhydrate 16,7 g
Zucker 7,5 g

Ballaststoffe 4,7 g

Salz 0,7 g

1 Die Bohnen in einem großen Topf mit kochendem Wasser 3 Minuten blanchieren. Abtropfen lassen und unter fließendem kaltem Wasser abschrecken, um den Garprozess zu beenden.

2 Die Zutaten für die Sauce in einer Schüssel sorgfältig vermischen.

3 In einer großen Schüssel aus Mehl, Salz und Mineralwasser mit einem Schneebesen einen glatten Teig herstellen. Die Fleischstreifen darin drehen und sorgfältig überziehen. 2,5 cm hoch Öl in einen Wok gießen und erhitzen. Die Hähnchenbruststreifen darin bei mittelhoher Temperatur portionsweise 4–5 Minuten braten, bis sie goldbraun sind. Herausnehmen und auf Küchenpapier abtropfen lassen.

4 Das Öl bis auf 3 Esslöffel aus dem Wok gießen. Bei schwacher bis mittlerer Hitze Paprika und Bohnen hineingeben und 2 Minuten rühren. Die Zwiebel hinzufügen und 1 Minute garen. Die Sauce dazugeben und 1 Minute garen, damit sie etwas eindickt. Hähnchenstreifen hineinlegen und mit Koriander bestreut und dem Reis als Beilage servieren.

HÄHNCHENBRUST MIT RICOTTAFÜLLUNG

Diese rasch zubereitete Mahlzeit wirkt sehr beeindruckend und ist auch für Gäste geeignet.

PORTIONEN 4
ZUBEREITUNG 20 Min.
GARZEIT 20–25 Min.

RICHTWERTE PRO PORTION

● ● ● Kalorien
● ● Ges. Fettsäuren
● ● Salz

NÄHRWERTE PRO PORTION

Brennwert 281 kcal/1181 kJ

Protein 46 g

Fett 11 g
Ges. Fettsäuren 4 g

Kohlenhydrate 0,3 g
Zucker 0,3 g

Ballaststoffe 0 g

Salz 1,4 g

---

4 EL Ricotta
2 EL geriebener Parmesan
2 EL fein gehackte Basilikumblätter
1 EL fein gehackte Blätter
 von glatter Petersilie
abgeriebene Schale von 1 Bio-Zitrone
Salz und frisch gemahlener
 schwarzer Pfeffer
4 Hähnchenbrustfilets
1 EL Olivenöl
8 Scheiben Parmaschinken

1 Den Backofen auf 200 °C vorheizen. In einer Schüssel den Ricotta mit Parmesan, Kräutern, Zitronenschale sowie großzügig Salz und Pfeffer vermischen.

2 In die dickere Seite der Hähnchenbrustfilets eine Tasche schneiden. Jeweils ein Viertel der Ricottamischung hineinfüllen. Das Fleisch mit etwas Öl einreiben. Jeweils 2 Scheiben Parmaschinken sich leicht überlappend auf ein Brett legen und eine Hähnchenbrust daraufsetzen. Behutsam den Schinken darumwickeln, nötigenfalls mit einem Zahnstocher feststecken.

3 Jede Hähnchenbrust mit der »Naht« nach unten auf ein Backblech legen und auf oberer Schiene 20–25 Minuten im Backofen garen, bis sie goldbraun ist. Beim Daraufdrücken sollte sie sich elastisch anfühlen. Die Zahnstocher, sofern verwendet, vor dem Servieren entfernen.

HÄHNCHENBRUST-CRUMBLE

Falls Sie für Kinder kochen, ersetzen Sie den Wein durch glutenfreien Fond. Sie können auch Mais dazugeben.

PORTIONEN 4
ZUBEREITUNG 20 Min.
GARZEIT 45–60 Min.
EINFRIEREN 1 Monat

RICHTWERTE PRO PORTION

Kalorien
Ges. Fettsäuren
Salz

NÄHRWERTE PRO PORTION

Brennwert 712 kcal/2960 kJ

Protein 33 g

Fett 45 g
Ges. Fettsäuren 27 g

Kohlenhydrate 34 g
Zucker 3 g

Ballaststoffe 1,5 g

Salz 1,6 g

2 große Hähnchenbrüste mit Haut
1 EL Olivenöl
Salz und schwarzer Pfeffer
gedämpfter Lauch zum Servieren

FÜR DAS CRUMBLE
150 g Reismehl
1 Prise Salz
75 g Butter, gewürfelt
3 EL geriebener Parmesan
50 g Cheddar, gerieben
1 TL Senfkörner, zerstoßen

FÜR DIE SAUCE
50 g Butter
200 g kleine Champignons
1 EL Reismehl oder Maisstärke
125 ml trockener Weißwein oder
  glutenfreie Hühnerbrühe
150 ml Milch
150 ml Kaffeesahne
1 EL Dijonsenf
einige Estragonblätter, gehackt

1 Den Backofen auf 200 °C vorheizen. Das Fleisch in einen Bräter legen, mit dem Öl beträufeln, salzen und pfeffern. Für 25–35 Minuten in den Ofen schieben, bis es goldbraun und gar ist. Nicht übergaren, sonst wird es trocken. Etwas abkühlen lassen, enthäuten und in Stücke schneiden.

2 Für das Crumble Reismehl und Salz in eine Schüssel geben. Mit den Fingern die Butter einarbeiten, bis die Mischung Brotkrumen ähnelt. Parmesan, Cheddar und Senfkörner untermischen. Die Mischung beiseitestellen.

3 Für die Sauce die Butter in einem mittelgroßen Topf zerlassen. Die Pilze darin bei schwacher bis mittlerer Hitze 5 Minuten goldbraun garen. Vom Herd nehmen. Das Reismehl unterrühren, dann den Wein. Wieder auf die Kochstelle setzen und 2–3 Minuten garen, dabei ständig rühren. Milch und Kaffeesahne hinzufügen und leicht zum Kochen bringen. Die Hitze so weit reduzieren, dass die Sauce noch köchelt, dabei ständig weiterrühren. Wenn sie dick wird, Senf und Estragon unterrühren. Die Sauce abschmecken.

4 Den Topf vom Herd nehmen. Das Fleisch unterrühren. Die Mischung in eine flache ofenfeste Form füllen und mit dem Crumble bestreuen. 20–25 Minuten im Ofen goldbraun backen, dann mit dem Lauch servieren.

SCHWEINEFLEISCH-ENCHILADAS

Tortillas mit einer köstlichen Füllung aus Fleisch und Tomatensalsa und einer Haube aus Käse und Sauerrahm.

PORTIONEN	4
ZUBEREITUNG	20–25 Min. PLUS MARINIERZEIT
GARZEIT	1 Std.

RICHTWERTE PRO PORTION

 Kalorien
 Ges. Fettsäuren
● ● ○ Salz

NÄHRWERTE PRO PORTION

Brennwert 567 kcal/2382 kJ

Protein 32 g

Fett 24 g
Ges. Fettsäuren 9,5 g

Kohlenhydrate 55 g
Zucker 6,5 g

Ballaststoffe 5 g

Salz 1,2 g

---

350 g Schweinefilet
6 Maistortillas
6 EL Sauerrahm
75 g alter Cheddar, gerieben

FÜR DIE MARINADE
2 EL Olivenöl
1 Chipotle-Chilischote, fein gehackt (oder 1 getrocknete Jalapeño-Chilischote), oder 1 EL Adobosauce oder 1 großer Spritzer Tabasco-Chipotle-Sauce
2 TL Koriandersamen
1 Prise gemahlener Zimt
Salz und schwarzer Pfeffer
1 Prise Zucker

FÜR DIE TOMATENSALSA
500 g sonnengereifte Tomaten
1 rote Chilischote, halbiert, Stielansatz, Samen und Scheidewände entfernt
1 EL Olivenöl
2 Frühlingszwiebeln, fein gehackt
Saft von 1 Limette
Salz und schwarzer Pfeffer
1 Handvoll Korianderblätter, fein gehackt

1 Die Marinadezutaten vermischen. Das Fleisch in ein flaches Gefäß legen, mit der Marinade übergießen und mindestens 20 Minuten stehen lassen. Den Backofen auf 200 °C vorheizen. Das Fleisch mit der Marinade in einen Bräter geben und 40 Minuten garen. Das Filet ab und zu beschöpfen, damit es nicht austrocknet. Herausnehmen und beiseitestellen.

2 Für die Salsa eine Grillpfanne erhitzen. Tomaten und Chilischote im Öl wenden und in die Pfanne geben. Bei mittelhoher Temperatur 5–6 Minuten garen, bis sie leicht geschwärzt sind, zwischendurch einmal umdrehen. Mit Frühlingszwiebeln und Limettensaft in einer Küchenmaschine hacken. Salzen und pfeffern, in eine Schüssel füllen und den Koriander unterrühren.

3 Das Fleisch in Streifen schneiden und mit Saft in die Mitte der Tortillas schöpfen. Etwas Salsa darübergeben. Die Tortillas aufrollen und in eine ofenfeste Form legen. Den Sauerrahm daraufgeben und den Käse darüberstreuen. Die Tortillas 15–20 Minuten backen, bis der Käse geschmolzen ist. Mit der restlichen Salsa und, falls gewünscht, mit 1 Spritzer Tabasco servieren.

LAMMTAJINE MIT »BLUMENKOHLCOUSCOUS«

Zerkleinerter nussig schmeckender Blumenkohl ist ein leckerer glutenfreier Ersatz für Couscous.

PORTIONEN	4
ZUBEREITUNG	15 Min.
GARZEIT	1¾ Std.

NÄHRWERTE PRO PORTION

● ● ○ Kalorien
● ● ● Ges. Fettsäuren
● ○ ○ Salz

NÄHRWERTE PRO PORTION

Brennwert 555 kcal/2316 kJ

Protein 53 g

Fett 26 g
Ges. Fettsäuren 9 g

Kohlenhydrate 15 g
Zucker 14 g

Ballaststoffe 9 g

Salz 1,1 g

---

900 g Lammschulter, in Stücke geschnitten
2 Knoblauchzehen, fein gehackt
5 cm Ingwerwurzel, geschält und gerieben
Salz und schwarzer Pfeffer
½ TL gemahlener Zimt
½ TL gemahlene Kurkuma
1 Zwiebel, gerieben
1 EL Olivenöl
450 g Möhren, geschält oder gebürstet und grob gehackt
900 ml heiße glutenfreie Gemüsebrühe (siehe Seite 101)
2 eingelegte Zitronen, halbiert, das Fruchtfleisch entfernt, die Schale in feine Streifen geschnitten, oder abgeriebene Schale und Saft von 1 Bio-Zitrone
1 Handvoll glatte Petersilie, fein gehackt

FÜR DAS »COUSCOUS«
1 Blumenkohl, in große Röschen geteilt
1 EL Olivenöl
1–2 TL gemahlener Kreuzkümmel
Salz und schwarzer Pfeffer

1 Fleisch, Knoblauch, Ingwer, Salz, Pfeffer, Zimt, Kurkuma und Zwiebel vermischen. Das Öl in einem großen schweren Topf erhitzen und das Fleisch darin bei mittlerer Hitze 10 Minuten anbraten. Die Möhren unterrühren. Die Brühe dazugießen und zum Kochen bringen. Den Topfinhalt zugedeckt bei schwacher Hitze 1–1½ Stunden köcheln lassen, bis das Fleisch weich ist. Nötigenfalls heißes Wasser nachgießen.

2 Den Backofen auf 200 °C vorheizen. Den Blumenkohl in Öl, Kreuzkümmel, Salz und Pfeffer wenden. In einen Bräter geben und 10 Minuten garen, bis er gerade goldbraun wird. Herausnehmen und vollkommen abkühlen lassen. In einer Küchenmaschine zerkleinern, bis er Getreidekörnern ähnelt, er darf aber nicht breiig werden. Salzen und pfeffern.

3 Eingelegte Zitrone oder abgeriebene Zitronenschale und -saft nach Ende der Garzeit unter das Fleisch mischen. Die Petersilie direkt vor dem Servieren unterrühren.

WÜRZIGE LAMM-HUMMUS-ROLLEN

Eine herrliche Mischung aus Konsistenzen und kräftigen Aromen. Als Beilage kann man etwas griechischen Joghurt mit gehackter frischer Minze verrühren.

PORTIONEN 4
ZUBEREITUNG 30 Min. PLUS MARINIERZEIT
GARZEIT 4¼ Std.

RICHTWERTE PRO PORTION

● ● ● Kalorien
● ● ● Ges. Fettsäuren
● ○ ○ Salz

NÄHRWERTE PRO PORTION

Brennwert 900 kcal/3769 kJ
Protein 58 g
Fett 44 g
Ges. Fettsäuren 11 g
Kohlenhydrate 65 g
Zucker 2 g
Ballaststoffe 7,5 g
Salz 1,4 g

1,5 kg Lammschulter
8 Maistortillas, Zitronenspalten und gemischter Salat zum Servieren

FÜR DIE GEWÜRZMISCHUNG
½ TL gemahlener Zimt
½ TL gemahlener Koriander
¼ TL gemahlener Kreuzkümmel
1 TL getrocknete Minze
Salz und schwarzer Pfeffer
2 EL Olivenöl

FÜR DAS HUMMUS
1 Dose Kichererbsen (400 g), abgetropft und abgespült
3 Knoblauchzehen, gerieben
2 EL glutenfreies Tahin
Saft von ½–1 Zitrone (nach Geschmack)
4–5 EL Olivenöl, sowie Öl zum Beträufeln
2 TL Paprikapulver

1 Die Zutaten für die Gewürzmischung mit 1 Esslöffel Öl verrühren. Das Fleisch mit der Mischung einreiben und mindestens 30 Minuten durchziehen lassen oder abgedeckt über Nacht kalt stellen. Den Backofen auf 160 °C vorheizen. Das übrige Öl in einer großen schweren Pfanne erhitzen. Das Fleisch darin bei mittelhoher Temperatur 5–10 Minuten rundum anbraten.

2 Das Fleisch in einen Bräter heben und mit Alufolie abgedeckt für 4 Stunden in den Backofen schieben. 15 Minuten vor Ende der Garzeit die Folie entfernen. Das Fleisch herausnehmen und abgedeckt mindestens 20 Minuten ruhen lassen, dann in Streifen schneiden.

3 Für den Hummus Kichererbsen, Knoblauch und Tahin in einer Küchenmaschine vermischen. Zitronensaft nach Geschmack und Olivenöl untermischen. Salz, Pfeffer und 1 Teelöffel Paprikapulver untermischen. Den Hummus in eine Schüssel füllen und mit dem restlichen Paprikapulver bestreuen. Die Tortillas nach Gebrauchsanweisung erhitzen. Salat und Fleisch auf ihnen verteilen. Hummus und 1 Spritzer Zitronensaft daraufgeben. Die Tortillas aufrollen oder zusammenfalten und servieren.

BROKKOLI-HACKFLEISCH-PFANNE THAILÄNDISCHE ART

Eine rasch zubereitete thailändische Mahlzeit, die die ganze Familie lieben wird. Für Kinder kann man die Chilischote weglassen.

PORTIONEN 4–6
ZUBEREITUNG 5 Min.
GARZEIT 10 Min.

RICHTWERTE PRO PORTION

● ● ○ Kalorien
● ● ○ Ges. Fettsäuren
● ● ● Salz

NÄHRWERTE PRO PORTION

Brennwert 300 kcal/1244 kJ

Protein 20 g

Fett 22 g
Ges. Fettsäuren 8 g

Kohlenhydrate 4 g
Zucker 4 g

Ballaststoffe 1,5 g

Salz 2,3 g

Salz
100 g kleine Brokkoliröschen
2 EL Sonnenblumenöl
1 Bund Frühlingszwiebeln, fein gehackt
2 Knoblauchzehen, zerdrückt
3 cm frischer Ingwer, fein gehackt
1 EL fein gehackte Korianderstängel, plus 1 Handvoll Korianderblätter, grob gehackt
1 rote Chilischote, nach Entfernen von Samen und Scheidewänden, fein gehackt (nach Belieben)
400 g Rinderhackfleisch
1 EL glutenfreies Nam pla (Fischsauce)
2 EL Tamari (glutenfreie Sojasauce)
1 EL Limettensaft
1 TL Zucker
Reis zum Servieren

1 In einem großen Topf Salzwasser zum Kochen bringen. Den Brokkoli darin 1 Minute blanchieren, dann abtropfen lassen und unter fließendem kaltem Wasser abschrecken. Beiseitestellen.

2 Das Öl in einem Wok oder einer großen tiefen Pfanne erhitzen. Frühlingszwiebeln, Knoblauch, Ingwer, Korianderstängel und, sofern verwendet, Chilischote darin einige Minuten braten, bis sie leicht gebräunt sind.

3 Das Fleisch hinzufügen und bei starker Hitze braten, bis es gut gebräunt ist.

4 Den Brokkoli wieder in den Topf geben, dann Nam pla, Tamari, Limettensaft und Zucker hinzufügen. Die Zutaten gut vermischen und 1–2 Minuten garen, bis der Brokkoli sehr heiß ist. Die Korianderblätter unterrühren. Das Gericht mit dem Reis servieren.

RINDFLEISCHBURGER

Selbst gemachte Burger sind unschlagbar und man weiß genau, was in ihnen steckt.

PORTIONEN	6
ZUBEREITUNG	20 Min. PLUS KÜHLZEIT
GARZEIT	15 Min.
EINFRIEREN	1 Monat

RICHTWERTE PRO PORTION

 Kalorien

 Ges. Fettsäuren

Salz

NÄHRWERT PRO BURGER

Brennwert 212 kcal/879 kJ

Protein 18 g

Fett 15 g
Ges. Fettsäuren 6 g

Kohlenhydrate 1,5 g
Zucker 1,1 g

Ballaststoffe 0,5 g

Salz 0,2 g

500 g Rinderhackfleisch
1 große rote Zwiebel, fein gewürfelt
1 Knoblauchzehe, fein gehackt
1 TL Paprikapulver
1 Handvoll glatte Petersilie, fein gehackt
1 EL fein gehackte frische Korianderblätter
1 großes Ei
Salz und schwarzer Pfeffer
1 kleine Handvoll glutenfreie Brotkrumen (nach Belieben)
glutenfreies Mehl für die Hände
Pflanzenöl zum Braten
glutenfreie Brötchen, Kopfsalat, Tomaten und glutenfreies Relish zum Servieren

1 Hackfleisch, Zwiebel, Knoblauch, Paprikapulver, Petersilie, Koriander, Ei sowie reichlich Salz und Pfeffer sorgfältig verkneten, damit die Masse beim Garen zusammenhält. Die Masse abschmecken. Eine kleine Menge braten und probieren, nötigenfalls noch einmal nachwürzen. Sollte sie zu fest sein, zum Lockern die Brotkrumen hineingeben.

2 Mit bemehlten Händen die Masse in 6 Portionen teilen. Diese zu Kugeln formen und dann zu Burgern flach drücken. Die Burger auf einen Teller legen und für 20 Minuten in den Kühlschrank stellen. Zum Einfrieren die Burger jetzt auf einem Teller in das Gefriergerät setzen, bis sie hart sind, dann in Gefrierbeutel füllen und beschriften.

3 Eine große Pfanne bei hoher Temperatur erhitzen und die Burger in etwas Öl auf jeder Seite 2–3 Minuten braten. Herausnehmen und 2 Minuten ruhen lassen, dann auf glutenfreien Brötchen mit Salatblättern, Tomatenscheiben und einem Klecks glutenfreiem Relish der Wahl servieren.

STEAKS MIT SENFSAUCE

Steak und Senf sind ein himmlisches Paar. Für eine reichhaltigere Sauce ersetzt man die Milch durch Sahne. Körniger Senf sorgt für kernigen Biss und weniger Schärfe.

PORTIONEN	4
ZUBEREITUNG	15 Min.
GARZEIT	15 Min.

4 Rinderfiletsteaks (à 300 g)
1 EL Olivenöl
Salz und schwarzer Pfeffer
gegarte neue Kartoffeln und gedämpfter Brokkoli zum Servieren

FÜR DIE SAUCE
25 g Butter
2 EL glutenfreies Mehl
300 ml Milch
2 TL scharfer Senf, nach Geschmack auch mehr
Salz und schwarzer Pfeffer

RICHTWERTE PRO PORTION

● ● ○ Kalorien
● ● ● Ges. Fettsäuren
● ○ ○ Salz

NÄHRWERT PRO PORTION

Brennwert 570 kcal/2378 kJ

Protein 67 g

Fett 29 g
Ges. Fettsäuren 14 g

Kohlenhydrate 9 g
Zucker 3,5 g

Ballaststoffe 0 g

Salz 0,8 g

1 Zuerst die Sauce zubereiten. In einem kleinen Topf die Butter zerlassen. Den Topf von der Kochstelle nehmen und das Mehl sorgfältig unter die Butter rühren. Etwas Milch hinzufügen und mit dem Schneebesen kräftig schlagen, ohne dass sich Klümpchen bilden. Den Topf wieder auf die Kochstelle setzen. Unter ständigem Schlagen nach und nach die restliche Milch untermischen, bis eine recht dünne weiße Sauce entstanden ist. Den Senf sowie Salz und Pfeffer nach Geschmack dazugeben. Die Sauce bei schwacher Hitze unter ständigem Rühren 5 Minuten köcheln lassen, damit sich der Mehlgeschmack verliert.

2 Eine Grillpfanne bei hoher Temperatur erhitzen. Die Steaks mit dem Öl einpinseln und großzügig salzen und pfeffern. 2 Steaks in die Pfanne legen und 2–3 Minuten garen, dann wenden und die andere Seite ebenfalls 2–3 Minuten braten.

3 Mit den übrigen Steaks ebenso verfahren. Die Steaks 5 Minuten ruhen lassen. Dann mit der heißen Senfsauce beschöpfen und mit Kartoffeln und Brokkoli servieren.

NÄHRSTOFF-KRACHER
Rotes Fleisch liefert Eisen, wichtig für die Bildung roter Blutkörperchen.

RINDFLEISCH-BIER-KASSEROLLE

Dieses herzhafte Gericht, für das Rindfleisch langsam in Bier geköchelt wird, ist ein wahrer Seelentröster.

PORTIONEN 6
ZUBEREITUNG 40 Min.
GARZEIT 2 Std.

RICHTWERTE PRO PORTION

● ● ○ Kalorien
● ● ● Ges. Fettsäuren
● ○ ○ Salz

NÄHRWERTE PRO PORTION

Brennwert 691 kcal/2885 kJ

Protein 49 g

Fett 30 g
Ges. Fettsäuren 12 g

Kohlenhydrate 44 g
Zucker 7,5 g

Ballaststoffe 0,7 g

Salz 1,4 g

1 EL Reismehl
Salz und schwarzer Pfeffer
1 kg Rindfleisch zum Schmoren, in mundgerechte Stücke geschnitten
3 EL Olivenöl
300 g Möhren, in Stücke geschnitten
1 Sellerieknolle, geschält und in mundgerechte Stücke geschnitten
3 Stangen Lauch, geputzt, gewaschen und in Stücke geschnitten
300 ml glutenfreies Bier
750 ml heiße glutenfreie Gemüsebrühe (siehe Seite 101)
50 g Quinoa

FÜR DIE KRÄUTERKLÖSSCHEN
½ Zwiebel, fein gehackt
½ EL Olivenöl
1 kleine Handvoll glatte Petersilie, fein gehackt
einige Rosmarinblätter, fein gehackt
75 g glutenfreie Brotkrumen
1 TL geriebener Meerrettich (aus dem Glas)
1 TL Dijonsenf
1 Ei

1 Den Ofen auf 160 °C vorheizen. Das Mehl salzen und pfeffern. Das Fleisch darin wenden. In einer Kasserolle 2 Esslöffel Öl erhitzen und das Fleisch bei mittlerer Hitze portionsweise 5 Minuten anbraten. Herausnehmen und beiseitestellen.

2 Das restliche Öl in die Kasserolle geben. Die Gemüse darin 5–6 Minuten garen, bis sie goldbraun sind. Etwas Bier dazugießen. Die Hitze erhöhen und rühren, um den Bodensatz zu lösen. Das restliche Bier dazugießen und bei mittlerer Hitze 5 Minuten köcheln lassen. Die Brühe dazugießen und zum Kochen bringen. Die Hitze reduzieren. Fleisch und Quinoa dazugeben. Salzen und pfeffern und den Topf zugedeckt für 1½ Stunden in den Backofen schieben, nötigenfalls heißes Wasser ergänzen.

3 Für die Klößchen die Zwiebel im Öl in einem Topf bei mittlerer Hitze weich garen. Die restlichen Zutaten sowie Salz und Pfeffer hinzufügen und umrühren. 12 Klößchen formen. Die Kasserolle im Ofen nach Ablauf der Zeit herausnehmen. Die Klößchen in die Sauce legen. Das Gericht weitere 30 Minuten garen, 5 Minuten vor Ende der Garzeit den Deckel abnehmen.

VEGETARISCHE HAUPTGERICHTE

PILZBURGER

Mit Miso-Pommes und Tahin-Dip serviert, schmecken diese Burger wunderbar. Bereiten Sie für Kinder Miniburger zu.

PORTIONEN 4
ZUBEREITUNG 20 Min. PLUS KÜHLZEIT
GARZEIT 50 Min.

RICHTWERTE PRO PORTION

● ● ○ Kalorien
● ● ○ Ges. Fettsäuren
● ● ● Salz

NÄHRWERTE PRO PORTION

Brennwert 509 kcal/2143 kJ
Protein 13,6 g
Fett 21,4 g
Ges. Fettsäuren 3,3 g
Kohlenhydrate 65,3 g
Zucker 14 g
Ballaststoffe 10,8 g
Salz 2,8 g

SUPER FÜR KIDS

---

3 EL Olivenöl
1 Zwiebel, fein gehackt
500 g Egerlinge, in einer Küchenmaschine zerkleinert
etwas Tamari (glutenfreie Sojasauce)
125 g glutenfreie Brotkrumen
1 Ei, verquirlt
Salz und schwarzer Pfeffer

FÜR DIE MISO-POMMES
4 Süßkartoffeln, geschält und in dünne Stäbchen geschnitten
1 EL Olivenöl
1 EL süße Miso oder Tamari (glutenfreie Sojasauce)

FÜR DEN TAHIN-DIP
2 Knoblauchzehen, gerieben
1 Prise Meersalz
3 EL Tahin
Saft von 1 Zitrone

---

1 Den Backofen auf 200 °C vorheizen. In einer großen Pfanne 1 Esslöffel Öl erhitzen und die Zwiebel bei schwacher Hitze 3–4 Minuten garen. Die Pilze dazugeben und 6 Minuten garen, bis sie Wasser ziehen. Tamari unterrühren und 1 Minute garen. Die Mischung in eine Schüssel geben. Brotkrumen und Ei untermischen. Wenn die Masse zu feucht ist, noch Brotkrumen hinzufügen. Gut salzen und pfeffern und 4 Burger formen. Auf einem mit Backpapier belegten Teller 30 Minuten kalt stellen.

2 Für die Pommes frites die Kartoffeln mit Öl und Miso vermischen und in einem Bräter verteilen. Für 20 Minuten in den Backofen schieben, bis die Stäbchen goldbraun werden und dünnere Stäbchen knusprig sind. Für den Dip Knoblauch und Salz im Mörser zerreiben. Das Tahin hinzufügen und untermischen. Etwa 2 Esslöffel Wasser und den Zitronensaft unterrühren.

3 Zum Garen der Burger in einer großen Pfanne die Hälfte des restlichen Öls bei mittlerer Temperatur erhitzen. 2 Burger hineinlegen und auf jeder Seite 3–5 Minuten garen, bis sie goldbraun sind. Mit den übrigen Burgern ebenso verfahren. Die Burger mit den Miso-Pommes und dem Tahin-Dip servieren.

BOHNENBURGER

Bohnenburger sind eine großartige Alternative zu Fleischburgern. Für Kinder lässt man die Chilischote weg und ersetzt die Hälfte der Zwiebel durch geriebene Möhre.

PORTIONEN	4
ZUBEREITUNG	20 Min. PLUS KÜHLZEIT
GARZEIT	40 Min.

1 Zwiebel, geviertelt
2 EL gehackte glatte Petersilie
1 Dose (400 g) weiße Bohnen
1 TL Cayennepfeffer
2 EL glutenfreies Mehl
1 Ei, verquirlt
Salz und schwarzer Pfeffer
3 EL Olivenöl
grüner Salat zum Servieren

FÜR DIE AVOCADOSALSA
2 reife Avocados, entsteint und gewürfelt
1 große Knoblauchzehe, gerieben
1 rote Chilischote, nach Entfernen von Stielansatz, Samen und Scheidewänden, fein gehackt
2 EL Olivenöl
1 EL fein gehackte frische Korianderblätter
Saft von 1 Limette
1 TL Zucker

RICHTWERTE PRO PORTION

● ● ○   Kalorien
● ● ●   Ges. Fettsäuren
● ● ○   Salz

NÄHRWERTE PRO PORTION

Brennwert 424 kcal/1761 kJ
Protein 11,5 g
Fett 31 g
Ges. Fettsäuren 5,6 g
Kohlenhydrate 25 g
Zucker 4 g
Ballaststoffe 11,5 g
Salz 1,4 g

1 Die Zwiebel in einer Küchenmaschine grob hacken. Die Petersilie hinzufügen und kurz untermischen. Die Bohnen dazugeben und zerkleinern. Die Mischung in eine große Schüssel füllen. Cayennepfeffer, Mehl und Ei sowie Salz und Pfeffer nach Geschmack sorgfältig unterrühren. Aus der Mischung 8 Burger formen und diese kalt stellen, bis sie fest sind.

2 Für die Salsa alle Zutaten in einer Schüssel gut vermischen. 15 Minuten stehen lassen, dann umrühren und nach Geschmack salzen und pfeffern.

3 In einer großen Pfanne bei mittelhoher Temperatur etwas Öl erhitzen. Die Burger darin portionsweise auf jeder Seite 5 Minuten garen, bis sie goldbraun und knusprig sind. Zwischendurch nötigenfalls Öl ergänzen. Die Burger mit grünem Salat und der Salsa als Beilage servieren.

Variante
Ebenso gut können hier auch andere Bohnen wie Flageolet- oder Kidneybohnen verwendet werden.

NÄHRSTOFF-KRACHER
Avocados enthalten Vitamin E und B$_6$ – gesund für Herz und Nervensystem.

SUPER FÜR KIDS

VEGETARISCHE HAUPTGERICHTE

GNOCCHI MIT GORGONZOLA

PORTIONEN 4
ZUBEREITUNG 30 Min.
GARZEIT 50–60 Min.
EINFRIEREN 3 Monate
UNGEGARTE GNOCCHI

RICHTWERTE PRO PORTION

 Kalorien
 Ges. Fettsäuren
 Salz

NÄHRWERTE PRO PORTION

Brennwert 532 kcal/2222 kJ

Protein 14,5 g

Fett 22 g
Ges. Fettsäuren 14 g

Kohlenhydrate 65 g
Zucker 1,5 g

Ballaststoffe 5 g

Salz 1,1 g

Ein köstliches Gericht aus nur wenigen Zutaten – leckeren, in Salbeibutter geschwenkten Gnocchi und Gorgonzola.

1 kg mehligkochende Kartoffeln, mit Schale
Salz
150 g Reismehl, sowie Reismehl zum Bestäuben
1 Prise frisch geriebene Muskatnuss
Meersalz
50 g Butter
4 Salbeiblätter, zerzupft
125 g Gorgonzola, gewürfelt
Rucola-Tomaten-Salat zum Servieren

1 Die Kartoffeln in einem großen Topf mit kochendem Salzwasser etwa 30–40 Minuten garen, bis sie weich sind. Abtropfen und etwas abkühlen lassen, dann schälen. Durch die Kartoffelpresse auf die dünn bemehlte Arbeitsfläche drücken. Die Hälfte des Reismehls, Muskatnuss und Meersalz hinzufügen. Die Masse behutsam kneten, bis sie zusammenhält, nötigenfalls noch Mehl hinzufügen. Nicht zu viel kneten, sonst werden die Gnocchi beim Garen zäh. Die Masse in vier Portionen teilen. Jede zu einer etwa 1 cm dicken Wurst rollen und diese in 2 cm große Stücke schneiden.

2 Den Backofen auf 190 °C vorheizen. In einem großen Topf Wasser zum Wallen bringen. Nur jeweils 10 Gnocchi gleichzeitig darin garen, da sie Platz brauchen. Wenn sie nach etwa 2 Minuten an die Oberfläche steigen, sind sie gar. Mit einem Schaumlöffel in eine vorgewärmte ofenfeste Servierschüssel heben und mit Meersalz salzen.

3 In einer kleinen Pfanne die Butter erhitzen. Den Salbei dazugeben und bei mittlerer Hitze 2–3 Minuten garen. Die Butter über die Gnocchi gießen. Die Gnocchi darin wenden, mit dem Käse bestreuen und für 5–6 Minuten in den Backofen schieben. Mit Rucola-Tomaten-Salat servieren.

Tipp
Zum Einfrieren die Gnocchi auf einer mit Backpapier belegten Platte verteilen und gefrieren lassen, dann in einen Gefrierbehälter füllen. Gefroren in das Garwasser geben und 3–5 Minuten garen, bis sie an die Oberfläche steigen.

GEGRILLTE POLENTA MIT OFENTOMATEN

In diesem aromareichen Gericht kommt die Polenta zu ganz neuen Ehren. Dazu werden saftige Tomaten serviert.

PORTIONEN 4
ZUBEREITUNG 10 Min.
GARZEIT 40 Min.

RICHTWERTE PRO PORTION

● ● ○ Kalorien
● ● ● Ges. Fettsäuren
● ○ ○ Salz

NÄHRWERTE PRO PORTION

Brennwert 304 kcal/1267 kJ
Protein 8 g
Fett 18 g
Ges. Fettsäuren 6,5 g
Kohlenhydrate 26 g
Zucker 4,5 g
Ballaststoffe 3 g
Salz 0,9 g

etwa 40 kleine Rispentomaten
1 EL Olivenöl
2 TL gemahlener Sumach
2 EL Kapern
Rucolasalat mit leichtem Dressing zum Servieren

FÜR DIE POLENTA
125 g Instant-Polenta oder feines Maismehl
25 g Butter
1 große Handvoll frisch geriebener Parmesan
1 Prise getrocknete Chiliflocken
Salz und schwarzer Pfeffer
Olivenöl zum Überziehen

1 Den Backofen auf 200 °C vorheizen. Eine 18 cm große und mindestens 2,5 cm tiefe quadratische Form mit Butterbrotpapier auslegen. Die Polenta nach den Anweisungen auf der Packung garen. Gleichmäßig in das Wasser rieseln lassen und rühren, während sie köchelt. Die Polenta 10 Minuten garen, dann Butter, Parmesan und Chiliflocken unterschlagen. Großzügig salzen und pfeffern. Die Polenta in die vorbereitete Form schöpfen und zum Abkühlen beiseitestellen.

2 Die Tomaten in einen Bräter geben und mit dem Olivenöl überziehen. Mit dem Sumach bestreuen und nach Geschmack salzen und pfeffern. Für 15–20 Minuten in den Backofen schieben, bis sie gerade braun werden. 5 Minuten vor Ende der Garzeit die Kapern hinzufügen. Herausnehmen und beiseitestellen.

3 Die Polenta aus der Form nehmen und in 8 Dreiecke schneiden oder Kreise ausstechen. Die Stücke dünn mit Öl überziehen. Eine Grillpfanne erhitzen und die Stücke portionsweise auf jeder Seite 2–3 Minuten garen, bis sie dunkle Striche haben. Zum Servieren die Tomaten und Kapern auf die Polentastücke geben, dazu den Rucolasalat reichen.

KNUSPRIGER TOFU

Dieses Gericht lässt sich unglaublich einfach zubereiten, aber man muss guten Tofu verwenden – kaufen Sie ihn am besten in einem asiatischen Lebensmittelgeschäft.

PORTIONEN 4
ZUBEREITUNG 15 Min.
GARZEIT 20 Min.

RICHTWERTE PRO PORTION

Kalorien
Ges. Fettsäuren
Salz

300 g fester Tofu, in 1 cm große Quadrate geschnitten
3 EL Sonnenblumenöl oder anderes Pflanzenöl, nötigenfalls auch mehr
½ TL gemahlener Sichuanpfeffer
3 Tomaten, längs halbiert, jede Hälfte in 4 Spalten geschnitten
5 cm Ingwerwurzel, geschält und in dünne Scheiben geschnitten
1 Prise brauner Zucker
2 EL Tamari (glutenfreie Sojasauce)
1 EL Reisessig
1 Bund Frühlingszwiebeln, in dünne Ringe geschnitten
gegarter Basmatireis zum Servieren

NÄHRWERTE PRO PORTION

Brennwert 174 kcal/725 kJ

Protein 9 g

Fett 13 g
Ges. Fettsäuren 2 g

Kohlenhydrate 6 g
Zucker 5 g

Ballaststoffe 1,5 g

Salz 1,4 g

1 Den Tofu in ein wenig Öl und dem Sichuanpfeffer wenden. Das restliche Öl bei mittelhoher Temperatur in einem Wok erhitzen. Die Tofustücke hineingeben und 2 Minuten braten, bis sie goldbraun sind, dann wenden und noch einmal 2 Minuten braten.

2 Tomaten und Ingwer dazugeben und unter Rühren 2 Minuten braten. Dabei möglichst die Tofustücke intakt lassen.

3 Den Zucker hinzufügen und den Topfinhalt unter Rühren braten, bis der Zucker karamellisiert ist. Tamari und Essig dazugeben und alles noch einmal 2–3 Minuten garen. Die Frühlingszwiebeln unterrühren. Das Gericht heiß mit dem Reis servieren.

Tipp
Denken Sie daran, den Tofu vor Verwendung abtropfen zu lassen und auszudrücken. Er muss vor dem Braten wirklich trocken sein, damit er schön knusprig wird.

PILZ-SPINAT-CURRY

Dieses Curry eignet sich als Beilage für die Hähnchenspieße auf Seite 142 oder als vegetarisches Hauptgericht.

PORTIONEN 4
ZUBEREITUNG 15 Min.
GARZEIT 30 Min.

RICHTWERTE PRO PORTION

● ● ○   Kalorien
● ● ○   Ges. Fettsäuren
● ○ ○   Salz

NÄHRWERTE PRO PORTION

Brennwert 87 kcal/363 kJ

Protein 2,5 g

Fett 4,5 g
Ges. Fettsäuren 0,8 g

Kohlenhydrate 6 g
Zucker 5 g

Ballaststoffe 4 g

Salz 0,3 g

- 1 EL Pflanzenöl
- 2 Zwiebeln, in Scheiben geschnitten
- 4 Knoblauchzehen, fein gehackt
- 4 cm frischer Ingwer, fein gehackt
- 4 Kardamomkapseln
- 1 rote Chilischote, nach Entfernen von Samen und Scheidenwänden, fein gehackt (nach Belieben)
- 1 Zimtstange
- 1 TL gemahlener Koriander
- 1 TL gemahlener Kreuzkümmel
- 1 TL Kurkuma
- ½ TL geriebene Muskatnuss
- 250 g Egerlinge, in Stücke geschnitten
- 250 g kleine Champignons
- 300 ml Gemüsebrühe (siehe Seite 101)
- Salz und frisch gemahlener schwarzer Pfeffer
- 200 g Spinat
- 4 EL Naturjoghurt
- geröstete Cashewkerne und glutenfreies Fladenbrot zum Servieren

1 Das Öl bei mittlerer Temperatur in einem großen Topf erhitzen und die Zwiebeln darin 5 Minuten garen. Knoblauch und Ingwer hinzufügen und unter gelegentlichem Rühren 2 Minuten garen.

2 Die Gewürze sorgfältig unterrühren. Die Pilze hinzufügen und rühren, um sie mit den Gewürzen zu überziehen.

3 Die Brühe mit Salz und Pfeffer dazugeben und zum Kochen bringen. Den Topfinhalt zugedeckt bei reduzierter Hitze 15 Minuten köcheln lassen.

4 Den Spinat unterrühren und 2 Minuten garen. Zimtstange und, sofern möglich, Kardamomkapseln entfernen. Den Joghurt untermischen. Das Gericht mit den Nüssen bestreuen und mit dem Fladenbrot servieren.

GEFÜLLTER BUTTERNUSSKÜRBIS

Für dieses herbstliche Gericht mit seinen wunderbaren Farben kann auch ein anderer Kürbis verwendet werden. Den Gruyère kann man durch Parmesan ersetzen.

PORTIONEN 4
ZUBEREITUNG 15 Min.
GARZEIT 1¼ Std.

RICHTWERTE PRO PORTION

● ● ○ Kalorien
● ● ● Ges. Fettsäuren
● ● ○ Salz

NÄHRWERTE PRO PORTION

Brennwert 555 kcal/2320 kJ
Protein 23 g
Fett 38 g
Ges. Fettsäuren 14 g
Kohlenhydrate 31 g
Zucker 18 g
Ballaststoffe 11 g
Salz 1 g

1 EL Olivenöl, sowie Olivenöl zum Einfetten
2 mittelgroße oder 4 kleine Butternusskürbisse, längs halbiert, die Samen entfernt
225 g Gruyère, gerieben
Rucolasalat zum Servieren

FÜR DIE FÜLLUNG

100 g Haselnusskerne, geröstet und grob gehackt
75 g getrocknete Cranberrys, grob gehackt
1 kleine Handvoll glatte Petersilie, fein gehackt
1 Prise getrocknete Chiliflocken
Salz und schwarzer Pfeffer

1 Den Backofen auf 190 °C vorheizen. Zwei Backbleche mit Öl einpinseln. Mit einem scharfen Messer das Fruchtfleisch der Kürbishälften rautenförmig einschneiden und mit Öl einpinseln. Die Kürbisse mit den Schnittflächen nach unten auf die Backbleche legen. Für 1 Stunde in den Backofen schieben, bis das Fleisch weich wird. Das meiste Fleisch herauslösen, aber eine dünne Wand stehen lassen. Die ausgehöhlten Hälften aufbewahren.

2 Das Fruchtfleisch in eine Schüssel geben und mit einer Gabel zerdrücken. Die Zutaten für die Füllung dazugeben und sorgfältig untermischen. Die Mischung auf die ausgehöhlten Kürbishälften verteilen.

3 Den Käse über die Füllung streuen. Die Hälften noch einmal für 10–15 Minuten in den Backofen schieben, bis der Käse blubbert. Den Kürbis mit einem Rucolasalat mit einem leichten Dressing servieren.

SUPER FÜR KIDS

NÄHRSTOFF-KRACHER
Butternusskürbis enthält außergewöhnlich viel Vitamin B_6.

BROT UND PIZZA

LANDBROT

Ein lockeres feuchtes Brot, das gut aufgeht, eine schöne Farbe hat und ein gutes Aroma. Der Teig kann auch für Körnerbrot verwendet werden (siehe unten).

ERGIBT 12 Scheiben
ZUBEREITUNG 20 Min. PLUS AUFGEHZEIT
GARZEIT 35–40 Min.
EINFRIEREN 3 Monate

RICHTWERTE PRO PORTION

● ● ● Kalorien
● ● ○ Ges. Fettsäuren
● ○ ○ Salz

NÄHRWERTE PRO SCHEIBE

Brennwert 222 kcal/941 kJ
Protein 8 g
Fett 5 g
Ges. Fettsäuren 2 g
Kohlenhydrate 36 g
Zucker 3,5 g
Ballaststoffe 7 g
Salz 0,3 g

SUPER FÜR KIDS

Öl zum Einfetten
450 g glutenfreie dunkle Brotmehlmischung (siehe Seite 38), sowie Mehlmischung zum Bestäuben
2 TL Trockenhefe
½ TL Salz
2 EL Zuckerrohrmelasse
1 Ei
2 EL Pflanzenöl
1 TL Essig
verquirltes Ei zum Bestreichen

1 Eine 500 g fassende Kastenform dünn einölen. Das Mehl in eine große Schüssel sieben. Hefe und Salz hinzufügen. 300 ml lauwarmes Wasser in einen Krug gießen. Melasse, Ei, Pflanzenöl und Essig dazugeben und mit einer Gabel verschlagen.

2 In die Mitte der Mehlmischung eine Mulde drücken. Die flüssigen Zutaten hinzufügen und gut untermischen, um einen Teig herzustellen. Auf die bemehlte Arbeitsfläche setzen und etwa 5 Minuten kneten, bis er glatt ist.

3 Den Teig auf die Größe der Form zurechtdrücken und hineinsetzen. Mit eingeölter Frischhaltefolie locker abdecken. Für 1 Stunde an einen warmen Platz stellen, bis er sein Volumen verdoppelt hat.

4 Den Backofen auf 200 °C vorheizen. Den Laib mit dem Ei bestreichen und 35–40 Minuten backen, bis er aufgegangen und goldbraun ist. Herausnehmen und 5 Minuten in der Form abkühlen lassen, dann zum Auskühlen auf ein Kuchengitter setzen.

Variante
Körnerbrot: Einfach eine Mischung aus Samen (Mohn, Kürbiskerne und Sonnenblumenkerne) in die eingeölte Form streuen, ehe der Teig hineingesetzt wird. Nach dem Gehen und Bestreichen mit Ei weitere Samen auf dem Laib verteilen.

BRIOCHE

ERGIBT	12 Scheiben
ZUBEREITUNG	15 Min.
	PLUS GEHZEIT
GARZEIT	20–25 Min.
EINFRIEREN	3 Monate

RICHTWERTE PRO PORTION

● ● ○ Kalorien
● ● ○ Ges. Fettsäuren
● ● ○ Salz

NÄHRWERTE PRO BRIOCHE

Brennwert 308 kcal/1296 kJ

Protein 7 g

Fett 18 g
Ges. Fettsäuren 10 g

Kohlenhydrate 31 g
Zucker 4 g

Ballaststoffe 1,5 g

Salz 0,5 g

Briocheteig muss lange gehen. Man kann ihn auch am Vorabend zubereiten und an einen kühlen Platz stellen, um am nächsten Tag warme Brioches zum Frühstück zu essen!

300 ml Milch
200 g weiche Butter
2 EL Zucker
4 Eier
450 g glutenfreie Weißbrotmehlmischung (siehe Seite 38)

2 TL Trockenhefe
2 TL Xanthan
1 TL Salz
Öl zum Einfetten

1 Die Milch in einem kleinen Topf erwärmen. Butter und Zucker hinzufügen und rühren, bis sie geschmolzen sind. Von der Kochstelle nehmen. In einer kleinen Schüssel oder einem kleinen Krug 3 Eier verquirlen.

2 Mehl, Hefe, Xanthan und Salz in eine große Schüssel sieben. In die Mitte eine Mulde drücken. Milchmischung und verquirlte Eier hineingeben. Die Zutaten zu einem klebrigen Teig vermischen. Die Schüssel mit eingeölter Frischhaltefolie abdecken und für mindestens 3 Stunden an einen warmen Platz (oder über Nacht an einen kühlen Platz) stellen, bis der Teig sein Volumen verdoppelt hat.

3 Den Backofen auf 200 °C vorheizen. Briocheformen oder eine Muffinform einfetten. Das restliche Ei verschlagen. Den Teig in 12 Portionen in Größe von kleinen Orangen teilen. Die Stücke zwischen den Händen zu Kugeln formen und in die Formen setzen. Falls der Teig sehr klebrig ist, die Hände zunächst mit Wasser benetzen. Die Brioches mit dem verschlagenen Ei bestreichen.

4 Die Brioches 20–25 Minuten backen, bis sie aufgegangen und goldbraun sind. 5 Minuten in den Formen abkühlen lassen, dann warm servieren.

ROSMARIN-FOCACCIA

Dieses mit Olivenöl aromatisierte Brot sollte eine knusprige Kruste und eine leichte, lockere Krume haben.

PORTIONEN	6
ZUBEREITUNG	15 Min.
	PLUS GEHZEIT
GARZEIT	30–35 Min.
EINFRIEREN	3 Monate

450 g glutenfreie Weißbrotmehlmischung (siehe Seite 38) sowie Mehlmischung zum Bestäuben
2 TL Xanthan
2 TL Trockenhefe
2 TL Zucker
1 TL Salz
6 EL Olivenöl, sowie Olivenöl zum Einfetten
Blätter von einigen Rosmarinzweigen
grobes Meersalz zum Bestreuen

RICHTWERTE PRO PORTION

● ● ◐ Kalorien
● ● ◯ Ges. Fettsäuren
● ● ◯ Salz

NÄHRWERTE PRO PORTION

Brennwert 361 kcal/1522 kJ

Protein 7 g

Fett 12 g
Ges. Fettsäuren 2 g

Kohlenhydrate 56 g
Zucker 3 g

Ballaststoffe 3 g

Salz 0,9 g

1 Mehl, Xanthan, Hefe, Zucker und Salz in eine große Schüssel sieben. 300 ml lauwarmes Wasser und 3 Esslöffel Öl hinzufügen und mit einem runden Messer einen leicht klebrigen weichen Teig herstellen. Auf die dünn bemehlte Arbeitsfläche setzen und kneten, bis er glatt und elastisch ist. Wieder in die Schüssel legen und mit eingeölter Frischhaltefolie abgedeckt für etwa 1 Stunde warm stellen, bis er sein Volumen verdoppelt hat.

2 Eine 16 × 25 cm große Kastenform dünn einölen. Den Teig auf der bemehlten Arbeitsfläche leicht kneten und in Größe der Form zurechtdrücken. In die Form setzen und in die Ecken drücken. Mit eingeölter Frischhaltefolie abgedeckt für 30 Minuten an einen warmen Platz stellen, bis er sein Volumen verdoppelt hat.

3 Den Backofen auf 200 °C vorheizen. Die Fingerspitzen fest in den Teig drücken, sodass eine dellige Oberfläche entsteht. Den Rosmarin darauf verteilen, das restliche Öl darüberträufeln und das Meersalz darüberstreuen. Das Brot 30–35 Minuten backen, bis es hell goldbraun ist.

Variante

Zwiebel und Feta: Eine kleine rote Zwiebel in dünne Scheiben schneiden und statt des Rosmarins auf den Teig streuen, außerdem 115 g zerkrümelten Feta.
Oliven und Sardellen: 140 g entsteinte grüne und schwarze Oliven hacken und mit 60 g gehackten Sardellenfilets auf den Teig streuen. Mit dem Olivenöl beträufeln und statt Rosmarin etwas frischen oder getrockneten Oregano darübergeben.

PIZZA MARGHERITA

Verwenden Sie für den Belag auch andere Zutaten wie Spinat und Ricotta oder Pilze und Parmaschinken. Besonders köstlich sind Feigen, Mozzarella und Rucola (siehe Coverfoto).

PORTIONEN	4
ZUBEREITUNG	20 Min. PLUS GEHZEIT
GARZEIT	20–25 Min.

RICHTWERTE PRO PORTION

● ● ● Kalorien
● ● ● Ges. Fettsäuren
● ● ○ Salz

NÄHRWERTE PRO PORTION

Brennwert 759 kcal/3190 kJ
Protein 28 g
Fett 32 g
Ges. Fettsäuren 13 g
Kohlenhydrate 89 g
Zucker 9 g
Ballaststoffe 6 g
Salz 1,9 g

Öl zum Einfetten
450 g glutenfreie Weißbrotmehlmischung (siehe Seite 38), sowie Mehlmischung zum Bestäuben
1 TL Xanthan
2 TL Trockenhefe
2 TL Zucker
1 TL Salz
1 Ei
2 EL Olivenöl, sowie Öl zum Beträufeln
300 g Mozzarella, abgetropft und in Stücke gezupft
einige schwarze Oliven
Basilikumblätter

FÜR DIE TOMATENSAUCE

2 EL Olivenöl
1 kleine Zwiebel, fein gehackt
2 Knoblauchzehen, zerdrückt
1 Dose Kirschtomaten (400 g)
1 EL Tomatenmark
1 TL getrockneter Oregano
1 Prise Zucker
Salz und schwarzer Pfeffer

1 Zwei Backbleche dünn einölen. Mehl, Xanthan, Hefe, Zucker und Salz in eine Schüssel sieben. 300 ml warmes Wasser, das Ei und 2 Esslöffel Öl mit einer Gabel verschlagen. In die Mitte der Mehlmischung eine Mulde drücken. Die flüssigen Zutaten hineingeben und gut untermischen. Den Teig auf der bemehlten Arbeitsfläche 5 Minuten kneten. In eine dünn eingeölte Schüssel legen und locker mit eingeölter Frischhaltefolie abgedeckt für etwa 1 Stunde an einen warmen Platz stellen.

2 Für die Tomatensauce das Öl in einem mittelgroßen Topf erhitzen. Die Zwiebel darin bei mittlerer Hitze 5 Minuten sautieren. Den Knoblauch unterrühren und 1 Minute garen. Die restlichen Zutaten hinzufügen und unbedeckt 10 Minuten köcheln lassen. Die Sauce beiseitestellen.

3 Den Backofen auf 230 °C vorheizen. Den Teig kurz kneten und in 2 Kugeln teilen. Jede Kugel zu einem großen Kreis ausrollen. Die Böden auf die Backbleche legen. Tomatensauce, Mozzarella und Oliven darauf verteilen. Schwarzen Pfeffer und etwas Öl darübergeben. Die Pizzas 10 Minuten backen, bis sie goldbraun sind. Mit Basilikum bestreut servieren.

Variante
Alternativ können frische, in Spalten geschnittene Feigen, Mozzarella und Rucola verwendet werden. Legen Sie den Rucola aber erst nach dem Backen auf die Pizza.

CALZONE

Calzone wird traditionell ohne Tomatensauce zubereitet. Stattdessen machen Käse und Pesto die Füllung feucht.

ERGIBT 6 Calzone
ZUBEREITUNG 30 Min.
PLUS GEHZEIT
GARZEIT 20–25 Min.

RICHTWERTE PRO PORTION

● ● ○ Kalorien
● ● ● Ges. Fettsäuren
● ○ ○ Salz

NÄHRWERTE PRO CALZONE

Brennwert 473 kcal/1989 kJ
Protein 19 g
Fett 18 g
Ges. Fettsäuren 7 g
Kohlenhydrate 57,5 g
Zucker 3,5 g
Ballaststoffe 3,5 g
Salz 1 g

SUPER FÜR KIDS

450 g glutenfreie Weißbrotmehlmischung (siehe Seite 38), sowie Mehlmischung zum Bestäuben
1 TL Xanthan
2 TL Trockenhefe
2 TL Zucker
Salz
2 EL Olivenöl, sowie Öl zum Einfetten
1 Ei, plus 1 Ei, verquirlt, zum Bestreichen
6 TL glutenfreies Fertig-Pesto
1 rote Zwiebel, in dünne Scheiben geschnitten
125 g Mozzarella, gewürfelt
60 g Gorgonzola, zerkrümelt
6 Scheiben roher Schinken
schwarzer Pfeffer

1 Mehl, Xanthan, Hefe, Zucker und 1 Teelöffel Salz in eine große Schüssel sieben. 300 ml lauwarmes Wasser mit Olivenöl und dem ganzen Ei verrühren. Zu der Mehlmischung geben und mit einem runden Messer untermischen, um einen leicht klebrigen glatten Teig herzustellen. Den Teig auf die bemehlte Arbeitsfläche setzen und 5 Minuten kneten, bis er glatt und elastisch ist. In die Schüssel legen und mit eingeölter Frischhaltefolie abgedeckt für etwa 1 Stunde warm stellen, bis er sein Volumen verdoppelt hat.

2 Den Backofen auf 220 °C vorheizen. Den Teig in 6 Kugeln teilen und auf der bemehlten Arbeitsfläche zu 20 cm großen Kreisen ausrollen. Auf zwei große dünn eingeölte Bleche legen. Auf eine Hälfte jedes Kreises 1 Teelöffel Pesto streichen. Zwiebel, Käse, Schinken und schwarzen Pfeffer darübergeben. Die Kreise am Rand mit dem verquirlten Ei bestreichen und zusammenklappen. Die Ränder fest zusammendrücken. Oben ein Dampfabzugsloch stechen. Die Calzone mit etwas Ei einpinseln und dünn mit Mehl bestäuben. Dann 20–25 Minuten backen, bis sie goldbraun sind.

Varianten

Brie und Speck: 140 g in Scheiben geschnittenen Brie, gegarte Räucherspeckstücke und einige in Scheiben geschnittene grüne Oliven als Füllung verwenden.
Paprika und Salami: 125 g in Scheiben geschnittenen Mozzarella, in Ringe geschnittene Paprikaschote, 75 g Salami und 1 Prise Chiliflocken verteilen.

SOCCA

Socca sind knusprige Pfannkuchen aus Kichererbsenmehl, die in Südfrankreich auf der Straße verkauft werden.

140 g Kichererbsenmehl
2 TL gemahlener Kreuzkümmel
½ TL Salz

3 EL Olivenöl, sowie Olivenöl zum Servieren
Meersalzflocken zum Servieren

ERGIBT	6 Socca
ZUBEREITUNG	10 Min. PLUS RUHEZEIT
GARZEIT	20 Min.

RICHTWERTE PRO PORTION

●●○ Kalorien
●●○ Ges. Fettsäuren
●●○ Salz

NÄHRWERTE PRO SOCCA

Brennwert 139 kcal/581 kJ
Protein 5 g
Fett 9 g
Ges. Fettsäuren 1 g
Kohlenhydrate 11 g
Zucker 0,5 g
Ballaststoffe 3,5 g
Salz 0,4 g

1 Mehl, Kreuzkümmel und Salz in einer großen Schüssel vermischen. In die Mitte eine Mulde drücken. 300 ml Wasser hineingießen und mit dem Schneebesen schlagen, bis ein glatter Teig entstanden ist. In einen Krug gießen und mindestens 10 Minuten stehen lassen, damit er dicker wird.

2 Den Grill vorheizen. Ein Backblech mit Backpapier belegen. In einer großen beschichteten Pfanne etwas Öl erhitzen. Wenn es heiß ist, so viel Teig hineingießen, dass der Boden der Pfanne bedeckt ist. Die Pfanne schwenken, um den Teig rasch zu verteilen. Bei mittlerer Hitze backen, bis die Unterseite goldbraun ist.

3 Den Pfannkuchen auf das Blech gleiten lassen und unter den heißen Grill stellen. Noch einmal 2–3 Minuten garen, bis er dunkelbraune Flecken hat. Auf ein Brett heben. Aus den übrigen Zutaten 5 weitere Pfannkuchen herstellen.

4 Zum Servieren die Pfannkuchen mit Meersalz bestreuen, mit Olivenöl beträufeln und grob in mundgerechte Stücke hacken. Auf einer Platte anrichten und als Appetithäppchen mit Getränken servieren.

Tipp
Die Socca werden unter den Grill gelegt, um das Garen zu beschleunigen. Man kann die Pfannkuchen aber auch einfach umdrehen und die andere Seite in der Pfanne goldbraun backen. Sie sollten knusprig werden und an den Rändern fast schon verbrannt sein.

KÜMMELBROT

Dieses knusprige mit Kümmel gewürzte Brot passt besonders gut zu geräuchertem Schinken, Salami und Käse.

ERGIBT 12 Scheiben
ZUBEREITUNG 20 Min. PLUS GEHZEIT
GARZEIT 40–50 Min.
EINFRIEREN 1 Monat

RICHTWERTE PRO PORTION

● ● ○ Kalorien
● ● ○ Ges. Fettsäuren
● ● ○ Salz

NÄHRWERTE PRO SCHEIBE

Brennwert 190 kcal/802 kJ

Protein 6 g

Fett 4,5 g
Ges. Fettsäuren 1 g

Kohlenhydrate 31,5 g
Zucker 5 g

Ballaststoffe 1,6 g

Salz 0,7 g

Öl zum Einfetten
450 g glutenfreie Weißbrotmehlmischung (siehe Seite 38)
2 TL Trockenhefe
2 TL Salz
2 EL brauner Zucker
2 TL Kümmel
300 ml Milch
2 Eier
2 EL Pflanzenöl
1 TL Balsamessig
2 TL Zucker

1 Eine 900 g fassende Kastenform dünn einölen. Mehl, Hefe und 1 Teelöffel Salz in eine große Schüssel sieben. Braunen Zucker und 1 Teelöffel Kümmel unterrühren. Die Milch erhitzen, bis sie lauwarm ist (siehe Tipp). 1 Ei, Öl und Essig hineingeben und mit einer Gabel unterschlagen. In die Mitte der Mehlmischung eine Mulde drücken. Die flüssigen Zutaten hinzufügen und gut untermischen, um einen Teig herzustellen. Den Teig auf der dünn bemehlten Arbeitsfläche 5 Minuten kneten, bis er glatt ist.

2 Den Teig zu einer Rolle formen und in die Form legen. Mit einem scharfen Messer schräg einschneiden. Locker mit Frischhaltefolie abgedeckt an einem warmen Platz 1 Stunde gehen lassen, bis er sein Volumen verdoppelt hat.

3 Den Backofen auf 220 °C vorheizen. Restliches Ei, verbliebenes Salz und Zucker verschlagen und großzügig auf den Laib auftragen. Den verbliebenen Kümmel darüberstreuen. Das Brot 35–40 Minuten backen, bis es aufgegangen und goldbraun ist. Aus der Form nehmen und noch einmal 5–10 Minuten backen, bis die Kruste knusprig wird. Herausnehmen und auf einem Kuchengitter auskühlen lassen.

Tipp
Die Idealtemperatur für Hefe beträgt 35 °C. Temperaturen über 60 °C töten Hefe ab. Daher ist es wichtig, dass die Milch warm, aber nicht heiß ist.

TOMATENBROT

Dieses farbenfrohe Brot voller mediterraner Aromen eignet sich perfekt für Sommertage.

ERGIBT 8 Scheiben
ZUBEREITUNG 20 Min. PLUS GEHZEIT
GARZEIT 30 Min.
EINFRIEREN 3 Monate

RICHTWERTE PRO PORTION

● ● ● Kalorien
● ● ○ Ges. Fettsäuren
● ● ○ Salz

NÄHRWERTE PRO SCHEIBE

Brennwert 305 kcal/1284 kJ

Protein 9 g

Fett 10 g
Ges. Fettsäuren 1,9 g

Kohlenhydrate 42 g
Zucker 2 g

Ballaststoffe 2,5 g

Salz 0,6 g

---

85 g sonnengetrocknete Tomaten in Öl, abgetropft, das Öl aufbewahrt
450 g glutenfreie Weißbrotmehlmischung (siehe Seite 38), sowie Mehlmischung zum Bestäuben
2 TL Xanthan
2 TL Trockenhefe
1 TL Zucker
Salz und schwarzer Pfeffer

1 TL getrockneter Oregano
30 g Parmesan, frisch gerieben
2 EL Tomatenmark
3 EL Olivenöl von den sonnengetrockneten Tomaten
1 Ei, sowie 1 Ei, verquirlt, zum Bestreichen

1 Die sonnengetrockneten Tomaten grob hacken. Mehl, Xanthan, Hefe, Zucker und 1 Teelöffel Salz in eine große Schüssel sieben und großzügig pfeffern. Oregano, getrocknete Tomaten und zwei Drittel des Käses unterrühren.

2 250 ml lauwarmes Wasser mit Tomatenmark und Öl verrühren. Mit dem ganzen Ei zu der Mehlmischung geben und mit einem runden Messer untermischen, um einen leicht klebrigen weichen Teig herzustellen. Auf die dünn bemehlte Arbeitsfläche setzen und 5 Minuten kneten, bis er glatt und elastisch ist. Zu einem etwa 25 cm langen Laib formen. Mit einem scharfen Messer mehrmals einschneiden, auf ein bemehltes Backblech legen und locker mit eingeölter Frischhaltefolie abdecken. Für 1 Stunde an einen warmen Platz stellen, bis er sein Volumen verdoppelt hat.

3 Den Backofen auf 220 °C vorheizen. 1 große Prise Salz unter das verquirlte Ei rühren und dieses auf das Brot streichen. Den restlichen Parmesan darüberstreuen. Das Brot 30 Minuten backen, bis es goldbraun und knusprig ist. Vor dem Aufschneiden etwas abkühlen lassen.

Variante
Paprikabrot: Anstelle von sonnengetrockneten Tomaten die gleiche Menge abgetropfte gegrillte Paprikaschoten in Öl verwenden.

PIDE MIT HACKFLEISCH

Dieses Fladenbrot ist in der Türkei ein Imbiss und wird dort mit Petersilie und 1 Spritzer Zitronensaft serviert.

ERGIBT	6 Pide
ZUBEREITUNG	20 Min. PLUS GEHZEIT
GARZEIT	20–25 Min.

450 g glutenfreie Weißbrotmehlmischung (siehe Seite 38), sowie Mehlmischung zum Bestäuben
3 TL Trockenhefe
2 TL Xanthan
Salz
1 TL Zucker
3 EL Olivenöl
2 TL gemahlener Kreuzkümmel
½–1 TL Chilipulver
1 rote Paprikaschote, geputzt und grob gehackt
1 rote Zwiebel, grob gehackt
1 Knoblauchzehe
1 Handvoll glatte Petersilie, sowie Petersilie zum Garnieren
175 g Lammhackfleisch
schwarzer Pfeffer
Zitrone und Salat zum Servieren

RICHTWERTE PRO PORTION

● ○ ○ Kalorien
● ○ ○ Ges. Fettsäuren
● ○ ○ Salz

NÄHRWERTE PRO PIDE

Brennwert 371 kcal/1565 kJ
Protein 13 g
Fett 9,5 g
Ges. Fettsäuren 2,4 g
Kohlenhydrate 58 g
Zucker 4 g
Ballaststoffe 4 g
Salz 0,8 g

1 Mehl, Hefe, Xanthan, 1 TL Salz und Zucker in eine große Schüssel sieben. 325 ml lauwarmes Wasser und 2 Esslöffel Öl unter die Mehlmischung rühren, um einen leicht klebrigen weichen Teig herzustellen. Den Teig auf der dünn bemehlten Arbeitsfläche 5 Minuten kneten, bis er glatt und elastisch ist. In 6 Kugeln teilen, auf eingeölte Backbleche legen und mit angefeuchteten Küchenhandtüchern abdecken. An einen warmen Platz stellen.

2 Den Backofen auf 200 °C vorheizen. In einer Küchenmaschine Gewürze, Paprikaschote, Zwiebel, Knoblauch und Petersilie fein hacken. Die Mischung in eine Schüssel geben. 1 Esslöffel Öl, Hackfleisch sowie Salz und Pfeffer nach Geschmack hinzufügen.

3 Die Teigkugeln zu dünnen flachen Ovalen ausrollen und auf eingeölte Backbleche legen. Eine dünne Schicht Fleischmischung darauf verteilen, dabei rundum einen schmalen Rand lassen. Für 20–25 Minuten in den Backofen schieben, bis der Teig knusprig und der Belag gar ist. Etwas Petersilie und 1 Spritzer Zitronensaft daraufgeben. Längs zusammenklappen und mit Salat als leichtes Abendessen servieren.

Variante
Hühnchen: Statt Lamm kann die gleiche Menge gehacktes Hühnchenfleisch mit dem Gemüse vermischt werden.

KÄSEBRÖTCHEN

Diese knusprigen brasilianischen Brötchen sind in ihrer Heimat beliebtes Streetfood.

ERGIBT 16 Stück
ZUBEREITUNG 10 Min.
BACKZEIT 30 Min.

RICHTWERTE PRO PORTION

● ● ○ Kalorien
● ● ○ Ges. Fettsäuren
● ● ○ Salz

NÄHRWERTE PRO STÜCK

Brennwert 121 kcal/510 kJ

Protein 4 g

Fett 6 g
Ges. Fettsäuren 2 g

Kohlenhydrate 12 g
Zucker 0,6 g

Ballaststoffe Spuren

Salz 0,4 g

---

120 ml Milch
3–4 EL Sonnenblumenöl
1 TL Salz
250 g Tapiokamehl, zusätzlich etwas zum Bestäuben
2 Eier, verquirlt, sowie 1 Ei verquirlt zum Bestreichen
125 g Parmesan, gerieben

1 Milch, Öl, 120 ml Wasser und Salz in einem kleinen Topf zum Kochen bringen. Das Mehl in eine große Schüssel geben und rasch die heiße Flüssigkeit unterrühren. Die Mischung wird rasch klebrig. Zum Abkühlen beiseitestellen.

2 Den Backofen auf 190 °C vorheizen. Die Küchenmaschine mit dem Messereinsatz bestücken und die abgekühlte Mehlmischung in die Schüssel geben. Die Eier hinzufügen und das Gerät laufen lassen, um einen glatten Teig herzustellen. Den Käse dazugeben und rühren, bis ein elastischer Teig entstanden ist.

3 Auf die gut bemehlte Arbeitsfläche geben und 2–3 Minuten kneten. In 16 Stücke gleicher Größe teilen und jedes zu einer Kugel rollen. Mit reichlich Abstand auf ein mit Backpapier belegtes Backblech setzen.

4 Die Kugeln mit etwas verquirltem Ei bestreichen und auf der mittleren Schiene 30 Minuten backen, bis sie aufgegangen und goldbraun sind. Herausnehmen und vor dem Servieren einige Minuten abkühlen lassen. Die Brötchen am besten am Tag der Zubereitung, vorzugsweise noch warm, essen.

Einfrieren

Am Ende von Schritt 3 auf einem Backblech anfrieren, dann in Gefrierbeutel geben. Eingefroren halten sich die Brötchen bis zu 6 Monate. 30 Minuten auftauen lassen, dann wie oben backen.

MASALA DOSA

Diese vegetarischen Pfannkuchen aus gemahlenen Hülsenfrüchten und Reis werden in Südindien zum Frühstück serviert.

PORTIONEN 6
ZUBEREITUNG 20 Min.
PLUS EINWEICHZEIT
GARZEIT 40–50 Min.
EINFRIEREN 1 Monat

NÄHRWERTE PRO PORTION

● ● ○ Kalorien
● ● ○ Ges. Fettsäuren
● ○ ○ Salz

NÄHRWERTE PRO PORTION

Brennwert 250 kcal/1049 kJ

Protein 6,5 g

Fett 6 g
Ges. Fettsäuren 0,7 g

Kohlenhydrate 40 g
Zucker 2,3 g

Ballaststoffe 3 g

Salz 0,3 g

175 g Basmatireis
60 g Urdbohnen (Asienladen)
1 TL Bockshornkleesamen
Salz
Pflanzenöl zum Braten

FÜR DIE KARTOFFELFÜLLUNG
2 EL Pflanzenöl
1 Zwiebel, fein gehackt
1 grüne Chilischote, geputzt und gehackt
1 Knoblauchzehe, fein gehackt
2,5 cm Ingwerwurzel, gerieben
2 TL schwarze Senfkörner
¼ TL gemahlene Kurkuma

6 getrocknete Curryblätter
450 g Kartoffeln, gewürfelt
abgeriebene Schale und
  Saft von ½ Bio-Zitrone
2 EL fein gehacktes Koriandergrün

FÜR DEN DIP
30 g Koriandergrün
1 kleine Tomate
½ grüne Paprikaschote, geputzt
Saft von 1 Zitrone
½ TL Zucker

1 Reis, Bohnen und Bockshornklee in einer großen Schüssel mit kaltem Wasser bedecken und 6–8 Stunden oder über Nacht einweichen. Abtropfen lassen und in einer Küchenmaschine mit 1 Prise Salz grob mahlen. 300 ml kaltes Wasser dazugeben und einen dünnen Teig herstellen.

2 Für die Füllung das Öl in einem Topf erhitzen und die Zwiebel darin 4 Minuten braten oder bis sie weich ist. Chili, Knoblauch, Ingwer, Senfkörner, Kurkuma und Curryblätter hinzufügen und 30 Sekunden garen, bis die Senfkörner platzen. Kartoffeln mit Zitronenschale, Zitronensaft, 1 großen Prise Salz und 250 ml Wasser dazugeben, zum Kochen bringen und zugedeckt 15–20 Minuten köcheln lassen, bis sie weich sind. Ohne Deckel weitergaren, bis sie zerfallen. Den Koriander unterrühren. Warm stellen. Für den Dip alle Zutaten mit 1 Prise Salz in einer Küchenmaschine zerkleinern.

3 In einer kleinen Pfanne 1 Teelöffel Öl erhitzen. 1 Kelle Teig hineingeben und bei mittlerer Hitze 2–3 Minuten garen. Umdrehen und 1–2 Minuten garen. Warm stellen. Insgesamt 6 Pfannkuchen zubereiten. Die Füllung auf ihnen verteilen. Die Pfannkuchen zusammenklappen und mit dem Dip servieren.

NAAN

Die Zitronenlimonade in diesem Rezept mag seltsam anmuten, aber sie lässt dieses indische Fladenbrot wunderbar weich werden – und man schmeckt sie nicht!

PORTIONEN 4
ZUBEREITUNG 15 Min.
GARZEIT 15–30 Min.
EINFRIEREN 3 Monate

RICHTWERTE PRO PORTION

 Kalorien
 Ges. Fettsäuren
 Salz

NÄHRWERTE PRO PORTION

Brennwert 142 kcal/597 kJ
Protein 3 g
Fett 3,5 g
Ges. Fettsäuren 2 g
Kohlenhydrate 24 g
Zucker 1,75 g
Ballaststoffe 1,25 g
Salz 0,95 g

250 g glutenfreies Mehl, sowie Mehl zum Bestäuben
2 TL Xanthan
2 TL glutenfreies Backpulver
1 TL Salz
1–2 TL Schwarzkümmelsamen (nach Belieben)
175 ml klare kohlensäurehaltige Zitronenlimonade
30 g Butter, zerlassen

1 Mehl, Xanthan, Backpulver und Salz in eine große Schüssel sieben. Den Schwarzkümmel untermischen und die Limonade dazugießen. Mit einem runden Messer einen leicht klebrigen weichen Teig herstellen.

2 Den Teig auf die dünn bemehlte Arbeitsfläche setzen und 5 Minuten kneten, bis er glatt und elastisch ist. In eine Schüssel legen, mit einem feuchten Küchenhandtuch abdecken und 10 Minuten stehen lassen, dann in 4 Kugeln teilen. Jede Kugel zu einem tropfenförmigen Fladen ausrollen.

3 Eine schwere Pfanne erhitzen. Eine Seite jedes Fladens mit Butter bestreichen. Einen Fladen mit der gebutterten Seite nach unten 3–4 Minuten backen, bis diese goldbraun ist. Die Oberseite mit Butter bestreichen, den Fladen umdrehen und noch einmal 3–4 Minuten backen, bis er aufgegangen und goldbraun ist. In einem Küchenhandtuch warm halten, während die anderen Fladen gebacken werden. Das Naan warm servieren.

Varianten

Knoblauch und Koriander: Nach dem Backen etwas gehackten Knoblauch und 1 kleine Handvoll gehackte frische Korianderblätter auf die Oberfläche streuen. Den Fladen umdrehen und 30 Sekunden garen, bis der Knoblauch goldbraun ist.

Peshwari Naan: 2 Esslöffel Kokosraspel mit 1 Teelöffel Zucker vermischen. Nach dem Backen der Fladen die Oberseite mit weiterer Butter bestreichen und mit der Kokosmischung bestreuen. Umdrehen und noch einmal 30–45 Sekunden backen, bis die Kokosraspel gebräunt sind.

MAISBROT MIT OLIVEN

Maisbrot wird in den USA zu würzigen Eintöpfen und Brathähnchen serviert und eignet sich großartig zum Auftunken von Sauce. Für Kinder die Oliven weglassen.

PORTIONEN	12 Stück
ZUBEREITUNG	10 Min.
GARZEIT	30–35 Min.
EINFRIEREN	3 Monate

RICHTWERTE PRO PORTION

- Kalorien
- Ges. Fettsäuren
- Salz

NÄHRWERTE PRO STÜCK

Brennwert 288 kcal/1201 kJ

Protein 5 g

Fett 16 g
Ges. Fettsäuren 4,5 g

Kohlenhydrate 30 g
Zucker 7 g

Ballaststoffe 1,5 g

Salz 0,8 g

1 Dose Mais (325 g), abgetropft
225 g feines Maismehl oder Polenta
115 g glutenfreies Mehl
60 g Zucker
1 EL glutenfreies Backpulver
1 TL Xanthan
½ TL Salz

120 ml Milch
2 Eier, verquirlt
60 g Butter, zerlassen, sowie Butter zum Einfetten
115 g mit Kirschpaprika gefüllte Oliven, halbiert

1 Den Backofen auf 200 °C vorheizen. Eine 20 cm große runde Kuchenform einfetten und den Boden mit Backpapier belegen. Die Hälfte der Maiskörner in eine Schüssel geben und mit dem Stabmixer pürieren. Maismehl, Mehl, Zucker, Backpulver, Xanthan und Salz in eine große Schüssel sieben.

2 Milch und Eier verquirlen. Mit Butter, Maispüree und ganzen Maiskörnern zu der Mehlmischung geben. Die Zutaten verrühren, bis sie gerade vermischt sind.

3 Die Mischung in die Backform füllen und glatt streichen. Die Oliven darüberstreuen. Das Brot für 30–35 Minuten in den Backofen schieben, bis es aufgegangen und goldbraun ist. 5 Minuten in der Form abkühlen lassen, dann mit einem Messer rund um das Brot fahren. Das Brot auf ein Kuchengitter stürzen und noch etwas abkühlen lassen. Warm in Stücke geschnitten servieren.

Tipp
Wer es scharf mag, fügt dem Teig einige gehackte Chilischoten hinzu. Zum Einfrieren das Brot auskühlen lassen, dann in einen Gefrierbeutel packen und einfrieren. Nach dem Auftauen 10 Minuten im heißen Backofen aufbacken.

SUPER FÜR KIDS

KÜRBISBROT

Dieses zart gewürzte, wunderbar feuchte Brot ist ein echtes Highlight auf jeder Party, besonders an Halloween.

ERGIBT	12 Stück
ZUBEREITUNG	25 Min. PLUS GEHZEIT
GARZEIT	1–1¼ Std.

RICHTWERTE PRO PORTION

● ● ●   Kalorien
● ● ●   Ges. Fettsäuren
● ● ○   Salz

NÄHRWERTE PRO STÜCK

Brennwert 304 kcal/1283 kJ

Protein 8 g

Fett 8 g
Ges. Fettsäuren 2,5 g

Kohlenhydrate 50 g
Zucker 9 g

Ballaststoffe 3,5 g

Salz 0,9 g

Pflanzenöl zum Einfetten
500 g Butternusskürbis, geschält und nach Entfernen der Samen in 5 cm große Würfel geschnitten
2 EL Olivenöl
Salz und schwarzer Pfeffer
675 g glutenfreie Weißbrotmehlmischung (siehe Seite 38), sowie Mehlmischung zum Bestäuben
2 TL Xanthan
1 EL Trockenhefe
2½ TL Salz
1 TL gemahlener Zimt
1 TL gemahlener Ingwer
½ TL gemahlene Gewürznelken
60 g brauner Zucker
30 g Butter
200 ml Milch
2 große Eier
1 TL Zucker
2 EL Kürbiskerne

1 Den Backofen auf 200 °C vorheizen. Einen Bräter fetten und die Kürbiswürfel hineinlegen. Mit dem Olivenöl und 3 Esslöffeln Wasser beträufeln, dann salzen und pfeffern. Mit Alufolie abdecken und 30–35 Minuten im Ofen garen, bis sie weich sind. In einer Küchenmaschine glatt pürieren. Das Püree im Bräter verteilen und abkühlen lassen.

2 Mehl, Xanthan, Hefe, 1½ TL Salz und die Gewürze in eine große Schüssel sieben. Den braunen Zucker unterrühren. Die Butter in einem Topf zerlassen. Die Milch hinzufügen und lauwarm werden lassen, dann mit einer Gabel 1 Ei unterschlagen. Die Mischung über die trockenen Zutaten gießen. Das Kürbispüree hinzufügen und einen Teig herstellen. Den Teig auf der dünn bemehlten Arbeitsfläche 5 Minuten kneten, bis er glatt ist. 12 Kugeln aus ihm formen. 9 Kugeln auf einem eingeölten Backblech zu einem Kreis legen, 3 in die Mitte setzen. Mit eingeölter Frischhaltefolie abgedeckt für 1 Stunde warm stellen, bis das Brot sein Volumen verdoppelt hat.

3 Restliches Ei, Zucker und 1 Teelöffel Salz vermischen und auf das Brot streichen. Die Kürbiskerne darüberstreuen. Das Brot 35–40 Minuten backen, bis es goldbraun ist. 30 Minuten abkühlen lassen, dann auf einem großen Brett warm servieren.

PIKANTE TARTES UND PIES

FENCHEL-GRUYÈRE-TARTE

Der zarte Anisgeschmack des Fenchels und der süßliche, würzige Gruyère bilden hier ein großartiges Paar.

ERGIBT 6 Stücke
ZUBEREITUNG 20 Min. PLUS KÜHLZEIT
GARZEIT 40 Min.

RICHTWERTE PRO PORTION
● ● ○ Kalorien
● ● ● Ges. Fettsäuren
● ● ○ Salz

NÄHRWERTE PRO STÜCK
Brennwert 698 kcal/2886 kJ

Protein 14 g

Fett 58 g
Ges. Fettsäuren 31 g

Kohlenhydrate 31 g
Zucker 2,5 g

Ballaststoffe 1 g

Salz 1,2 g

---

400 g glutenfreier Mürbeteig (siehe Seite 44–45)
glutenfreies Mehl zum Bestäuben

FÜR DIE FÜLLUNG
3 EL Olivenöl
1 Zwiebel, in Scheiben geschnitten
1 große Fenchelknolle, geputzt, geviertelt und in Scheiben geschnitten
Salz und schwarzer Pfeffer
½ TL frisch geriebene Muskatnuss
4 Eier
300 g Sahne
100 g Gruyère, gerieben
Blattsalat zum Servieren

1 Den Backofen auf 200 °C vorheizen. Für die Füllung in einer Pfanne das Öl erhitzen. Die Zwiebel hineingeben und bei mittlerer Hitze 2–3 Minuten braten. Den Fenchel dazugeben und 6–8 Minuten sautieren, bis er goldbraun ist, dabei gelegentlich umrühren. Mit Salz, Pfeffer und Muskatnuss würzen und beiseitestellen. In einem Krug Eier und Sahne verschlagen.

2 Den Teig auf der dünn bemehlten Arbeitsfläche 5 mm ausrollen. In eine 20 cm große runde Tarteform mit herausnehmbarem Boden heben und an Boden und Wände drücken. (Glutenfreier Teig ist empfindlich, und sollten einige Risse entstehen, diese mit etwas Wasser wieder schließen.) Die Ränder begradigen. Den Boden mit einer Gabel einstechen. Mit Backpapier abdecken und Backbohnen darauf verteilen. Den Boden 15 Minuten backen. Backbohnen und Backpapier entfernen. Den Boden noch einmal für 5 Minuten in den Backofen schieben, damit er knusprig wird.

3 Zwiebel und Fenchel auf dem Boden verteilen und den Käse darüberstreuen. Die Ei-Sahne-Mischung in die Form gießen. Die Tarte wieder in den Backofen schieben. Die Hitze auf 180 °C reduzieren und die Tarte 20–25 Minuten backen, bis die Füllung fest und goldbraun ist. Warm oder kalt mit dem Salat servieren.

PAPRIKA-CHILI-TARTE

Hier werden scharfe Aromen durch milden Schafskäse ausgeglichen. Man kann Brie oder Feta verwenden.

ERGIBT	6 Stücke
ZUBEREITUNG	25–30 Min.
GARZEIT	1¼–1½ Std.
EINFRIEREN	1 Monat

RICHTWERTE PRO PORTION

● ● ○ Kalorien
● ● ● Ges. Fettsäuren
● ● ○ Salz

NÄHRWERTE PRO STÜCK

Brennwert 597 kcal/2481 kJ

Protein 13 g

Fett 45 g
Ges. Fettsäuren 20 g

Kohlenhydrate 35 g
Zucker 6,5 g

Ballaststoffe 4 g

Salz 1,1 g

---

400 g glutenfreier Mürbeteig (siehe Seite 44–45)
glutenfreies Mehl zum Bestäuben

FÜR DIE FÜLLUNG
3 rote Paprikaschoten, geputzt und geviertelt
2 rote Chilischoten, geputzt
1 EL Olivenöl
1 rote Zwiebel, fein gehackt
Salz und schwarzer Pfeffer
Blätter von einigen Thymianzweigen
150 g Schafsweichkäse, zerkrümelt
150 g Sahne
2 Eier
2 Knoblauchzehen, gerieben

1 Den Ofen auf 200 °C vorheizen. Für die Füllung Paprika und Chilis auf ein Backblech legen. Für 30–40 Minuten in den Backofen schieben, bis die Haut schwarz wird. Die Paprikaschoten mit einem feuchten Küchentuch bedeckt abkühlen lassen. Die Chilis hacken. Die abgekühlten Paprika enthäuten und grob hacken. Zu den Chilis geben.

2 Den Teig auf der bemehlten Arbeitsfläche 5 mm dick ausrollen. In eine 20 cm große runde Tarteform mit herausnehmbarem Boden legen. Andrücken und den Boden mit einer Gabel einstechen. Mit Backpapier abdecken und Backbohnen darauf verteilen, dann 15 Minuten backen. Bohnen und Papier entfernen. Den Boden noch einmal für 5 Minuten in den Ofen schieben, damit er knusprig wird. Die Ofentemperatur auf 180 °C reduzieren.

3 Das Öl in einer Pfanne erhitzen. Die Zwiebel darin bei schwacher bis mittlerer Hitze 6–8 Minuten garen, bis sie weich ist. Salzen und pfeffern, dann die Hälfte des Thymians unterrühren. Etwas abkühlen lassen und auf dem Tarteboden verteilen. Paprika und Chilis gleichmäßig darübergeben. Den Käse darauf verteilen. Sahne und Eier verrühren, dann salzen und pfeffern. Restlichen Thymian und den Knoblauch hinzufügen und gut untermischen. Die Mischung gleichmäßig in die Form gießen. Die Form auf ein Backblech stellen und für 20–25 Minuten in den Ofen schieben, bis die Tarte fest und goldbraun ist. Herausnehmen und abkühlen lassen, dann aus der Form lösen.

ZIEGENKÄSETÖRTCHEN

Backpflaumen harmonieren gut mit Ziegenkäse. Zu den Törtchen kann man Tomatenbrot servieren (Seite 184).

ERGIBT 6 Stück
ZUBEREITUNG 30 Min.
PLUS KÜHLZEIT
GARZEIT 25–35 Min.

RICHTWERTE PRO PORTION

● ● ○   Kalorien
● ● ●   Ges. Fettsäuren
● ○ ○   Salz

NÄHRWERTE PRO TÖRTCHEN

Brennwert 435 kcal/1818 kJ
Protein 12 g
Fett 26 g
Ges. Fettsäuren 16 g
Kohlenhydrate 36 g
Zucker 10 g
Ballaststoffe 4 g
Salz 1 g

SUPER FÜR KIDS

100 g Butter, gewürfelt, sowie Butter zum Einfetten
225 g glutenfreies Mehl, sowie Mehl zum Bestäuben
1 Prise Salz
1 TL Xanthan
1 EL Olivenöl
1 große rote Zwiebel, in dünne Scheiben geschnitten
Blätter von einigen Thymianzweigen
225 g halbfester milder Ziegenschnittkäse, fein gewürfelt
125 g entsteinte Soft-Backpflaumen, gehackt
Salz und schwarzer Pfeffer

1 Den Backofen auf 200 °C vorheizen. Sechs etwa 9 cm große Tortelettförmchen mit Butter einfetten. Mehl, Salz und Xanthan in einer Schüssel vermischen. Die Butter mit den Fingern einarbeiten, bis Krümel entstanden sind. Nach und nach 1–2 Esslöffel kaltes Wasser hinzufügen, um einen Teig herzustellen. Den Teig auf der dünn bemehlten Arbeitsfläche kurz kneten, bis er glatt ist. In Frischhaltefolie wickeln und 10 Minuten kalt stellen.

2 Dann in 6 Stücke schneiden. Diese zwischen zwei Stücken Klarsichtfolie ausrollen und sechs 12 cm große Kreise ausstechen. Die Kreise in die Förmchen heben und andrücken. Risse wieder verschließen. Die Ränder begradigen. Die Böden mit einer Gabel einstechen. Mit Backpapier belegen und Backbohnen darauf verteilen. Die Böden 10–15 Minuten backen, bis die Ränder hell goldbraun sind. Herausnehmen, Papier und Bohnen entfernen.

3 Für die Füllung das Öl in einer kleinen Pfanne erhitzen. Zwiebel und Thymian hinzufügen und bei mittlerer Hitze 5 Minuten garen, bis die Zwiebel glasig wird. Die Hitze reduzieren. Die Zwiebel noch einmal 5 Minuten garen, damit sie etwas Süße bekommt, dann auf die Böden verteilen.

4 Ziegenkäse und Pflaumen vermischen, dann salzen und pfeffern. Die Mischung auf die Böden verteilen. Die Törtchen 15–20 Minuten backen, bis die Füllung blubbert und der Teig goldbraun ist. Warm servieren.

LACHS-SPINAT-QUICHE

Durch die klassische Kombination von Lachs und Spinat erhält dieser deftige Kuchen auch einen hohen Nährwert.

ERGIBT 6 Stücke
ZUBEREITUNG 20 Min. PLUS KÜHLZEIT
BACKZEIT 1 Std. 10 Min.
EINFRIEREN 2 Monate NUR DER BODEN

RICHTWERTE PRO PORTION
- ●●○ Kalorien
- ●●● Ges. Fettsäuren
- ●●○ Salz

NÄHRWERTE PRO STÜCK
Brennwert 375 kcal/1576 kJ
Protein 9 g
Fett 31 g
Ges. Fettsäuren 15 g
Kohlenhydrate 14,5 g
Zucker 4 g
Ballaststoffe 0,9 g
Salz 1,6 g

FÜR DEN TEIG
400 g glutenfreier Mürbeteig (siehe Seite 44–45)
glutenfreies Mehl zum Bestäuben
Butter zum Einfetten

FÜR DEN BELAG
200 g junger Spinat
2 EL Olivenöl
1 Knoblauchzehe, zerdrückt
Salz und frisch gemahlener schwarzer Pfeffer
100 g gegarter Lachs, zerblättert
250 ml Kaffeesahne
2 Eier, plus 1 Eigelb
1 TL abgeriebene Schale von 1 Bio-Zitrone

1 Den Backofen auf 200 °C vorheizen. Den Teig auf der gut bemehlten Arbeitsfläche 5 mm dick ausrollen. In eine gefettete Tarteform (22 cm Durchmesser) heben, die Ränder begradigen. Den Boden mit einer Gabel einstechen und mit Backpapier belegen, dann mit Backbohnen beschweren. Auf einem Blech für 15 Minuten in den Backofen schieben. Bohnen und Papier entfernen. Den Boden noch einmal 5 Minuten knusprig backen. Solange er noch warm ist, die Ränder gerade schneiden. Die Ofentemperatur auf 180 °C reduzieren.

2 In der Zwischenzeit den Spinat in einem großen Topf mit Olivenöl und Knoblauch 2–3 Minuten garen, bis er weich ist. Großzügig salzen und pfeffern. In ein Sieb geben und überschüssiges Wasser herausdrücken. Zum Abkühlen beiseitestellen.

3 Den abgekühlten Spinat auf dem Quicheboden verteilen und darauf den Lachs. Kaffeesahne, Eier, Zitronenschale sowie Salz und Pfeffer verschlagen. Die Quiche auf ein Backblech setzen und die Mischung über die Füllung gießen.

4 Die Quiche 45 Minuten backen, bis die Sahnemischung gerade stockt. Vor dem Verzehr mindestens 30 Minuten abkühlen lassen. Sie wird am besten am Tag der Zubereitung gegessen, kann aber über Nacht im Kühlschrank aufbewahrt werden.

QUICHE LORRAINE

ERGIBT 6 Stücke
ZUBEREITUNG 20 Min.
GARZEIT 1 Std.

Ein zeitloser Klassiker, der immer ankommt. Man kann dem Belag auch gehackte frische Tomaten hinzufügen.

RICHTWERTE PRO PORTION

Kalorien
Ges. Fettsäuren
Salz

NÄHRWERTE PRO STÜCK

Brennwert 838 kcal/3478 kJ
Protein 25 g
Fett 68 g
Ges. Fettsäuren 32 g
Kohlenhydrate 31 g
Zucker 2 g
Ballaststoffe 2 g
Salz 2,6 g

400 g glutenfreier Mürbeteig (siehe Seite 44–45)
glutenfreies Mehl zum Bestäuben

FÜR DIE FÜLLUNG
1 EL Olivenöl
1 Zwiebel, fein gehackt
Salz und schwarzer Pfeffer
200 g durchwachsener Speck, gewürfelt
200 g Cheddar, gerieben
250 g Sahne
3 Eier, verquirlt
50 g Gruyère, gerieben

1 Den Backofen auf 200 °C vorheizen. Den Teig auf der dünn bemehlten Arbeitsfläche 5 mm dick ausrollen. In eine 20 cm große und 5 cm tiefe runde Tarteform heben und andrücken. Risse wieder schließen und die Teigränder begradigen. Den Boden mit einer Gabel einstechen. Mit Backpapier belegen und Backbohnen darauf verteilen. Den Boden für 15 Minuten in den Backofen schieben. Bohnen und Papier entfernen und den Boden noch einmal 5 Minuten backen, damit er knusprig wird. Beiseitestellen. Die Backofentemperatur auf 180 °C reduzieren.

2 In der Zwischenzeit das Öl in einer Pfanne erhitzen. Die Zwiebel hinzufügen und 6–8 Minuten garen, bis sie weich wird. Nach Geschmack salzen und pfeffern. In eine Schüssel füllen und zum Abkühlen beiseitestellen. Den Speck in die Pfanne geben und bei mittlerer Hitze 5–8 Minuten braten, bis er goldbraun ist. Überschüssiges Fett abgießen und Speck beiseitestellen.

3 Die Zwiebel und Speckwürfel auf dem Tarteboden verteilen. Den Cheddar hinzufügen und leicht untermischen. Sahne und Eier verschlagen, dann salzen und pfeffern. Die Mischung in die Form gießen und mit dem Gruyère bestreuen. Die Quiche 25–30 Minuten backen, bis die Füllung fest und die Oberfläche dunkel goldgelb ist. In der Form leicht abkühlen lassen, damit sie etwas fester wird, dann warm servieren.

SCHALOTTEN-TARTE-TATIN

Für diese überraschend einfache pikante Tarte Tatin werden Schalotten karamellisiert und mit Teig bedeckt.

ERGIBT 4 Stücke
ZUBEREITUNG 20 Min.
GARZEIT 1 Std.

1 EL Olivenöl, nötigenfalls mehr
etwa 20 Schalotten, geschält
Salz und schwarzer Pfeffer
etwas dickflüssiger Balsamessig
Blätter von einigen Thymianzweigen
400 g glutenfreier Mürbeteig (siehe Seite 44–45)
glutenfreies Mehl zum Bestäuben
1 Ei, verquirlt, zum Bestreichen
gemischter Blattsalat zum Servieren

RICHTWERTE PRO PORTION

● ● ○ Kalorien
● ● ● Ges. Fettsäuren
● ● ○ Salz

NÄHRWERTE PRO STÜCK

Brennwert 527 kcal/2203 kJ

Protein 9,5 g

Fett 33 g
Ges. Fettsäuren 10 g

Kohlenhydrate 48 g
Zucker 6 g

Ballaststoffe 5 g

Salz 1,1 g

1 Den Backofen auf 200 °C vorheizen. Das Öl in einer ofenfesten Pfanne erhitzen. Die Schalotten hineinlegen, salzen und pfeffern und bei mittlerer Temperatur 5 Minuten garen, bis sie goldbraun sind. Die Hitze reduzieren. Die Schalotten weitere 20–30 Minuten garen, bis sie zu karamellisieren beginnen, nach der Hälfte der Garzeit wenden. Nötigenfalls noch etwas Öl hinzufügen. Mit dem Essig beträufeln und noch einmal 2–3 Minuten garen, dann mit dem Thymian bestreuen.

2 Den Teig auf der dünn bemehlten Arbeitsfläche 3–5 mm dick ausrollen. Einen Kreis in Größe der Pfanne ausschneiden, überschüssigen Teig anderweitig verwenden. Den Teigkreis auf die Schalotten legen, die Ränder sorgfältig andrücken.

3 Den Teig mit dem verquirlten Ei bestreichen. Die Tarte für 20–30 Minuten in den Backofen schieben, bis sie goldbraun ist. Aus dem Backofen nehmen, aber vorsichtig, denn der Pfannengriff ist sehr heiß. 2–3 Minuten stehen lassen, dann auf einen Teller stürzen. In Stücke schneiden und mit dem Salat servieren.

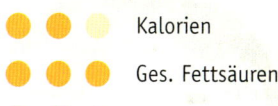

Variante
Hier kann auch glutenfreier Blätterteig (siehe Seite 46–47) verwendet werden.

ZUCCHINI-FETA-FRITTATA MIT MINZE

Diese leichte Frittata eignet sich perfekt für ein Sommerpicknick. Sie kann in Stücke geschnitten kalt serviert werden.

PORTIONEN 4
ZUBEREITUNG 10 Min.
GARZEIT 15 Min.
PLUS RUHEZEIT

RICHTWERTE PRO PORTION

● ● ● Kalorien
● ● ○ Ges. Fettsäuren
● ● ○ Salz

NÄHRWERTE PRO PORTION

Brennwert 326 kcal/1353 kJ

Protein 19 g

Fett 28 g
Ges. Fettsäuren 11 g

Kohlenhydrate 1,5 g
Zucker 1,5 g

Ballaststoffe 0,8 g

Salz 1,4 g

2 EL Olivenöl
250 g Zucchini, in 1 cm große Würfel geschnitten
1 Knoblauchzehe, zerdrückt
6 Eier
1 EL Sahne
25 g Parmesan, gerieben
2 EL gehackte Minzeblätter
Salz und frisch gemahlener schwarzer Pfeffer
100 g Feta, in 1 cm große Würfel geschnitten
1 EL Butter

1 Das Öl in einer 25 cm großen ofenfesten Pfanne erhitzen. Die Zucchini darin bei mittlerer Hitze 3–5 Minuten braten, bis sie braun werden. Den Knoblauch hinzufügen und 1 Minute garen. Den Pfanneninhalt in einer Schüssel beiseitestellen, die Pfanne mit Küchenpapier auswischen. Den Grill auf höchster Stufe vorheizen.

2 Eier, Sahne, Parmesan und Minze verschlagen. Die Mischung großzügig salzen und pfeffern. Zucchini und Feta sorgfältig untermischen.

3 Die Butter bei mittlerer Hitze in der Pfanne zerlassen. Die Eimischung hineingießen und ohne Rühren 5 Minuten garen, bis sie an den Rändern stockt.

4 Die Pfanne unter den Grill stellen und die Frittata weitere 5 Minuten garen, bis sie gestockt und goldbraun ist. 5 Minuten ruhen lassen, dann in Stücke schneiden und servieren.

PAPRIKA-EMPANADAS

Für diesen südamerikanischen Snack eignet sich eine Vielzahl pikanter und süßer Füllungen.

PORTIONEN	5
ZUBEREITUNG	30 Min.
GARZEIT	30 Min.
EINFRIEREN	1 Monat UNGEGART

RICHTWERTE PRO PORTION

 Kalorien
 Ges. Fettsäuren
 Salz

NÄHRWERTE PRO PORTION

Brennwert 424 kcal/1774 kJ

Protein 8 g

Fett 24 g
Ges. Fettsäuren 12 g

Kohlenhydrate 42 g
Zucker 4 g

Ballaststoffe 3 g

Salz 1,2 g

FÜR DIE FÜLLUNG
1 EL Olivenöl
1 große Zwiebel, in Scheiben geschnitten
Salz und schwarzer Pfeffer
1 rote Paprikaschote, geputzt und gehackt
3 rote Jalapeño-Chilischoten, gehackt
2 Knoblauchzehen, fein gehackt
2 EL trockener Sherry
300 g Dosen-Kichererbsen, abgetropft
2 EL fein gehacktes Koriandergrün
2 EL fein gehackte glatte Petersilie

FÜR DEN TEIG
100 g Butter
Saft von 1 Zitrone
225 g glutenfreies Mehl, sowie Mehl zum Bestäuben
1 TL Paprikapulver
Sonnenblumenöl zum Braten

1 Für die Füllung das Öl in einem mittelgroßen Topf erhitzen. Die Zwiebel hineingeben, salzen und pfeffern. Bei schwacher Hitze 2–3 Minuten garen, bis sie weich ist. Paprika-, Chilischoten und Knoblauch hinzufügen und 10 Minuten garen oder bis die Paprika weich wird. Den Sherry dazugießen. Die Hitze erhöhen und alles 2 Minuten garen. Kichererbsen, Koriander und Petersilie sowie Salz und Pfeffer nach Geschmack unterrühren. Alles in eine Küchenmaschine geben und zerkleinern, aber nicht pürieren.

2 Die Butter in einem Topf zerlassen. Zitronensaft und 100 ml Wasser dazugeben. Mehl, 1 Teelöffel Salz und Paprikapulver in einer Schüssel vermischen. Die Buttermischung hinzufügen und rasch einen Teig herstellen. 2 Minuten sanft kneten. Bei Zimmertemperatur 2–3 Minuten ruhen lassen.

3 Den Teig auf der bemehlten Arbeitsfläche etwa 3 mm dick ausrollen. Nötigenfalls noch Mehl hinzufügen. Zehn 10 cm große Kreise ausstechen. Auf eine Hälfte jedes Kreises großzügig Füllung geben. Die Teigränder mit Wasser befeuchten, umklappen und zuammendrücken.

4 In eine kleine tiefe Pfanne 1 cm hoch Sonnenblumenöl geben und bei mittlerer Temperatur erhitzen. Jeweils 3–4 Empanadas darin auf jeder Seite 2–3 Minuten garen, bis sie goldbraun sind. Zum Abtropfen auf einen mit Küchenpapier belegten Teller heben. Heiß oder warm servieren.

SPANAKOPITA (SPINATKUCHEN)

ERGIBT 6 Stücke
ZUBEREITUNG 20 Min.
GARZEIT 1 Std.

Glutenfreien Teig zu dünnem Filo-Teig auszurollen ist daheim schwierig. Der hier verwendete dünne Mürbeteig eignet sich aber ebenso gut und erspart viel Arbeit!

RICHTWERTE PRO PORTION

● ● ○ Kalorien
● ● ● Ges. Fettsäuren
● ● ● Salz

NÄHRWERTE PRO STÜCK

Brennwert 524 kcal/2182 kJ

Protein 20 g

Fett 35 g
Ges. Fettsäuren 13 g

Kohlenhydrate 33 g
Zucker 4 g

Ballaststoffe 6,5 g

Salz 2,9 g

- 1 EL Olivenöl
- ½ Zwiebel, sehr fein gehackt
- Salz und schwarzer Pfeffer
- 1 kg Spinat
- 250 g Feta, zerkrümelt
- 1 Prise frisch geriebene Muskatnuss
- 1 Handvoll Dill, fein gehackt
- 3 Eier, verquirlt
- 400 g glutenfreier Mürbeteig (siehe Seite 44–45)
- glutenfreies Mehl zum Bestäuben
- 1 Ei, verquirlt, zum Bestreichen
- Tomatensalat zum Servieren

1 Den Backofen auf 200 °C vorheizen. Das Öl in einer großen Pfanne erhitzen und die Zwiebel darin 2–3 Minuten garen. Salzen und pfeffern. In einem großen Topf den Spinat in 4 Portionen bei schwacher Hitze 4–5 Minuten garen, bis er zusammenfällt. Herausnehmen und beiseitestellen.

2 In einer Schüssel Feta, Muskatnuss, Dill sowie Pfeffer nach Geschmack vermischen. Die Eier hinzufügen und unterrühren. Den Spinat gut ausdrücken. Mit der Zwiebel zu der Fetamischung geben und untermischen.

3 Den Teig dritteln und die Stücke auf der dünn bemehlten Arbeitsfläche oder zwischen zwei Stücken Frischhaltefolie möglichst dünn ausrollen. Für den Boden einer quadratischen ofenfesten Form mit 20 cm Größe und 4 cm Tiefe eine quadratische Teigplatte zurechtschneiden und diese in die Form legen. Die Ränder begradigen. Etwas Spinatmischung auf dem Boden verteilen und eine zweite Teigplatte darauflegen. Die restliche Mischung verteilen und mit der letzten Teigplatte abschließen. Den Kuchen mit dem Ei bestreichen und für 30–40 Minuten backen, bis er goldbraun ist. 15 Minuten abkühlen lassen, dann in 6 Stücke schneiden und mit dem Tomatensalat servieren.

Varianten
Geröstete Pinienkerne oder 1 Prise Cayennepfeffer zu der Spinatmischung geben. Für eine leichtere Variante die Hälfte des Feta durch Ricotta ersetzen.

PICKNICKPIES MIT RÄUCHERLACHS UND FRISCHKÄSE

Diese niedlichen kleinen Pies, die in einer Muffinform gebacken werden, eignen sich perfekt für ein Picknick.

ERGIBT	12 Pies
ZUBEREITUNG	30 Min.
GARZEIT	40 Min.

Öl zum Einfetten
600 g glutenfreier Mürbeteig (siehe Seite 44–45, die Zutatenmengen um die Hälfte erhöht)
glutenfreies Mehl zum Bestäuben
300 g Rahmfrischkäse
3–4 EL Crème fraîche
300 g Räucherlachs, gehackt (hier können auch Reste verwendet werden)
1 Handvoll Dill, fein gehackt
1–2 EL gehackte grüne Jalapeño-Chilischoten aus dem Glas (nach Belieben)
Salz und schwarzer Pfeffer
1 Ei, verquirlt

RICHTWERTE PRO PORTION

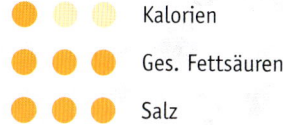

Kalorien
Ges. Fettsäuren
Salz

NÄHRWERTE PRO PIE

Brennwert 392 kcal/1632 kJ

Protein 11 g

Fett 29 g
Ges. Fettsäuren 13 g

Kohlenhydrate 22 g
Zucker 0,5 g

Ballaststoffe 1,5 g

Salz 1,9 g

1 Den Backofen auf 190 °C vorheizen. Eine beschichtete Muffinform mit zwölf 3 cm tiefen Mulden dünn einfetten. Zwei Drittel des Teigs auf der dünn bemehlten Arbeitsfläche 5 mm dick ausrollen. Mit einem 10 cm großen runden Ausstecher 12 Kreise ausstechen und in die Mulden der Muffinform legen. Risse im Teig wieder schließen. Teigreste zusammennehmen und neu ausrollen. Die Muffinform in den Kühlschrank stellen, während die Füllung zubereitet wird.

2 In einer Schüssel Rahmfrischkäse, Crème fraîche, Räucherlachs, Dill und Chilischoten (sofern gewünscht) vermischen und großzügig salzen und pfeffern.

3 Den restlichen Teig wie oben ausrollen und mit einem 7,5 cm großen Ausstecher Teigdeckel ausstechen. Die Muffinform aus dem Kühlschrank nehmen und die Füllung auf die Mulden verteilen. Die Teigränder anfeuchten. Die Deckel daraufsetzen und andrücken. In jede Pie ein Abzugsloch für Dampf stechen. Die Pies mit dem Ei bestreichen und für 30–40 Minuten in den Backofen schieben, bis sie goldbraun sind. Herausnehmen und auskühlen lassen, dann auf einem Teller anrichten.

HÄHNCHEN-KRÄUTER-PASTETEN

Die Pasteten eignen sich großartig zum Verwerten von übrig gebliebenem Brathähnchen oder Schinkenresten.

PORTIONEN 4
ZUBEREITUNG 20 Min.
PLUS KÜHLZEIT
GARZEIT 40–45 Min.
EINFRIEREN 1 Monat

RICHTWERTE PRO PORTION

● ● ● Kalorien
● ● ● Ges. Fettsäuren
● ● ● Salz

NÄHRWERTE PRO PORTION

Brennwert 703 kcal/2942 kJ
Protein 43 g
Fett 39 g
Ges. Fettsäuren 19 g
Kohlenhydrate 46 g
Zucker 9 g
Ballaststoffe 4 g
Salz 2,3 g

150 g tiefgefrorene Dicke Bohnen oder 1 Dose Mais (400 g), abgetropft
50 g Butter
1 Zwiebel, fein gehackt
Salz und schwarzer Pfeffer
50 g glutenfreies Mehl, sowie Mehl zum Bestäuben
450 ml Milch
1 TL Dijonsenf
300 g gegartes Hähnchenfleisch, in mundgerechte Stücke geschnitten
150 g glutenfreier Kochschinken, gewürfelt
3 EL fein gehackte glatte oder krause Petersilie
1 EL fein gehackte Majoranblätter (nach Belieben)
300 g glutenfreier Blätterteig oder Mürbeteig (siehe Seite 44–47)
1 Ei, verquirlt
gegarte Kartoffeln und Möhren zum Servieren

1 Den Backofen auf 200 °C vorheizen. Die Dicken Bohnen in eine Schüssel geben und mit kochendem Wasser übergießen. Nach 5–8 Minuten abtropfen lassen und beiseitestellen.

2 Die Butter in einem Topf bei schwacher Hitze zerlassen. Die Zwiebel hineingeben, salzen und pfeffern und 5–7 Minuten garen, bis sie glasig ist. Von der Kochstelle nehmen und das Mehl unterrühren, dann etwas Milch. Den Topf wieder bei schwacher Hitze auf den Herd setzen. Langsam die übrige Milch hineingeben, dabei mit einem Schneebesen schlagen, damit eine klumpenfreie Sauce entsteht. Die Sauce zum Kochen bringen, dann die Hitze so weit reduzieren, dass sie noch köchelt. 2–3 Minuten garen, von der Kochstelle nehmen und Senf, Hähnchenfleisch, Schinken, Kräuter und Bohnen unterrühren. Die Mischung salzen und pfeffern und beiseitestellen.

3 Den Teig auf der dünn bemehlten Arbeitsfläche ausrollen. Für vier 300 ml fassende ofenfeste Förmchen Deckel ausschneiden. Die Fleischmischung in die Förmchen geben. Die Ränder der Förmchen befeuchten und die Deckel daraufdrücken. In die Mitte jeweils ein Loch stechen. Die Pasteten mit der Hälfte des Eis bestreichen und 20 Minuten kalt stellen. Mit dem restlichen Ei bestreichen und 25–30 Minuten backen, bis sie goldbraun sind. Mit Kartoffeln und Möhren servieren.

SÜSSE TARTES UND PIES

ZITRONENTARTE

ERGIBT 8 Stücke
ZUBEREITUNG 30 Min.
BACKZEIT 1 Std. 10 Min.

Achten Sie darauf, dass sich keine Löcher im Teig befinden, sonst läuft vielleicht die ganze köstliche Füllung aus.

RICHTWERTE PRO PORTION

● ● ● Kalorien
● ● ● Ges. Fettsäuren
● ● ○ Salz

NÄHRWERTE PRO STÜCK

Brennwerte 535 kcal/2232 kJ

Protein 8 g

Fett 35 g
Ges. Fettsäuren 16 g

Kohlenhydrate 47 g
Zucker 26 g

Ballaststoffe 1,5 g

Salz 0,7 g

400 g glutenfreier Mürbeteig (siehe Seite 44–45)
glutenfreies Mehl zum Bestäuben
Puderzucker zum Bestäuben

FÜR DIE FÜLLUNG
5 Eier
200 g Zucker
250 g Sahne
125 ml Zitronensaft und die abgeriebene Schale von 4 Bio-Zitronen

1 Den Backofen auf 200 °C vorheizen. Den Teig auf der dünn bemehlten Arbeitsfläche 5 mm dick ausrollen und in eine 20 cm große runde Tarteform mit herausnehmbarem Boden legen. Überstehende Ränder begradigen. Den Boden mit einer Gabel einstechen, mit Backpapier belegen und Backbohnen darauf verteilen. 15 Minuten backen, dann Papier und Bohnen entfernen. Den Boden noch einmal 5 Minuten backen, damit er knusprig wird. Zum Abkühlen beiseitestellen.

2 In der Zwischenzeit für die Füllung die Eier in eine Schüssel geben und behutsam verschlagen. Den Zucker gut untermischen, dann Sahne und Zitronensaft unterrühren. Die Mischung durch ein Nylonsieb streichen. Die Zitronenschale unterrühren. Die Ofentemperatur auf 150 °C reduzieren.

3 Die Tarteform auf ein Backblech stellen und vorsichtig die Zitronenmischung hineingießen. Die Form kann vorher schon halb in den Backofen geschoben werden, damit nichts verschüttet wird. Den Kuchen 50 Minuten backen, bis die Füllung gerade fest wird. Herausnehmen und vollständig auskühlen lassen. Zum Servieren mit Puderzucker bestäuben.

Variante
Orangentarte: Statt Zitrone die abgeriebene Schale von 2 Bio-Orangen und 125 ml Orangensaft verwenden. Die fertige Tarte mit Kakaopulver bestäuben.

ERDBEERTÖRTCHEN

Bei diesem Rezept können auch beliebige andere Früchte der Saison auf die Crème pâtissière gesetzt werden.

ERGIBT	6 Törtchen
ZUBEREITUNG	35 Min. PLUS KÜHLZEIT
BACKZEIT	20–25 Min.

225 g glutenfreies Mehl, sowie Mehl zum Bestäuben
1 TL Xanthan
2 EL Puderzucker
1 Prise Salz
100 g Butter, gewürfelt
abgeriebene Schale und Saft von 1 Bio-Zitrone
1 Ei, verquirlt, sowie 3 Eigelb
60 g Zucker
20 g Maisstärke
300 ml Milch
150 g Sahne
½ Päckchen Vanillezucker
400 g reife Erdbeeren, geputzt und halbiert oder in Scheiben geschnitten

NÄHRWERTE PRO PORTION

● ● ● Kalorien
● ● ● Ges. Fettsäuren
● ● ○ Salz

NÄHRWERTE PRO TÖRTCHEN

Brennwert 542 kcal/2255 kJ

Protein 7 g

Fett 34 g
Ges. Fettsäuren 19 g

Kohlenhydrate 52 g
Zucker 22 g

Ballaststoffe 1 g

Salz 1 g

1 Die ersten 5 Zutaten und die Zitronenschale in einer Küchenmaschine vermischen, bis die Mischung Semmelbröseln ähnelt. Das verquirlte Ei und 3 Esslöffel Zitronensaft unterrühren, bis eine Teigkugel entsteht. Den Teig auf der bemehlten Arbeitsfläche etwas kneten, dann in Frischhaltefolie wickeln und für 10 Minuten in den Kühlschrank legen.

2 Den Backofen auf 200 °C vorheizen. Den Teig in 4 Stücke schneiden. Diese 5 mm dick ausrollen und in vier 12 cm große Tortelettförmchen mit herausnehmbarem Boden legen. Teigreste wieder ausrollen und weitere zwei Förmchen auskleiden. Die Böden mit einer Gabel einstechen, mit Backpapier belegen und Backbohnen darauf verteilen. 15 Minuten backen, Papier und Bohnen entfernen. Die Böden noch einmal 5 Minuten backen.

3 Für die Creme Eigelbe, Zucker, Maisstärke und etwas Milch zu einer glatten Paste verrühren. Die restliche Milch in einem kleinen Topf gerade zum Kochen bringen und unter die Maisstärkemischung rühren. Die Mischung in den abgewaschenen Topf gießen. Unter ständigem Rühren zum Kochen bringen und 1 Minute köcheln lassen. Zum Abkühlen in eine Schüssel füllen und feuchtes Backpapier direkt darauflegen, damit sich keine Haut bildet. Die Sahne schlagen, bis weiche Spitzen entstehen. Mit dem Vanillezucker unter die abgekühlte Creme rühren. Zum Servieren auf die Teigböden schöpfen und die Erdbeeren darauf verteilen.

APRIKOSEN-MANDEL-TARTE

Ein beeindruckendes Dessert aus knusprigem Teig, einer süßen Mandelpaste und einem Aprikosenbelag.

ERGIBT 10 Stücke
ZUBEREITUNG 20 Min.
BACKZEIT 45–55 Min.

RICHTWERTE PRO PORTION

 Kalorien
 Ges. Fettsäuren
Salz

NÄHRWERTE PRO STÜCK

Brennwert 499 kcal/2079 kJ

Protein 7,5 g

Fett 37,4 g
Ges. Fettsäuren 14 g

Kohlenhydrate 33 g
Zucker 25 g

Ballaststoffe 1 g

Salz 0,6 g

250 g glutenfreier Mürbeteig (siehe Seite 44–45)
glutenfreies Mehl zum Bestäuben

FÜR DIE FÜLLUNG
200 g Butter
200 g Zucker
1 Päckchen Vanillezucker
5 Eigelb
200 g gemahlene Mandeln
8 reife Aprikosen
Crème fraîche zum Servieren

1 Den Backofen auf 200 °C vorheizen. Den Teig auf der dünn bemehlten Arbeitsfläche etwa 3 mm dick zu einem 35 cm großen Kreis ausrollen. In eine 25 cm große runde Tarteform mit herausnehmbarem Boden legen und andrücken. Eventuell entstandene Risse verschließen. Überstehende Teigränder abschneiden. Den Boden mit einer Gabel einstechen, mit Backpapier und Backbohnen belegen. 15 Minuten backen, bis die Ränder goldbraun werden. Herausnehmen, Papier und Bohnen entfernen. Den Boden weitere 5 Minuten backen. Herausnehmen und beiseitestellen.

2 Die Backofentemperatur auf 180 °C reduzieren. Für die Füllung die Butter mit dem elektrischen Handrührgerät in einer großen Schüssel 2 Minuten schlagen. Den Zucker und Vanillezucker dazugeben und weiterschlagen, bis die Masse hell und schaumig ist. Nun die Eigelbe nacheinander behutsam unterschlagen. Vorsichtig die Mandeln unterrühren.

3 Die Füllung in die Tarteform gießen. Die Aprikosen kurz mit kochendem Wasser überbrühen, abschrecken, die Haut abziehen, Früchte halbieren und entsteinen. Mit den Schnittflächen nach unten in die Füllung drücken. 25–35 Minuten backen, bis die Masse fest und goldbraun ist. Die Tarte abkühlen lassen und servieren, dazu die Crème fraîche reichen.

 **Varianten**
Andere Saisonfrüchte wie Pfirsiche, Brombeeren oder entsteinte Kirschen verwenden oder auf dem Boden zuerst Erdbeer- oder Himbeerkonfitüre verteilen.

BIRNEN-PFLAUMEN-GALETTES

Für dieses leckere Blätterteiggebäck eignen sich alle Saisonfrüchte, besonders gut schmecken auch Aprikosen.

ERGIBT 8 Galettes
ZUBEREITUNG 30 Min.
BACKZEIT 25–30 Min.

RICHTWERTE PRO PORTION

● ● ● Kalorien
● ● ○ Ges. Fettsäuren
● ○ ○ Salz

NÄHRWERTE PRO GALETTE

Brennwert 225 kcal/945 kJ

Protein 3,5 g

Fett 12 g
Ges. Fettsäuren 4,5 g

Kohlenhydrate 26 g
Zucker 14 g

Ballaststoffe 0,8 g

Salz 0,3 g

---

125 g glutenfreies Marzipan
1 Birne
2 EL Zitronensaft
400 g glutenfreier Blätterteig
 (siehe Seite 46–47)
glutenfreies Mehl zum Bestäuben
2 Pflaumen, entsteint und geviertelt
Zucker zum Bestreuen
15 g Mandelblättchen
Milch zum Bestreichen

1 Für die Füllung das Marzipan grob reiben. Die Birne schälen, vierteln und nach Entfernen des Kerngehäuses in dünne Scheiben schneiden. Die Scheiben in etwas Zitronensaft wenden.

2 Den Backofen auf 220 °C vorheizen. Den Teig auf der dünn bemehlten Arbeitsfläche 5 mm dick zu einem etwa 30 × 35 cm großen Rechteck ausrollen. Die Ränder begradigen. Aus der Teigplatte 8 Rechtecke gleicher Größe schneiden. Die Rechtecke mit großzügigem Abstand auf ein Backblech legen.

3 Auf jedes Teigrechteck etwas Marzipan streuen, dabei rundum einen 1 cm breiten Rand lassen. Auf die eine Hälfte Birnenscheiben legen, auf die andere Hälfte Pflaumenviertel setzen. Den restlichen Zitronensaft daraufstreichen, dann Zucker und Mandelblättchen darüberstreuen. Die Teigränder mit Milch bestreichen. Die Galettes 25–30 Minuten backen, bis der Teig an den Rändern goldbraun und aufgegangen ist.

EINE BIRNE AUSWÄHLEN
Für dieses Rezept verwendet man am besten eine süße Dessertbirne, man sollte aber ein noch nicht ganz reifes Exemplar auswählen, da es sich zum Backen besser eignet.

SCHOKO-MOKKA-TARTE

Schokoladentorte für Erwachsene! Hier wird mit Kaffee aromatisierte Schokolade verwendet, man kann aber auch andere Aromarichtungen oder Nussschokolade nehmen.

ERGIBT	8 Stücke
ZUBEREITUNG	20 Min.
BACKZEIT	40 Min.

RICHTWERTE PRO PORTION

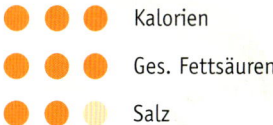

● ● ● Kalorien
● ● ● Ges. Fettsäuren
● ● ○ Salz

NÄHRWERTE PRO STÜCK

Brennwert 516 kcal/2152 kJ

Protein 7 g

Fett 34 g
Ges. Fettsäuren 16 g

Kohlenhydrate 46 g
Zucker 24 g

Ballaststoffe 2 g

Salz 0,8 g

---

400 g glutenfreier Mürbeteig (siehe Seite 44–45)
glutenfreies Mehl zum Bestäuben
Puderzucker oder Kakaopulver zum Bestäuben
Crème fraîche zum Servieren

FÜR DIE FÜLLUNG
100 g dunkle Schokolade (mindestens 70 % Kakaoanteil), in Stücke gebrochen
100 g mit Kaffee aromatisierte Schokolade (mindestens 70 % Kakaoanteil), in Stücke gleicher Größe gebrochen
100 g Butter
3 Eier
75 g Zucker

1 Den Backofen auf 200 °C vorheizen. Den Teig auf der dünn bemehlten Arbeitsfläche 5 mm dick ausrollen und in eine etwa 12 × 35 cm große rechteckige Tarteform mit herausnehmbarem Boden legen. Risse gegebenenfalls schließen, überschüssigen Teig abschneiden. Den Boden mit einer Gabel einstechen, mit Backpapier belegen und mit Backbohnen beschweren. 15 Minuten backen, dann Papier und Bohnen entfernen. Den Boden noch einmal 5 Minuten in den Backofen schieben, damit er knusprig wird. Herausnehmen und die Backofentemperatur auf 170 °C reduzieren.

2 Für die Füllung Schokolade und Butter in eine hitzebeständige Schüssel geben und über köchelndem Wasser unter gelegentlichem Rühren schmelzen lassen. Herunternehmen und abkühlen lassen. Eier und Zucker mit dem elektrischen Handrührgerät in einer Schüssel 5 Minuten schlagen, bis die Masse schaumig ist.

3 Die erkaltete Schokoladenmischung in die Eimasse rühren. Die Mischung in die Tarteform gießen und 15–20 Minuten backen, bis sich eine Kruste zu bilden beginnt, die Masse sollte aber noch etwas wackeln. Die Tarte herausnehmen und auskühlen lassen, dann erst aus der Form nehmen. Mit Puderzucker oder Kakaopulver bestäuben, in Stücke schneiden und mit Crème fraîche servieren.

BANANEN-TOFFEE-KUCHEN

Diese leckere Variante eines modernen Klassikers ist großartig für eine Party geeignet.

ERGIBT 8 Stücke
ZUBEREITUNG 20 Min.
PLUS KÜHLZEIT
BACKZEIT 5 Min.

RICHTWERTE PRO PORTION

● ● ●   Kalorien
● ● ●   Ges. Fettsäuren
● ● ○   Salz

NÄHRWERTE PRO STÜCK

Brennwert 665 kcal/2785 kJ
Protein 7 g
Fett 44 g
Ges. Fettsäuren 27 g
Kohlenhydrate 60 g
Zucker 44 g
Ballaststoffe 0,6 g
Salz 0,7 g

250 g glutenfreie Weizenvollkorn-Kekse
100 g Butter, zerlassen und abgekühlt

FÜR DAS TOFFEE
50 g Butter
50 g Roh-Rohrzucker
400 g Kondensmilch

FÜR DEN BELAG
2 große reife Bananen, schräg in 5 mm dicke Scheiben geschnitten
250 g Sahne
etwas dunkle Schokolade

1 Eine 22 cm große runde Springform mit Backpapier auslegen. Die Kekse in einen Folienbeutel geben und mit einem Nudelholz zerdrücken. Mit der Butter vermischen, in die Form füllen und andrücken. Abgedeckt kalt stellen.

2 Für das Toffee Butter und Zucker bei mittlerer Hitze in einen kleinen schweren Topf geben und rühren, bis sich der Zucker aufgelöst hat. Die Kondensmilch hinzufügen und zum Kochen bringen. Die Hitze reduzieren und die Mischung 2–3 Minuten köcheln lassen, bis sie hell karamellfarben ist. In die Form auf den Keksboden gießen und fest werden lassen.

3 Den Kuchen vorsichtig aus der Form nehmen und auf einen Servierteller heben. Die Bananenscheiben auf den Karamell legen.

4 Die Sahne schlagen und auf die Bananen streichen. Die Schokolade mit einem Gemüseschäler hobeln und auf dem Kuchen verteilen.

Tipp
In einem luftdichten Behälter hält sich der Kuchen im Kühlschrank zwei Tage, eingefroren bis zu acht Wochen.

SÜSSE TARTES UND PIES

BROMBEER-APFEL-PIE

*Eine klassische Pie mit Spätsommerfrüchten.
Für Kinder lässt man die Gewürze weg.*

ERGIBT 6 Stücke
ZUBEREITUNG 15 Min.
PLUS KÜHLZEIT
BACKZEIT 1 Std.
EINFRIEREN 3 Monate

RICHTWERTE PRO PORTION

● ● ● Kalorien
● ● ○ Ges. Fettsäuren
● ○ ○ Salz

NÄHRWERTE PRO STÜCK

Brennwert 323 kcal/1362 kJ

Protein 4,5 g

Fett 13 g
Ges. Fettsäuren 4 g

Kohlenhydrate 47 g
Zucker 30 g

Ballaststoffe 5 g

Salz 0,5 g

SUPER FÜR KIDS

450 g glutenfreier Mürbeteig
  (siehe Seite 44–45)
glutenfreies Mehl zum Bestäuben
1 Ei, verquirlt
1 EL Zucker

FÜR DIE FÜLLUNG
3 Kochäpfel, geschält und nach Entfernen
  des Kerngehäuses in Scheiben
  geschnitten
1 Sternanis
1 Vanilleschote, längs halbiert
1 Prise frisch geriebene Muskatnuss
100 g Demerarazucker
250 g Brombeeren
abgeriebene Schale von ½ Bio-Zitrone
  oder ½ Bio-Orange

1 Ein Drittel des Teigs für den Deckel beiseitestellen. Den Rest auf der dünn bemehlten Arbeitsfläche zu einem Kreis in ausreichender Größe für eine 18 cm große runde Pieform ausrollen und hineinlegen. Kalt stellen.

2 Die Äpfel mit 6 Esslöffeln kaltem Wasser, Sternanis, Vanilleschote, Muskatnuss und der Hälfte des Zuckers in einen Topf geben und bei schwacher Hitze 10–15 Minuten garen, bis sie weich werden. Vom Herd nehmen und 20 Minuten stehen lassen, damit die Aromen verschmelzen können.

3 Den Teigboden mit dem restlichen Zucker bestreuen. Die Äpfel ohne Vanilleschote und Sternanis aus der Flüssigkeit heben und auf dem Boden arrangieren. Brombeeren und Zitronen- oder Orangenschale hinzufügen.

4 Die Teigränder mit Wasser benetzen. Den Deckel ausrollen, auf die Pie setzen und andrücken. Ränder begradigen und den Deckel mehrmals einritzen. Die Pie mit der Hälfte des Eis bestreichen und 20 Minuten kalt stellen.

5 Den Backofen auf 200 °C vorheizen. Die Pie mit dem übrigen Ei bestreichen und mit dem Zucker bestreuen. 40–50 Minuten backen, bis sie goldbraun ist. Wenn sie zu rasch bräunt, Alufolie darüberlegen. Herausnehmen und etwas abkühlen lassen. Lauwarm servieren.

DESSERTS, KUCHEN UND ANDERE SÜSSE VERSUCHUNGEN

APFELKÜCHLEIN MIT SAUCE

Vanillesauce ist leichter zuzubereiten, als Sie vielleicht glauben, und der perfekte Partner für Apfelküchlein.

PORTIONEN 4
ZUBEREITUNG 20 Min.
BACKZEIT 50–60 Min.

RICHTWERTE PRO PORTION

 Kalorien
 Ges. Fettsäuren
 Salz

NÄHRWERTE PRO PORTION

Brennwert 441 kcal/1851 kJ

Protein 8 g

Fett 14 g
Ges. Fettsäuren 4 g

Kohlenhydrate 68 g
Zucker 38 g

Ballaststoffe 4 g

Salz 0,15 g

---

4 Tafeläpfel, nach Ausstechen des Kerngehäuses in jeweils 4–5 Ringe geschnitten
Pflanzenöl zum Braten

FÜR DIE VANILLESAUCE
200 ml Milch oder halb Milch und halb Sahne
1 Vanilleschote, längs halbiert
3 Eigelb
1 EL Zucker

FÜR DEN TEIG
150 g Reismehl
1 EL Maisstärke
1 Prise gemahlener Zimt, sowie zusätzlich Zimt zum Bestreuen
60 g Zucker, sowie zusätzlich Zucker zum Bestreuen
150 ml Milch, nötigenfalls mehr

1 Für die Sauce die Milch in einen Topf gießen. Die Vanilleschote hinzufügen und 20 Minuten ziehen lassen. In einer großen Schüssel Eigelbe und Zucker verschlagen. Die Milch mit der Vanilleschote behutsam fast zum Kochen bringen. Von der Kochstelle nehmen und die Vanilleschote entfernen. Die Milch unter die Eimischung schlagen. Die Mischung wieder in den Topf geben und bei schwacher Hitze unter ständigem Rühren 10–20 Minuten garen, bis sie dick wird und den Rücken eines Holzlöffels überzieht. Nicht kochen lassen, weil sie sonst klumpig wird. Nötigenfalls durch ein Metallsieb streichen. Beiseitestellen.

2 Die trockenen Zutaten für den Teig in eine Schüssel geben und so viel Milch unterschlagen, bis der Teig die Konsistenz sehr dicker Sahne hat. Möglicherweise ist nicht die gesamte Milch erforderlich.

3 Das Öl in einem großen Topf oder einer Fritteuse auf 190 °C erhitzen und auf dieser Temperatur halten. Topf oder Fritteuse stets im Auge behalten und ein feuchtes Tuch bereitlegen, falls das Öl Feuer fängt. Die Apfelscheiben in den Teig tauchen, um sie zu überziehen, und portionsweise 2–3 Minuten frittieren, bis sie goldbraun sind. Auf Küchenpapier legen. Fertige Küchlein warm stellen, während die übrigen zubereitet werden. Die Küchlein mit Zucker und Zimt bestreuen. Die Vanillesauce behutsam wieder erhitzen und mit den Apfelküchlein servieren.

FRÜCHTECRUMBLE

Ein echtes Familiendessert. Die Früchte kann man saisonabhängig variieren, ebenso die Zutaten für den Belag.

PORTIONEN	6
ZUBEREITUNG	20 Min.
BACKZEIT	35 Min.
EINFRIEREN	3 Monate

400 g Rhabarber, geschält und in 5 cm große Stücke geschnitten
abgeriebene Schale von 1 Bio-Orange und Saft von 2 Orangen
400 g Erdbeeren, geviertelt
125 g kalte Butter, gewürfelt
200 g glutenfreies Mehl
125 g Demerarazucker
1 Handvoll Mandelblättchen
glutenfreie Vanillesauce (siehe links) zum Servieren

RICHTWERTE PRO PORTION

●●● Kalorien
●●● Ges. Fettsäuren
●○○ Salz

NÄHRWERTE PRO PORTION

Brennwert 404 kcal/1696 kJ

Protein 5,5 g

Fett 20 g
Ges. Fettsäuren 11 g

Kohlenhydrate 51 g
Zucker 28 g

Ballaststoffe 3,5 g

Salz 0,3 g

1 Den Backofen auf 180 °C vorheizen. Den Rhabarber mit Orangenschale und Orangensaft in einen flachen Topf geben und 8–10 Minuten köcheln lassen, bis er weich wird. Nötigenfalls etwas Wasser hinzufügen. In eine flache ofenfeste Form geben und die Erdbeeren untermischen.

2 In einer Schüssel die Butter mit den Fingern in das Mehl einarbeiten, bis Krümel entstehen. Den Zucker untermischen. Die Streusel auf den Früchten verteilen und die Mandelblättchen darüberstreuen. Das Crumble für 25 Minuten in den Backofen schieben, bis es goldbraun ist. Mit Vanillesauce servieren.

Varianten

Apfel und Cranberry: 2 große Kochäpfel schälen, entkernen und in Scheiben schneiden. 4–5 Minuten mit dem Saft von ½ Zitrone, 3 Esslöffeln Wasser und 3 Esslöffeln braunem Zucker gerade weich köcheln lassen. In eine ofenfeste Form geben und mit 200 g frischen oder 100 g getrockneten Cranberrys bestreuen. 3 Esslöffel braunen Zucker und 1 Prise Zimt darübergeben, dann die Streusel. Das Crumble wie oben backen.

Birne und Brombeere: 3 süße Birnen schälen, entkernen und in Scheiben schneiden. 3–5 Minuten mit dem Saft von ½ Zitrone, 2 Esslöffeln Wasser und einer längs aufgeschlitzten ½ Vanilleschote weich garen. Mit 300 g Brombeeren und 1–2 Esslöffeln Demerarazucker in eine ofenfeste Form geben und alles vermischen. Mit den Streuseln bestreuen. Das Crumble wie oben backen.

Mandelbelag: Das Mehl durch 100 g Reismehl und 150 g gemahlene Mandeln ersetzen und wie oben fortfahren. Großartig zu Birnen und Brombeeren.

SUPER FÜR KIDS

HIMBEERTRIFLE MIT WEISSER SCHOKOLADE

Säuerliche Himbeeren bilden hier einen schönen Kontrast zu süßer weißer Schokolade und etwas Cassis macht dieses Trifle zu einem Dessert für besondere Gelegenheiten.

PORTIONEN 6
ZUBEREITUNG 20 Min.
PLUS KÜHLZEIT

RICHTWERTE PRO PORTION

●●● Kalorien
●●● Ges. Fettsäuren
●○○ Salz

NÄHRWERTE PRO PORTION

Brennwert 644 kcal/2676 kJ
Protein 8 g
Fett 50 g
Ges. Fettsäuren 25 g
Kohlenhydrate 39 g
Zucker 33 g
Ballaststoffe 2 g
Salz 0,4 g

200 g weiße Schokolade, in Stücke gleicher Größe gebrochen, sowie etwas zusätzliche Schokolade, gerieben
175 g glutenfreier Rührkuchen (siehe Seite 40–41) oder Amaretti, zerkrümelt
Saft von 1–2 Orangen
2 EL Cassis (nach Belieben)
300 g Sahne, geschlagen, oder Mascarpone
300 g Himbeeren
50 g Mandelblättchen, leicht geröstet

1 Die Schokolade in eine hitzebeständige Schüssel geben und auf einem Topf über köchelndem Wasser unter gelegentlichem Rühren schmelzen lassen. Vom Topf herunternehmen und etwas abkühlen lassen.

2 Kuchen- oder Amarettikrümel auf den Boden einer Glasschüssel geben. Gerade so viel Orangensaft darübergeben, dass die Krümel befeuchtet werden, dann, sofern gewünscht, die Hälfte des Cassis. Beiseitestellen.

3 Die zerlassene Schokolade mit der Hälfte von Sahne oder Mascarpone sorgfältig verrühren. Den restlichen Cassis mit den Himbeeren vermischen. Einige Himbeeren als Dekoration zurückstellen. Die Hälfte der Schoko-Sahne-Mischung in die Schüssel füllen, dann die Hälfte der Himbeeren. Den letzten Arbeitsschritt noch einmal wiederholen. Zum Schluss die restliche Sahne daraufgeben und die zurückgestellten Himbeeren daraufsetzen. Mandelblättchen und geriebene Schokolade darüberstreuen. Das Trifle vor dem Servieren kalt stellen.

Varianten
Als Grundlage eignen sich hier viele Zutaten wie etwa glutenfreie Brownies oder Früchtekuchen. Für ein Winterdessert kann man gedünstete Früchte verwenden.

SCHOKOLADENPUDDING

Ein altmodischer Pudding, der durch die Verwendung von dunkler Schokolade eine herbe Note erhält, aber für zarte Kinderzungen abgewandelt werden kann.

PORTIONEN 6
ZUBEREITUNG 25 Min.
GARZEIT 25 Min.

RICHTWERTE PRO PORTION

●●● Kalorien
●●● Ges. Fettsäuren
●●○ Salz

NÄHRWERTE PRO PORTION

Brennwert 326 kcal/1370 kJ
Protein 7 g
Fett 13 g
Ges. Fettsäuren 7 g
Kohlenhydrate 45 g
Zucker 30 g
Ballaststoffe 0,6 g
Salz 0,6 g

1 l Milch
100 g Tapiokastärke
1–2 TL dunkles Kakaopulver
2 Eigelb
125 g Zucker
1 Prise Salz
1 Prise frisch geriebene Muskatnuss
2–3 EL Crème fraîche oder Sahne zum Servieren (nach Belieben)
25 g dunkle Schokolade, gerieben, zum Bestreuen

1 Milch, Tapiokastärke und Kakaopulver in einen Topf geben und verrühren. Die Mischung bei schwacher Hitze langsam erwärmen. In einer Schüssel Eigelbe, Zucker und Salz vermischen. Etwas von der erwärmten Milchmischung unterrühren, dann den Schüsselinhalt in den Topf gießen.

2 Den Topfinhalt unter ständigem Rühren zum Kochen bringen. Auf mittelschwache Hitze reduzieren. Die Mischung unter häufigem Rühren 20 Minuten köcheln lassen, bis die Tapiokastärke gegart ist. Wenn sie zu dick wird, noch etwas Milch hinzufügen. Die Muskatnuss dazugeben. Den Pudding warm oder kalt mit einem Klecks Crème fraîche oder Sahne (sofern gewünscht) und Schokolade bestreut servieren.

Tipp
Kinder lieben diesen Pudding, bevorzugen aber möglicherweise den süßeren Geschmack von Trinkschokoladenpulver und geriebener Milchschokolade.

SCHOKOTÖRTCHEN

Die Törtchen, die außen fest, innen aber noch flüssig sind, lassen sich viel leichter zubereiten, als Sie vielleicht glauben. Sie dürfen nur nicht zu lange gebacken werden.

ERGIBT	6 Törtchen
ZUBEREITUNG	20 Min.
BACKZEIT	10 Min.
EINFRIEREN	3 Monate UNGEGART

140 g Butter, sowie Butter zum Einfetten
Kakaopulver zum Bestäuben
140 g dunkle Schokolade (mindestens 70 % Kakaoanteil)
4 Eier und 3 Eigelb
85 g Zucker
3 EL glutenfreies Mehl
Sahne zum Servieren

RICHTWERTE PRO PORTION

● ● ● Kalorien
● ● ● Ges. Fettsäuren
● ● ○ Salz

NÄHRWERTE PRO TÖRTCHEN

Brennwert 471 kcal/1962 kJ
Protein 8 g
Fett 34 g
Ges. Fettsäuren 18 g
Kohlenhydrate 33 g
Zucker 28 g
Ballaststoffe 1 g
Salz 0,6 g

1 Den Backofen auf 200 °C vorheizen. Sechs 175 ml fassende ofenfeste Förmchen gut einfetten und innen mit Kakaopulver bestäuben. Butter und Schokolade in einer großen hitzebeständigen Schüssel auf einem Topf mit köchelndem Wasser schmelzen lassen. Von der Kochstelle nehmen.

2 Mit dem elektrischen Handrührgerät Eier, Eigelbe und Zucker schaumig schlagen. Es sollte beim Herausziehen der Rührbesen ein Abdruck bleiben.

3 Die Eimasse zu der geschmolzenen Schokolade geben und das Mehl darübersieben. Mit einem großen Metalllöffel behutsam unterheben. Die Masse auf die Förmchen verteilen und bis zur Verwendung kalt stellen.

4 Die Förmchen auf ein Backblech stellen und für 10 Minuten in den Backofen schieben. Die Törtchen herausnehmen und 1 Minute ruhen lassen. Mit einem Messer um den Rand der Förmchen fahren und die Törtchen auf einen Teller stürzen. Mit Sahne servieren.

Tipp

Die Törtchen drei Tage im Voraus zubereiten, einfach mit Frischhaltefolie abdecken und bis zum Backen in den Kühlschrank stellen. Man kann sie auch einfrieren und noch gefroren in den Backofen schieben. Die Backzeit verlängert sich dann um 4 Minuten.

SCHOKOLADENKUCHEN

Dieser federleichte Kuchen mit seinem köstlichen Schokoladenüberzug ist ein echter Leckerbissen.

ERGIBT 12 Stücke
ZUBEREITUNG 25–30 Min.
BACKZEIT 25–30 Min.

RICHTWERTE PRO PORTION

● ● ● Kalorien
● ● ● Ges. Fettsäuren
● ● ○ Salz

NÄHRWERTE PRO STÜCK

Brennwert 565 kcal/2359 kJ

Protein 6 g

Fett 37 g
Ges. Fettsäuren 21 g

Kohlenhydrate 52 g
Zucker 46 g

Ballaststoffe 2 g

Salz 0,8 g

SUPER FÜR KIDS

Butter zum Einfetten
200 g dunkle Schokolade, in Stücke gebrochen
310 g weiche Butter
225 g heller Muscovadozucker
100 g glutenfreies Mehl
4 g glutenfreies Backpulver
½ TL glutenfreies Natron
60 g Kakaopulver
60 g gemahlene Mandeln
4 EL Milch
3 Eier, getrennt
120 g Sahne
200 g Puderzucker, gesiebt

1 Den Backofen auf 180 °C vorheizen. Zwei 20 cm große runde Backformen einfetten und mit Backpapier auslegen. 60 g Schokolade in einer hitzebeständigen Schüssel auf einem Topf mit köchelndem Wasser schmelzen lassen. Beiseitestellen, damit sie etwas abkühlt.

2 In einer großen Schüssel 225 g Butter und Zucker mit dem elektrischen Handrührgerät schaumig schlagen. Mehl, Backpulver, Natron und Kakaopulver hineinsieben und behutsam, aber sorgfältig unterheben. Mandeln, Milch und geschmolzene Schokolade dazugeben und ebenfalls vorsichtig unterheben. Die Eiweiße in einer sauberen Schüssel schlagen, bis sich steife Spitzen bilden. Einen großen Löffel geschlagenes Eiweiß in die Schokoladenmischung rühren, den Rest behutsam unterheben.

3 Die Masse auf die beiden Formen verteilen und auf mittlerer Schiene 25–30 Minuten backen, bis die Kuchen bei leichtem Druck auf die Mitte wieder zurückfedern. In den Formen auf ein Kuchengitter stellen, mit einem feuchten Küchenhandtuch abdecken und auskühlen lassen.

4 Für den Überzug restliche Schokolade mit der Sahne in einer Schüssel vermischen. Auf einem Topf mit köchelndem Wasser unter gelegentlichem Rühren schmelzen lassen. Herunternehmen und abkühlen lassen. In einer Schüssel übrige Butter und den Puderzucker schaumig schlagen, dann die Schokoladenmischung sorgfältig unterschlagen. Die Kuchen aus den Formen nehmen, auf einem Drittel des Überzugs verteilen. Den anderen Kuchen daraufsetzen. Den restlichen Überzug auf dem Kuchen verteilen.

SCHOKOLADEN-KÄSEKUCHEN

Eine zart schmelzende Mischung aus Schokolade und Mascarpone auf einem aromatischen Boden aus Keksen.

ERGIBT 8 Stücke
ZUBEREITUNG 20 Min. PLUS KÜHLZEIT
BACKZEIT 35–40 Min.

RICHTWERTE PRO STÜCK

● ● ● Kalorien
● ● ● Ges. Fettsäuren
● ● ● Salz

NÄHRWERTE PRO STÜCK

Brennwert 598 kcal/2501 kJ

Protein 7 g

Fett 43 g
Ges. Fettsäuren 23,5 g

Kohlenhydrate 41 g
Zucker 41 g

Ballaststoffe 0,6 g

Salz 0,4 g

---

85 g Butter, sowie Butter zum Einfetten
175 g glutenfreie Ingwerkekse oder Amaretti, zerstoßen
150 g dunkle Schokolade (70 % Kakaoanteil), in Stücke gleicher Größe gebrochen
2 Eier, getrennt
1 Prise Salz
400 g Mascarpone
abgeriebene Schale und Saft von 1 Bio-Orange
115 g Zucker
2 EL Maisstärke
Crème fraîche zum Servieren

1 Den Backofen auf 180 °C vorheizen. Eine 20 cm große runde Springform einfetten und mit Backpapier auslegen. Die Butter behutsam in einem Topf zerlassen. Vom Herd nehmen und unter die zerstoßenen Kekse rühren. Die Keksmischung auf den Boden und an die Wände der Kuchenform drücken und mit dem Rücken eines Holzlöffels glatt streichen. Abkühlen lassen und kalt stellen.

2 Die Schokolade in einer hitzebeständigen Schüssel auf einem Topf mit köchelndem Wasser unter gelegentlichem Rühren schmelzen lassen. Herunternehmen und etwas abkühlen lassen.

3 Die Eiweiße mit dem Salz in einer Schüssel steif schlagen. Beiseitestellen.

4 Mascarpone, Schokolade, Orangenschale, Orangensaft, Zucker und Eigelbe in einer großen Schüssel mit dem elektrischen Handrührgerät behutsam verschlagen. Die Maisstärke unterheben, dann den Eischnee.

5 Die Masse in die Form gießen und glatt streichen. 35–40 Minuten backen, bis sie fest ist. Den Herd ausschalten und den Kuchen im Backofen abkühlen lassen, damit er nicht reißt. Herausnehmen und stehen lassen, bis er vollkommen ausgekühlt ist. Den Kuchen aus der Form nehmen und mit etwas Crème fraîche servieren.

VANILLE-KÄSEKUCHEN MIT FRÜCHTECOULIS

Dieses üppige Dessert wird mit einer fruchtigen Sauce serviert, die ihm die Schwere nimmt.

ERGIBT 8–10 Stücke
ZUBEREITUNG 20 Min.
PLUS KÜHLZEIT
BACKZEIT 50 Min.

RICHTWERTE PRO PORTION
- ● ● ●   Kalorien
- ● ● ●   Ges. Fettsäuren
- ● ● ○   Salz

NÄHRWERTE PRO STÜCK

Brennwert 738 kcal/3070 kJ

Protein 7 g

Fett 58 g
Ges. Fettsäuren 34 g

Kohlenhydrate 46 g
Zucker 34 g

Ballaststoffe 0,4 g

Salz 1 g

FÜR DEN KÄSEKUCHEN
60 g Butter plus Butter zum Einfetten
225 g glutenfreie Weizenvollkorn-Kekse, zerdrückt
1 EL Demerarazucker
675 g Rahmfrischkäse (Zimmertemperatur)
4 Eier, getrennt
200 g Zucker
1 Päckchen Vanillezucker
500 g Sauerrahm

FÜR DIE FRÜCHTECOULIS
300 g TK-Sommerbeeren
50 g Zucker

1 Den Backofen auf 180 °C vorheizen. Eine 24 cm große runde Springform ausfetten und mit Backpapier auslegen. Die Butter behutsam in einem Topf zerlassen. Vom Herd nehmen, dann Kekskrümel und Demerarazucker untermischen. Die Mischung in die Form drücken.

2 Frischkäse, Eigelbe, 150 g Zucker und Vanillezucker in einer Schüssel verschlagen. Das Eiweiß steif schlagen, dann unter die Käsemasse heben und in der Form verteilen.

3 Den Kuchen 25 Minuten backen, bis er fest ist. Herausnehmen und 10 Minuten abkühlen lassen.

4 Inzwischen die Ofentemperatur auf 240 °C erhöhen. Sauerrahm und restlichen Zucker in einer Schüssel sorgfältig vermischen und auf dem Kuchen verstreichen. Den Kuchen für weitere 5 Minuten backen, dann für mindestens 6 Stunden kalt stellen.

5 Für die Coulis gefrorene Früchte mit Zucker und 3 EL Wasser in einem kleinen Topf bei mittlerer Hitze zugedeckt zum Kochen bringen, dann umrühren und unbedeckt etwa 5 Minuten garen, oder bis sie weich sind. Glatt pürieren und durch ein Kunststoffsieb streichen, um die Samen zu entfernen. Die Coulis warm oder kalt servieren. Beim Abkühlen wird die Sauce dicker.

VANILLE-MARONEN-KUCHEN

Diesen Kuchen kann man mit Schlagsahne aufpeppen. Man schneidet ihn waagerecht durch, streicht etwas Sahne in die Mitte und bestäubt den Deckel mit Puderzucker.

ERGIBT 12 Stücke
ZUBEREITUNG 15 Min.
BACKZEIT 40–45 Min.
EINFRIEREN 3 Monate

RICHTWERTE PRO PORTION

● ● ○ Kalorien
● ● ○ Ges. Fettsäuren
● ○ ○ Salz

NÄHRWERTE PRO STÜCK

Brennwert 141 kcal/588 kJ

Protein 4 g

Fett 9 g
Ges. Fettsäuren 5 g

Kohlenhydrate 19 g
Zucker 12 g

Ballaststoffe 1 g

Salz 0,3 g

Pflanzenöl zum Einfetten
4 Eier, getrennt
125 g heller Muscovadozucker
200 g Crème fraîche
2 Päckchen Vanillezucker
140 g Maronenmehl
2 TL glutenfreies Backpulver
Puderzucker zum Bestäuben

1 Den Backofen auf 180 °C vorheizen. Eine 20 cm große runde Backform dünn einfetten und den Boden mit Backpapier belegen.

2 Eigelbe und Zucker in eine große Schüssel geben und mit dem elektrischen Handrührgerät schaumig schlagen. Crème fraîche und Vanillezucker dazugeben. Mehl und Backpulver hineinsieben und behutsam unterheben.

3 Die Eiweiße in einer sauberen Schüssel schlagen, bis sich steife Spitzen bilden. 1 gehäuften Esslöffel Eischnee in die Kuchenmischung rühren, den Rest behutsam unterheben.

4 Den Teig in die vorbereitete Form füllen und 40–45 Minuten backen, bis der Kuchen bei leichtem Druck auf die Mitte zurückfedert. 5 Minuten in der Form abkühlen lassen, dann herausnehmen und zum Auskühlen auf ein Kuchengitter setzen. Mit Puderzucker bestäuben und servieren.

Tipp
Maronenmehl ist in manchen Bioläden und in italienischen Lebensmittelgeschäften erhältlich.

DESSERTS, KUCHEN UND ANDERE SÜSSE VERSUCHUNGEN

MANDELKUCHEN

Dieser feuchte Kuchen hält sich etwa eine Woche und scheint mit jedem Tag besser zu werden.

ERGIBT	12 Stücke
ZUBEREITUNG	20 Min.
BACKZEIT	1–1¼ Std.

Pflanzenöl zum Einfetten
175 g weiche Butter
175 g Roh-Rohrzucker
3 Eier, verquirlt
2 TL Mandelextrakt

250 g gemahlene Mandeln
115 g Polenta oder feines Maismehl
1½ TL glutenfreies Backpulver
150 g griechischer Joghurt
30 g Mandelblättchen

RICHTWERTE PRO PORTION

Kalorien
Ges. Fettsäuren
Salz

NÄHRWERTE PRO STÜCK

Brennwert 380 kcal/1582 kJ

Protein 8,5 g

Fett 28 g
Ges. Fettsäuren 9,5 g

Kohlenhydrate 23 g
Zucker 16 g

Ballaststoffe 0,3 g

Salz 0,5 g

1 Den Backofen auf 160 °C vorheizen. Eine etwa 23 cm große runde Springform einfetten und den Boden mit Backpapier belegen.

2 Butter und Zucker in eine große Schüssel geben und mit dem elektrischen Handrührgerät schaumig schlagen. Die Eier nacheinander sorgfältig unterschlagen. Den Mandelextrakt unterrühren.

3 Gemahlene Mandeln, Polenta und Backpulver vermischen. Die Hälfte der Mandelmischung mit der Hälfte des Joghurts zu der Buttermischung geben und sorgfältig unterschlagen. Restliche Mandelmischung und verbliebenen Joghurt unterschlagen.

4 Die Masse in die vorbereitete Backform füllen und glatt streichen. Die Mandelblättchen darüberstreuen. Den Kuchen auf mittlerer Schiene 1–1¼ Stunden backen, bis an einem Holzspießchen, das man kurz in die Mitte steckt, beim Herausziehen kein Teig mehr haftet. Den Kuchen 10 Minuten in der Form abkühlen lassen, dann zum Auskühlen auf ein Kuchengitter setzen. In einem luftdicht verschlossenen Behälter aufbewahrt, hält sich der Kuchen bis zu zwei Wochen.

ZITRONEN-POLENTA-KUCHEN MIT HIMBEEREN

Polenta macht diesen feuchten Kuchen wunderbar gelb. Statt Himbeeren kann man auch Erdbeeren verwenden.

ERGIBT 12 Stücke
ZUBEREITUNG 20 Min.
BACKZEIT 25–30 Min.
EINFRIEREN 3 Monate
UNGEFÜLLT

RICHTWERTE PRO PORTION

● ● ● Kalorien
● ● ○ Ges. Fettsäuren
● ○ ○ Salz

NÄHRWERTE PRO STÜCK

Brennwert 462 kcal/1924 kJ

Protein 6 g

Fett 32 g
Ges. Fettsäuren 16 g

Kohlenhydrate 36 g
Zucker 27 g

Ballaststoffe 1,3 g

Salz 0,36 g

Pflanzenöl zum Einfetten
225 g weiche Butter
225 g Zucker
3 Eier
115 g gemahlene Mandeln
175 g Polenta oder feines Maismehl
abgeriebene Schale und Saft von 2 Bio-Zitronen
300 g frische Himbeeren
200 g Sahne
4 EL Puderzucker, sowie Puderzucker zum Bestäuben

1 Den Backofen auf 180 °C vorheizen. Zwei 20 cm große runde Backformen dünn einfetten und mit Backpapier auslegen.

2 In einer großen Schüssel Butter und Zucker mit dem elektrischen Handrührgerät schaumig schlagen. Die Eier nacheinander sorgfältig unterschlagen. Mit dem letzten Ei 1–2 Esslöffel gemahlene Mandeln dazugeben, damit die Masse nicht ausflockt. Restliche Mandeln, Polenta, abgeriebene Zitronenschale, Zitronensaft und ¼ der Himbeeren hinzufügen und behutsam unterheben.

3 Die Mischung auf die beiden vorbereiteten Formen verteilen. Auf einen Kuchen 15 Himbeeren streuen – er dient später als Deckel. Die Kuchen 25–30 Minuten backen, bis sie bei leichtem Druck auf die Mitte zurückfedern. Die Kuchen 5 Minuten in den Formen abkühlen lassen, dann behutsam herausheben und nach Entfernen des Papiers zum Auskühlen auf ein Kuchengitter setzen.

4 Mit dem elektrischen Handrührgerät Sahne und Puderzucker schlagen, bis sich weiche Spitzen bilden. Die restlichen Himbeeren unterheben. Die Sahne auf dem Boden verteilen und den Deckel daraufsetzen. Den Kuchen mit Puderzucker bestäuben. Nach dem Füllen sollte der Kuchen innerhalb von 4 Stunden serviert werden.

ORANGEN-POLENTA-KUCHEN MIT ROSMARIN

Ein wunderbarer feuchter Kuchen, der seiner Konkurrenz aus Weizenmehl den Rang ablaufen kann.

ERGIBT 8 Stücke
ZUBEREITUNG 30 Min.
BACKZEIT 50–60 Min.
EINFRIEREN 12 Wochen

RICHTWERTE PRO PORTION

 Kalorien
Ges. Fettsäuren
Salz

NÄHRWERTE PRO STÜCK

Brennwert 475 kcal/1990 kJ

Protein 9 g

Fett 34 g
Ges. Fettsäuren 13,5 g

Kohlenhydrate 34 g
Zucker 27 g

Ballaststoffe 0,5 g

Salz 0,3 g

Saft und abgeriebene Schale von
  1 großen Bio-Orange
200 g Zucker
1 Rosmarinzweig
175 g weiche Butter, plus Butter
  zum Einfetten
3 große Eier, verquirlt
75 g grobe oder feine Polenta
175 g gemahlene Mandeln
1 TL glutenfreies Backpulver
Crème fraîche zum Servieren
  (nach Belieben)

1 Orangensaft und 25 g Zucker in einem kleinen Topf bei mittlerer Temperatur unter gelegentlichem Rühren erhitzen, bis sich der Zucker aufgelöst hat. Beiseitestellen und den Rosmarin hineingeben.

2 Den Backofen auf 160 °C vorheizen. Eine 24 cm große runde Springform ausfetten und Backpapier auf den Boden legen. Butter mit dem übrigen Zucker in einer großen Schüssel schaumig schlagen. Nacheinander sorgfältig die Eier unterrühren. Polenta und Mandeln mit einem Metalllöffel unterheben, dann Orangenschale und Backpulver.

3 Den Teig in die Form füllen und glatt streichen. 50–60 Minuten backen, bis an einem Holzspieß, den man hineinsteckt, beim Herausziehen kein Teig mehr haftet. In der Form abkühlen lassen. Den Sirup bei mittlerer Temperatur erhitzen, den Rosmarin entfernen.

4 Mit einem dünnen Spieß Löcher in den noch heißen Kuchen stechen und ganz langsam den Sirup über den Kuchen gießen. Den Kuchen abkühlen lassen, aus der Form nehmen und zimmerwarm mit Crème fraîche (sofern verwendet) servieren.

Einfrieren
In einem luftdichten Behälter hält sich der Kuchen drei Tage. Zum Einfrieren erst in Backpapier, dann in Alufolie wickeln. Nach dem Auftauen bei 180 °C für 15 Minuten im Backofen erhitzen.

RHABARBER-STREUSELKUCHEN

Getriebener roter Rhabarber sieht hier besonders hübsch aus, grüner Rhabarber ist aber ebenso gut geeignet.

ERGIBT 12 Stücke
ZUBEREITUNG 25 Min.
BACKZEIT 1¼ Std.
EINFRIEREN 3 Monate

RICHTWERTE PRO PORTION

● ● ● Kalorien
● ● ● Ges. Fettsäuren
● ●   Salz

NÄHRWERTE PRO STÜCK

Brennwert 310 kcal/1306 kJ

Protein 4,5 g

Fett 16 g
Ges. Fettsäuren 9 g

Kohlenhydrate 38 g
Zucker 19 g

Ballaststoffe 2 g

Salz 0,2 g

- 125 g weiche Butter, sowie Butter zum Einfetten
- 125 g heller Muscovadozucker
- 225 g Rhabarber, geschält und in 1 cm große Stücke geschnitten
- 125 g Erdbeeren, geputzt und gehackt
- 2 Eier
- 225 g glutenfreies Mehl
- 1 TL glutenfreies Backpulver
- ½ TL gemahlener Zimt
- 3 EL Milch
- glutenfreie Vanillesauce (siehe Seite 226) oder Crème fraîche zum Servieren

FÜR DIE STREUSEL
- 85 g glutenfreies Mehl
- 85 g Demerarazucker, sowie 1 EL Zucker zum Bestreuen
- ½ TL gemahlener Zimt
- 60 g kalte Butter, gewürfelt
- 30 g enthäutete ganze Haselnusskerne, geröstet und grob gehackt

1 In einer Pfanne 15 g Butter und 15 g Muscovadozucker schmelzen lassen. Den Rhabarber hinzufügen und bei mittelschwacher Hitze 3–4 Minuten garen, bis er weich ist. Die Erdbeeren untermischen. Zum Abkühlen beiseitestellen.

2 Den Backofen auf 180 °C vorheizen. Eine etwa 23 cm große runde Backform einfetten und mit Backpapier auslegen. Für die Streusel Mehl, Demerarazucker, Zimt und Butter in einer Küchenmaschine vermischen, bis sie Brotkrumen ähneln. In einer Schüssel mit den Haselnüssen vermischen.

3 Restliche Butter und übrigen Zucker in einer Schüssel mit dem elektrischen Handrührgerät schaumig schlagen. Nacheinander die Eier unterschlagen. Mehl, Backpulver und Zimt sieben. Jeweils die Hälfte von Mehlmischung und Milch unter die Buttermischung schlagen, dann restliches Mehl und übrige Milch untermischen. Rhabarber und Erdbeeren unterrühren. Die Masse in die Form füllen. Mit Streuseln und Demerarazucker bestreuen und 1¼ Stunden backen, bis an einem Holzspieß, der in die Mitte gesteckt wird, beim Herausziehen kein Teig mehr haftet. 10 Minuten in der Form abkühlen lassen, dann zum Auskühlen auf ein Kuchengitter setzen.

BANANEN-MARONEN-KUCHEN

Kastenkuchen sind einfach zuzubereiten, da man keine Luft unter den Teig schlagen und ihn nicht behutsam handhaben muss.

ERGIBT	12 Stücke
ZUBEREITUNG	15 Min.
BACKZEIT	50–55 Min.
EINFRIEREN	3 Monate

115 g Butter, sowie Butter zum Einfetten
140 g glutenfreies Mehl
140 g Maronenmehl
1½ TL glutenfreies Backpulver
1 TL Xanthan
1 TL glutenfreies Natron
½ TL gemahlener Zimt
½ TL frisch geriebene Muskatnuss
1 Prise Salz
3 reife Bananen
115 g heller Muscovadozucker
3 Eier
90 ml Milch

RICHTWERTE PRO PORTION

 Kalorien
 Ges. Fettsäuren
● ● ○ Salz

NÄHRWERTE PRO STÜCK

Brennwert 219 kcal/918 kJ

Protein 4,5 g

Fett 10,3 g
Ges. Fettsäuren 5,7 g

Kohlenhydrate 34,7 g
Zucker 19,7 g

Ballaststoffe 2,1 g

Salz 0,7 g

1 Den Backofen auf 180 °C vorheizen. Eine etwa 900 g fassende Kastenform einfetten und mit Backpapier auslegen. Beide Mehle, Backpulver, Xanthan, Natron, Zimt, Muskatnuss und Salz in eine große Schüssel sieben. Die Bananen zerdrücken.

2 In einem kleinen Topf die Butter zerlassen, dann den Zucker unterrühren. Eier und Milch verschlagen. In die Mitte der gesiebten Zutaten eine Mulde drücken. Alle flüssigen Zutaten hineingießen, den Bananenbrei zugeben und mit einem Holzlöffel sorgfältig untermischen.

3 Die Masse in die vorbereitete Form füllen und 50–55 Minuten backen, bis sie bei leichtem Druck auf die Mitte zurückfedert. Den Kuchen 10 Minuten in der Form abkühlen lassen, dann zum Auskühlen auf ein Kuchengitter stürzen. In einem luftdicht verschlossenen Behälter aufbewahrt, hält er sich bis zu einer Woche.

 **Tipp**
Falls gewünscht, kann man auch zwei Kuchen in 450 g fassenden Formen backen und einen Kuchen einfrieren.

KARAMELL-ORANGEN-DESSERT

Beim Backen dieses Desserts braucht man Geduld. Öffnen Sie nicht zu früh die Backofentür, um nach dem Dessert zu sehen, sonst geht es nicht auf oder fällt sogar zusammen.

PORTIONEN 10
ZUBEREITUNG 20 Min.
BACKZEIT 30–40 Min.

RICHTWERTE PRO PORTION

 Kalorien

 Ges. Fettsäuren

Salz

NÄHRWERTE PRO PORTION

Brennwert 643 kcal/2646 kJ

Protein 7 g

Fett 42 g
Ges. Fettsäuren 25 g

Kohlenhydrate 57 g
Zucker 44 g

Ballaststoffe 3 g

Salz 0,9 g

275 g Butter, sowie Butter zum Einfetten
3–4 Orangen, sorgfältig geschält und in dicke Scheiben geschnitten
3–4 EL Demerarazucker
115 g glutenfreies Mehl
2 TL glutenfreies Backpulver
1 TL Xanthan
175 g Roh-Rohrzucker
3 Eier
3 EL Milch
Crème double, Crème fraîche oder glutenfreie Vanillesauce (siehe Seite 226) zum Servieren

1 Den Backofen auf 180 °C vorheizen. Eine 18 × 30 cm große ofenfeste Form mit etwas Butter einfetten. 100 g Butter bei mittlerer Temperatur in einer großen beschichteten Pfanne zerlassen. Die Orangenscheiben mit dem Demerarazucker hineingeben und 5–6 Minuten garen, bis sie goldbraun und karamellisiert sind. Den Zucker nicht verbrennen lassen. Orangen und Flüssigkeit in die ofenfeste Form geben.

2 Mehl, Backpulver und Xanthan in eine große Schüssel sieben und beiseitestellen. Restliche Butter und Rohrzucker in einer Schüssel mit dem elektrischen Handrührgerät mindestens 8 Minuten schaumig schlagen. Nacheinander die Eier mit 1 Löffel Mehlmischung sorgfältig unterschlagen. Dann die restliche Mehlmischung unterheben und die Milch unterrühren.

3 Den Teig über die Orangen schöpfen und 30–40 Minuten backen, bis er aufgegangen und goldbraun ist und an einem Holzspieß, den man hineinsteckt, beim Herausziehen kein Teig mehr haftet. Das Dessert in Stücke schneiden und mit den Orangenscheiben oben auf Tellern anrichten. Mit Crème double, Crème fraîche oder glutenfreier Vanillesauce servieren.

 **Tipp**
Dies ist ein großartiges Dessert für Kinder, für die man es am besten mit Vanillesauce serviert.

APRIKOSEN-KARDAMOM-TEEKUCHEN

Earl Grey verleiht diesem feuchten Teekuchen eine zitronige Note, man kann aber auch anderen Tee verwenden.

ERGIBT 12 Stücke
ZUBEREITUNG 15 Min.
BACKZEIT 1¼–1½ Std.
EINFRIEREN 2 Monate

RICHTWERTE PRO PORTION

 Kalorien
 Ges. Fettsäuren
 Salz

NÄHRWERTE PRO STÜCK

Brennwert 225 kcal/948 kJ

Protein 4 g

Fett 7 g
Ges. Fettsäuren 3,5 g

Kohlenhydrate 36 g
Zucker 23 g

Ballaststoffe 2,4 g

Salz 0,3 g

- 1 Teebeutel, etwa Earl Grey
- 225 g verzehrfertige Trockenaprikosen, fein gehackt
- 6 Kardamomkapseln, aufgeschlitzt
- 175 g heller Muscovadozucker
- Öl zum Einfetten
- 225 g glutenfreies Mehl
- 1 TL glutenfreies Backpulver
- 1 TL Xanthan
- 1 TL gemahlener Zimt
- 1 Prise Salz
- 75 g kalte Butter, gewürfelt
- 2 Eier, verquirlt
- 15 g Mandelblättchen
- 2 EL Demerarazucker
- Butter zum Servieren

1. Den Teebeutel mit 300 ml kochendem Wasser übergießen und 5 Minuten ziehen lassen. Den Teebeutel herausnehmen. Die Aprikosen in einen kleinen Topf geben. Heißen Tee, Kardamom und Zucker in den Topf geben. Den Topfinhalt zum Kochen bringen und 10 Minuten köcheln lassen. Zum Abkühlen beiseitestellen. In ein flaches Gefäß gegossen, kühlt er rasch ab. Die Kardamomkapseln herausnehmen.

2. Den Backofen auf 180 °C vorheizen. Eine 900 g fassende Kastenform dünn einölen und mit Backpapier auslegen. Mehl, Backpulver, Xanthan, Zimt und Salz in eine große Schüssel sieben. Die Butter in die Mehlmischung einarbeiten. Die abgekühlten Aprikosen mit der Garflüssigkeit in die Mehlmischung rühren, dann die Eier unterschlagen. Die Masse in die Form gießen. Mit Mandelblättchen und Demerarazucker bestreuen und auf mittlerer Schiene 80–85 Minuten backen, bis der Kuchen gut aufgegangen ist und sich fest anfühlt.

3. Den Kuchen 10 Minuten in der Form abkühlen lassen, dann zum Auskühlen auf ein Kuchengitter stürzen. Einen Tag nach dem Backen schmeckt der Kuchen noch besser. In einem luftdicht verschlossenen Behälter aufbewahrt, hält er sich bis zu einer Woche. Nach Belieben mit Butter servieren.

HONIG-GEWÜRZKUCHEN

Ein Kuchen mit einer herrlich feuchten Krume. Falls gewünscht, kann man ihn mit Mandelblättchen bestreuen.

ERGIBT 12 Stücke
ZUBEREITUNG 20 Min.
BACKZEIT 1 Std.
EINFRIEREN 3 Monate

RICHTWERTE PRO PORTION

● ● ○ Kalorien
● ● ○ Ges. Fettsäuren
● ○ ○ Salz

NÄHRWERTE PRO STÜCK

Brennwert 276 kcal/1161 kJ
Protein 4,75 g
Fett 11,5 g
Ges. Fettsäuren 6 g
Kohlenhydrate 38 g
Zucker 23,5 g
Ballaststoffe 0,8 g
Salz 0,27 g

140 g flüssiger Honig
115 g Butter, sowie Butter zum Einfetten
115 g heller Muscovadozucker
250 g glutenfreies Mehl
1 TL gemahlener Zimt
½ TL gemahlener Ingwer
1½ TL glutenfreies Backpulver
1 TL Xanthan
1 TL glutenfreies Natron
1 Prise Salz
3 Eier
90 ml Milch

ZUM VERZIEREN

85 g Honig
30 g grüne Pistazienkerne, gehackt

1 Honig, Butter und Zucker in einen kleinen Topf geben und unter Rühren behutsam erhitzen, bis die Mischung glatt und flüssig ist. Beiseitestellen und etwas abkühlen lassen.

2 Den Backofen auf 180 °C vorheizen. Eine etwa 23 cm große runde Backform einfetten und mit Backpapier auslegen. Mehl, Gewürze, Backpulver, Xanthan, Natron und Salz in eine große Schüssel sieben. Abgekühlte Honigmischung, Eier und Milch hinzufügen und mit einem Holzlöffel sorgfältig untermischen. Den Teig in die Form füllen und 1 Stunde backen, bis der Kuchen bei leichtem Druck auf die Mitte zurückfedert.

3 Zum Verzieren den Honig in einen kleinen Topf geben, zum Kochen bringen und 1–2 Minuten kochen lassen, bis er dunkel und dick wird. Die Pistazien hineinrühren. Den Honig über den Kuchen gießen. Den Kuchen vollkommen abkühlen lassen. Erst dann aus der Form nehmen.

HONIG
Honig bindet Wasser. Dadurch eignet er sich gut zum Backen, denn er hält Kuchen länger feucht.

MÖHRENKUCHEN

Möhrenkuchen liebt jeder. Wenn Sie aber keine Walnüsse mögen, ersetzen Sie sie durch die gleiche Menge Sultaninen.

240 ml Sonnenblumenöl, sowie Öl zum Einfetten
225 g heller Muscovadozucker
1 Päckchen Vanillezucker
3 Eier
225 g glutenfreies Mehl
1 TL glutenfreies Backpulver
½ TL glutenfreies Natron
1 TL Xanthan
1 TL gemahlener Zimt, sowie Zimt zum Bestäuben
1 TL gemahlener Ingwer
225 g Möhren, geraspelt
60 g Walnusskerne, fein gehackt
einige Walnusshälften zum Verzieren (nach Belieben)

FÜR DEN ÜBERZUG
30 g weiche Butter
75 g Doppelrahmfrischkäse
1 Päckchen Vanillezucker
225 g Puderzucker

ERGIBT 12 Stücke
ZUBEREITUNG 20 Min.
BACKZEIT 35–40 Min.
EINFRIEREN 3 Monate

RICHTWERTE PRO PORTION
● ● ● Kalorien
● ● ● Ges. Fettsäuren
● ● ● Salz

NÄHRWERTE PRO STÜCK
Brennwert 464 kcal/1943 kJ
Protein 5 g
Fett 27 g
Ges. Fettsäuren 6 g
Kohlenhydrate 52 g
Zucker 38 g
Ballaststoffe 1,6 g
Salz 0,3 g

1. Den Backofen auf 180 °C vorheizen. Zwei 20 cm große runde Backformen dünn einfetten und mit Backpapier auslegen. Zucker, Öl, Vanillezucker und Eier in einer großen Schüssel mit dem elektrischen Handrührgerät dick und schaumig schlagen. Mehl, Backpulver, Natron, Xanthan, Zimt und Ingwer hineinsieben und sorgfältig unterziehen. Möhren und Walnüsse unterheben.

2. Den Teig auf die Backformen verteilen und 35–40 Minuten backen, bis er aufgegangen und goldbraun ist. Der Kuchen sollte bei leichtem Druck auf die Mitte zurückfedern. 5 Minuten in der Form abkühlen lassen. Dann zum Auskühlen auf ein Kuchengitter heben.

3. Für den Überzug Butter und Käse in einer großen Schüssel mit dem elektrischen Handrührgerät cremig schlagen. Den Vanillezucker untermischen. Den Puderzucker in eine große Schüssel sieben, dann nach und nach sorgfältig unter die Käsemischung schlagen.

4. Das Papier von den Kuchen abziehen. Den Überzug gleichmäßig auf beiden Kuchen verteilen und dann aufeinandersetzen. Mit den Walnusshälften (sofern verwendet) verzieren und mit Zimt bestäuben.

VANILLETÖRTCHEN

ERGIBT 12 Törtchen
ZUBEREITUNG 15 Min.
BACKZEIT 20 Min.

Diese leichten Törtchen kommen immer gut an. Man kann etwas gelbe Lebensmittelfarbe in den Zuckerguss geben.

RICHTWERTE PRO PORTION

 Kalorien
 Ges. Fettsäuren
Salz

NÄHRWERTE PRO TÖRTCHEN

Brennwert 223 kcal/940 kJ

Protein 2 g

Fett 9 g
Ges. Fettsäuren 5,5 g

Kohlenhydrate 33 g

Zucker 26 g

Ballaststoffe 0,5 g

Salz 0,3 g

115 g weiche Butter
115 g Zucker
2 Eier
115 g glutenfreies Mehl
1 TL glutenfreies Backpulver
3 EL Milch
1 TL Vanilleextrakt

glutenfreie Kuchendekoration zum Bestreuen

FÜR DEN ZUCKERGUSS
200 g Puderzucker
½ TL Vanilleextrakt

1 Den Backofen auf 180 °C vorheizen. In einer Schüssel Butter und Zucker mit dem Handrührgerät schaumig schlagen. Nacheinander sorgfältig die Eier unterschlagen. Mit dem letzten Ei 1–2 Esslöffel Mehl dazugeben, damit die Masse nicht ausflockt. Restliches Mehl, Backpulver, Milch und Vanilleextrakt hinzufügen und den Teig noch einmal 1 Minute schlagen.

2 In eine Muffinform mit 12 Mulden Papierbackförmchen setzen. Den Teig auf die Förmchen verteilen und 20 Minuten backen, bis er goldbraun ist und beim Daraufdrücken zurückfedert. Die Törtchen 5 Minuten in der Form abkühlen lassen, dann zum Auskühlen auf ein Kuchengitter setzen.

3 Für den Zuckerguss den Zucker in eine Schüssel sieben. Den Vanilleextrakt dazugeben und nach und nach 2–3 Esslöffel Wasser. Zwischendurch die Masse immer wieder glatt rühren. Den Zuckerguss auf die Törtchen schöpfen und bis zum Rand verstreichen. Mit der Dekoration bestreuen und fest werden lassen. In einem luftdicht verschlossenen Behälter aufbewahrt, halten sich die Törtchen bis zu vier Tage.

Varianten

Zitronentörtchen: Vanilleextrakt durch die abgeriebene Schale von 1 Bio-Zitrone ersetzen, Wasser und Vanilleextrakt im Zuckerguss durch Zitronensaft.

Schokoladentörtchen: 60 g Mehl durch Kakaopulver ersetzen. Für den Zuckerguss 2 Esslöffel Zucker durch Kakaopulver ersetzen. Restlichen Zucker und Kakaopulver zusammen sieben.

RED VELVET CUPCAKES

ERGIBT 12 Törtchen
ZUBEREITUNG 20 Min.
BACKZEIT 40–45 Min.
EINFRIEREN 2 Monate

RICHTWERTE PRO PORTION

● ● ● Kalorien
● ● ○ Ges. Fettsäuren
● ○ ○ Salz

NÄHRWERTE PRO TÖRTCHEN

Brennwert 380 kcal/1600 kJ

Protein 4,5 g

Fett 17 g
Ges. Fettsäuren 2 g

Kohlenhydrate 52 g
Zucker 42 g

Ballaststoffe 1 g

Salz 0,2 g

Die tiefrote Farbe dieser mit Kakao aromatisierten und nach Vanille duftenden Törtchen ist einfach großartig.

175 g glutenfreies Mehl
7 g glutenfreies Backpulver
1 TL Xanthan
3 EL Kakaopulver
1 TL Weinstein
85 g weiche Butter
150 g Zucker
2 große Eier
2 EL natürliche rote Lebensmittelfarbe
2 Päckchen Vanillezucker
1 TL Weinessig
200 g Buttermilch

FÜR DIE FRISCHKÄSEHAUBE
125 g Doppelrahmfrischkäse
60 g weiche Butter
½ Päckchen Vanillezucker
350 g Puderzucker, gesiebt

1 Den Backofen auf 160 °C vorheizen. In eine tiefe Muffinform mit 12 Mulden Papierbackförmchen setzen. Mehl, Backpulver, Xanthan, Kakaopulver und Weinstein in einer großen Schüssel vermischen.

2 In einer zweiten großen Schüssel mit dem elektrischen Handrührgerät Butter und Zucker verschlagen. Nacheinander die Eier sorgfältig unterschlagen. Die Hälfte der Mehlmischung, Lebensmittelfarbe, Vanillezucker, Essig und die Hälfte der Buttermilch sorgfältig unterrühren. Restliche Mehlmischung und Buttermilch untermischen. Den Teig noch einmal 30 Sekunden schlagen. Auf die Papierbackförmchen verteilen. Sie sollten zu zwei Dritteln gefüllt sein. 40–45 Minuten backen, bis der Teig nach leichtem Fingerdruck zurückfedert. Die Törtchen in der Form 5 Minuten abkühlen lassen, dann zum Auskühlen auf ein Kuchengitter setzen.

3 Für die Haube Rahmfrischkäse, Butter und Vanillezucker mit dem elektrischen Handrührgerät in einer großen Schüssel verschlagen. Nach und nach den Puderzucker unterrühren. Die Mischung 30 Sekunden weiterschlagen, bis sie leicht und locker ist.

4 Von drei Törtchen oben behutsam eine dünne Scheibe abschneiden und zerkrümeln. Die Käsemasse in einen Spritzbeutel mit einer 2 cm breiten Sterntülle füllen und kreisförmig auf die Törtchen spritzen. Die Kuchenkrümel darüberstreuen.

SCHOKOLADEN-PEKAN-NUSS-BROWNIES

ERGIBT 20 Brownies
ZUBEREITUNG 15 Min.
BACKZEIT 15–18 Min.
EINFRIEREN 3 Monate

RICHTWERTE PRO PORTION

● ● ○ Kalorien
● ● ○ Ges. Fettsäuren
● ○ ○ Salz

NÄHRWERTE PRO BROWNIE

Brennwert 282 kcal/1178 kJ

Protein 4 g

Fett 16,5 g
Ges. Fettsäuren 8 g

Kohlenhydrate 30 g
Zucker 24 g

Ballaststoffe 1,5 g

Salz 0,25 g

Wer Nüsse nicht mag, ersetzt die Pekannüsse durch 60 g getrocknete Sauerkirschen.

175 g kalte Butter, gewürfelt, sowie Butter zum Einfetten
300 g dunkle Schokolade (mindestens 60 % Kakaoanteil), in Stücke gebrochen
300 g heller Muscovadozucker
5 Eier
175 g glutenfreies Mehl
30 g Kakaopulver
85 g Pekannusskerne

1 Den Backofen auf 200 °C vorheizen. Eine etwa 23 × 30 cm große rechteckige Kuchenform dünn einfetten und mit Backpapier auslegen.

2 Die Schokolade mit der Butter in eine große hitzebeständige Schüssel geben und auf einem Topf mit köchelndem Wasser unter gelegentlichem Rühren schmelzen lassen. Von der Kochstelle nehmen und den Zucker unterrühren. Die Mischung etwas abkühlen lassen.

3 Ein Ei nach dem anderen sorgfältig unterschlagen. Mehl und Kakaopulver auf die Mischung sieben. Die Masse sollte dick sein und glänzen. Die Pekannüsse dazugeben und unterheben.

4 Die Masse in die vorbereitete Form füllen und 15–18 Minuten backen, bis sich die Oberfläche fest anfühlt. Die Mitte sollte beim Einstechen mit einem Messer aber noch leicht klebrig sein. In der Form abkühlen lassen, dann herausnehmen und in etwa 20 Quadrate schneiden.

Tipp
Werden Brownies zu lange gebacken, hat man am Ende einen Schokoladenkuchen. Brownies müssen nach dem Backen oben knusprig, in der Mitte aber noch klebrig sein. Beim Abkühlen werden sie dann fest.

AMARETTI

Diese knusprigen italienischen Makronen sind vielseitig verwendbar – etwa für Käsekuchenboden, in einem Trifle, mit Eiscreme oder mit Kaffee oder Dessertwein.

ERGIBT	20 Stücke
ZUBEREITUNG	10 Min.
BACKZEIT	15–20 Min.
EINFRIEREN	3 Monate

Pflanzenöl zum Einfetten
2 Eiweiß
200 g Zucker
200 g gemahlene Mandeln
1 EL Amaretto (siehe Tipp)

RICHTWERTE PRO PORTION

● ● ○ ○ Kalorien
● ● ○ ○ Ges. Fettsäuren
● ○ ○ ○ Salz

1. Den Backofen auf 180 °C vorheizen. Zwei Backbleche dünn einfetten und mit Backpapier belegen.

2. Die Eiweiße in einer Schüssel schlagen, bis sich steife Spitzen bilden. Den Zucker hinzufügen und weiterschlagen, bis der Eischnee glänzt. Gemahlene Mandeln und Amaretto dazugeben und mit einem großen Metalllöffel vorsichtig, aber sorgfältig unterheben.

3. Die Masse in 20 Portionen teilen und diese zu Kugeln rollen. Die Kugeln mit reichlich Abstand auf die Backbleche setzen, da sie beim Backen in die Breite gehen. Die Amaretti 15–20 Minuten backen, bis sie goldbraun sind. Mit einer Palette auf ein Kuchengitter heben und vollkommen auskühlen lassen.

NÄHRWERTE PRO KEKS

Brennwert 104 kcal/436 kJ

Protein 2,5 g

Fett 6 g
Ges. Fettsäuren 0,4 g

Kohlenhydrate 11 g
Zucker 11 g

Ballaststoffe 0,2 g

Salz Spuren

Tipp
Falls gewünscht, kann der Amaretto durch 1 Teelöffel Mandelextrakt und 2 Teelöffel Wasser ersetzt werden. In einem luftdicht verschlossenen Behälter aufbewahrt, halten sich die Kekse bis zu drei Tage.

SCHOKOLADENKEKSE

ERGIBT 14 Stück
ZUBEREITUNG 10 Min.
BACKZEIT 15 Min.
EINFRIEREN 3 Monate

RICHTWERTE PRO PORTION

● ● ○ Kalorien
● ● ○ Ges. Fettsäuren
● ○ ○ Salz

NÄHRWERTE PRO KEKS

Brennwert 204 kcal/858 kJ

Protein 2,3 g

Fett 9 g
Ges. Fettsäuren 5,5 g

Kohlenhydrate 28 g
Zucker 16 g

Ballaststoffe 0,8 g

Salz 0,2 g

Sollen die Kekse noch mehr nach Schokolade schmecken, ersetzt man 30 g Mehl durch Kakaopulver.

115 g weiche Butter, sowie Butter zum Einfetten
175 g Zucker
1 Ei
1 Päckchen Vanillezucker

175 g glutenfreies Mehl
60 g Reismehl
7 g glutenfreies Backpulver
85 g Schokotropfen oder Schokolade, in kleine Stücke gebrochen

1 Den Backofen auf 190 °C vorheizen. Zwei Backbleche dünn einfetten und mit Backpapier belegen. Butter und Zucker in einer Schüssel mit dem elektrischen Handrührgerät schaumig schlagen. Ei und Vanillezucker hinzufügen und unterschlagen.

2 Beide Mehle und das Backpulver in die Schüssel sieben. Die Schokotropfen dazugeben und mit einem Holzlöffel sorgfältig untermischen. 14 Dessertlöffel Teig auf die vorbereiteten Backbleche setzen. Dabei reichlich Abstand lassen, da die Kekse beim Backen in die Breite gehen. Die Teighäufchen mit den Fingerspitzen etwas flacher drücken.

3 Die Kekse 15 Minuten backen, bis sie goldbraun sind. 2 Minuten auf den Blechen abkühlen lassen, dann mit einer Palette zum Auskühlen auf ein Kuchengitter heben. Keine Sorge, wenn die Kekse beim Herausnehmen aus dem Backofen etwas weich scheinen. Beim Abkühlen werden sie knusprig.

SCHOKOLADE
Sie können für die Kekse Schokotröpfchen aus dunkler Schokolade, Milchschokolade oder weißer Schokolade oder in Stücke gebrochene Schokolade verwenden. Kinder mögen dunkle Schokolade aber nicht so gern.

DESSERTS, KUCHEN UND ANDERE SÜSSE VERSUCHUNGEN

HAFER-ROSINEN-KEKSE

Diese rasch zubereiteten Kekse, die außen knusprig und innen zart sind, wird die ganze Familie lieben. Wer Rosinen nicht mag, kann sie weglassen.

ERGIBT	18 Stück
ZUBEREITUNG	10 Min.
BACKZEIT	15 Min.
EINFRIEREN	3 Monate

115 g weiche Butter, sowie Butter zum Einfetten
225 g Demerarazucker
1 Ei
1 Päckchen Vanillezucker
75 g glutenfreies Mehl
1 TL gemahlener Zimt
½ TL glutenfreies Natron
1 Prise Salz
175 g Haferflocken
60 g Rosinen (nach Belieben)

RICHTWERTE PRO PORTION

● ● ● Kalorien
● ● ● Ges. Fettsäuren
● ○ ○ Salz

NÄHRWERTE PRO KEKS

Brennwert 160 kcal/677 kJ

Protein 2 g

Fett 7 g
Ges. Fettsäuren 3,5 g

Kohlenhydrate 24 g
Zucker 14 g

Ballaststoffe 1 g

Salz 0,2 g

1 Den Backofen auf 190 °C vorheizen. Ein Backblech dünn einfetten und mit Backpapier belegen.

2 Butter und Zucker mit dem elektrischen Handrührgerät in einer Schüssel schaumig schlagen. Ei und Vanillezucker hinzufügen und unterschlagen.

3 Mehl, Zimt, Natron und Salz auf die Mischung sieben. Haferflocken und, sofern gewünscht, Rosinen hinzufügen und mit einem Holzlöffel sorgfältig untermischen.

4 Die Masse in 18 walnussgroße Portionen teilen und diese zu Kugeln rollen. Mit Abstand auf das Backblech setzen und mit den Fingerspitzen etwas flacher drücken. Die Kekse 15 Minuten backen, bis sie goldbraun sind. 2 Minuten auf dem Backblech abkühlen lassen, dann mit einer Palette zum Auskühlen auf ein Kuchengitter heben.

SPRITZGEBÄCK

Diese in Schokolade getauchten Kekse sehen ebenso gut aus wie sie schmecken.

ERGIBT	9 Stück
ZUBEREITUNG	10 Min.
BACKZEIT	15–20 Min.
EINFRIEREN	3 Monate

RICHTWERTE PRO PORTION

- Kalorien
- Ges. Fettsäuren
- Salz

NÄHRWERTE PRO KEKS

Brennwert 254 kcal/1063 kJ

Protein 2 g

Fett 16 g
Ges. Fettsäuren 10 g

Kohlenhydrate 26 g
Zucker 14,5 g

Ballaststoffe 1 g

Salz 0,2 g

---

125 g weiche Butter, sowie Butter zum Einfetten
60 g Puderzucker
125 g glutenfreies Mehl
30 g Maisstärke
2 TL Xanthan
¼ TL glutenfreies Backpulver
½ Päckchen Vanillezucker
115 g dunkle Schokolade (70 % Kakaoanteil), in Stücke gleicher Größe gebrochen

1. Den Backofen auf 190 °C vorheizen. Zwei Backbleche dünn einfetten. Butter und Puderzucker mit dem elektrischen Handrührgerät in einer großen Schüssel schaumig schlagen.

2. Mehl, Maisstärke, Xanthan und Backpulver in die Schüssel sieben. Den Vanillezucker hinzufügen und rühren, bis ein weicher Teig entsteht.

3. Den Teig in einen Spritzbeutel mit Sterntülle füllen und zickzackförmig 9 Kekse auf die Backbleche spritzen. Dabei reichlich Abstand zwischen ihnen lassen, da die Kekse beim Backen in die Breite gehen.

4. Die Kekse 15–20 Minuten backen, bis sie hell goldbraun sind. Etwas abkühlen lassen, dann zum Auskühlen auf ein Kuchengitter heben.

5. Die Schokolade in einer hitzebeständigen Schüssel auf einen Topf mit köchelndem Wasser setzen und unter gelegentlichem Rühren schmelzen lassen. Eine Hälfte jedes Kekses in die Schokolade tauchen. Die Kekse auf Backpapier legen, bis die Schokolade fest geworden ist.

Tipp
Den Spritzbeutel zum Füllen in ein hohes Trinkglas setzen und seine Ränder über das Glas ziehen. In einem luftdicht verschlossenen Behälter aufbewahrt, halten sich die Kekse bis zu fünf Tage.

REGISTER

(V) steht für die Variante eines Hauptrezepts.

A
Amaranth 32
Amaretti 257
Himbeertrifle mit weißer Schokolade 228
Schokoladen-Käsekuchen 234
Apfel
Apfelküchlein mit Sauce 226
Apfel-Pie mit Brombeeren 222
Brombeer-Apfel-Pie 222
Früchtecrumble (V) 227
Herbstliches Kompott 54
Müsli mit Apfelchips 56
Aprikosen
Aprikosen-Galettes (V) 218
Aprikosen-Kardamom-Teekuchen 248
Aprikosen-Mandel-Tarte 216
Früchteriegel 72
Frühstücksriegel mit Früchten und Nüssen 71
Müsli mit Apfelchips 56
Porridge mit Kompott (V) 53
Artischocken
Salat von rotem Reis, Kichererbsen und Artischocken 110
Asiatischer Knusperfisch 140
Auberginen
Auberginencurry 121
Auberginendip 78
Lavash mit Auberginendip 78
Autismus 14
Avocado
Avocadosalsa 163

B
Babynahrung 25
Backpflaumen
Herbstliches Kompott 54
Maronenpfannkuchen mit Schokolade und Pflaumen 58
Porridge mit Kompott 53
Ziegenkäsetörtchen 198
Backpulver
glutenfreies 37
Ballaststoffe 23

Bananen
Bananen-Maronen-Kuchen 245
Bananen-Toffee-Kuchen 220
Bier 158
Rindfleisch-Bier-Kasserolle 158
Birne
Birnen-Pflaumen-Galettes 218
Früchtecrumble (V) 227
Blätterteig
Birnen-Pflaumen-Galettes 218
Hähnchen-Kräuter-Pasteten 210
Lachs im Teigmantel 136
Schalotten-Tarte-Tatin (V) 203
Blätterteig herstellen 46
Blauschimmelkäse
Käsestangen mit Tomaten-Basilikum-Dip 77
Blindbacken 44
Blini
mit Räucherforelle und scharfsaurer Gurke 82
Blitz-Blätterteig herstellen 46
Blumenkohl
Lammtajine mit Blumenkohlcouscous 151
Bohnen siehe auch bei der jeweiligen Sorte
Bohnenburger 163
Minestrone 95
Pikante Nudeln mit aromatischem Red Snapper 124
Quinoasalat mit Mango, Limette und Kokosnuss 104
Bohnen, Cannellini-
Bohnenburger 163
Bohnen, Dicke
Hähnchen-Kräuter-Pasteten 210
Linguine mit Pesto (V) 115
Süßsaure Hähnchenbrust 145
Bohnen, Lima-
Bohnenburger 163
Bohnen, schwarze
Brasilianischer Reis mit Bohnen und Chorizo 130
Bohnensprossen
Asiatischer Knusperfisch 140
Gemüse-Frühlingsrollen 86
Bohnen, Urd-
Masala dosa 188
Bohnen, weiße
Brasilianischer Reis mit Bohnen und Chorizo 130

Weiße-Bohnen-Salat mit Thunfisch und Zwiebeln 106
Brie
Calzone (V) 180
Paprika-Chili-Tarte (V) 197
Brioche 176
Brokkoli
Brokkoli-Hackfleisch-Pfanne thailändische Art 154
Gemüse-Tempura 84
Brombeeren
Brombeer-Apfel-Pie 222
Brombeer-Mandel-Tarte (V) 216
Früchtecrumble (V) 227
Brot 16 ff., 38, 214
Fladenbrot 185, 190
Kartoffelbrot 65
Körnerbrot (V) 174
Kümmelbrot 182
Kürbisbrot 192
Maisbrot mit Oliven 191
Naan 190
Paprikabrot 184
Pide mit Hackfleisch 185
Tomatenbrot 184
Brot backen 38
Weißbrot 38
Brotmehl, dunkles herstellen 38
Brotstangen mit Paprikadip 76
Brot-Suppe 101
Brownies
Himbeertrifle mit weißer Schokolade (V) 228
Schokoladen-Pekannuss-Brownies 256
Buchweizen 32
Soba-Nudel-Garnelen-Salat 108
Buchweizenmehl 34
Buchweizenpfannkuchen mit Orangen 59
Burger 19
Bohnenburger 163
Pilzburger 162
Rindfleischburger 156
Buttermilchpfannkuchen 60
Butternusskürbis 116
Gefüllter Butternusskürbis 170
Kürbisbrot 192
Ricotta-Kürbis-Ravioli 116
B-Vitamine 23

C

Calcium 22
Calcium-Lieferanten, laktosefreie 26
Calzone 180
Cannellinibohnen
  Bohnenburger (V) 163
Champignons
  Frühstücks-Frittata 62
  Hähnchenbrust-Crumble 148
  Pilz-Spinat-Curry 168
Cheddar
  Hähnchenbrust-Crumble 148
  Käsestangen mit Tomaten-
    Basilikum-Dip 77
  Lachs mit Käsekruste 139
  Quiche Lorraine 202
  Schweinefleisch-Enchiladas 150
Chickenwings 144
Chili
  Brokkoli-Hackfleisch-Pfanne thailändische
    Art 154
  Chilidip 86
  Garnelenspieße in Zitronenmarinade 88
  Pad thai 122
  Paprika-Chili-Tarte 197
  Pilz-Spinat-Curry 168
  Schweinefleisch-Enchiladas 150
Chinesische Chickenwings 144
Chorizo
  Brasilianischer Reis mit Bohnen
    und Chorizo 130
chronisches Erschöpfungssyndrom 14
Codex-Weizenstärke 20
Couscous
  Lammtajine mit Blumenkohlcouscous 151

Cranberry
  Früchtecrumble (V) 227
  Frühstücksriegel mit Früchten und Nüssen 71
  Gefüllter Butternusskürbis 170
  Porridge mit Kompott (V) 53
Cranberrys, getrocknete
  Früchteriegel 72
  Müsli mit Apfelchips 56
Crème pâtissière 215
Crêpes *siehe Pfannkuchen*
Crumble
  Früchtecrumble 227
  Hähnchenbrust-Crumble 148
Curry
  Thai-Auberginencurry 121

D

Datteln
  Müsli mit Kokosnuss 52
Dermatitis herpetiformis 14
Desserts 212
  Apfelküchlein mit Sauce 226
  Früchtecrumble 227
  Himbeertrifle mit weißer Schokolade 228
  Karamell-Orangen-Dessert 246
  Schokoladenpudding 230
  Schokotörtchen 231
  Vanille-Käsekuchen mit Früchtecoulis 236
Diabetes mellitus 27
Dinkel 17
Dips 75 ff.
  Auberginendip 78
  Chilidip 86
  Paprikadip 76
  Raita 142
  Tahin-Dip 162
  Tomaten-Basilikum-Dip 77
  Tzatziki 80
Doppelrahmfrischkäse *siehe auch*
  Frischkäse
  Möhrenkuchen 251
  Red Velvet Cupcakes 254
  Vanille-Käsekuchen mit Früchtecoulis 236
Dressing 19, 104, 109
  Koriander-Orangen-Dressing 110
  Orangen-Ingwer-Dressing 108

E

Egerlinge
  Pilzburger 162

Pilz-Spinat-Curry 168
Eiergerichte
  Eier Benedict 66
  Frühstücks-Frittata 62
  Pad thai 122
  Türkische Eier 68
  Zucchini-Feta-Frittata mit Minze 204
Eiernudeln
  frische herstellen 42
Eintopf *siehe auch Suppe*
  Rindfleisch-Bier-Kasserolle 158
  Eintopf von Schälerbsen, Nudeln
    und Gemüsen 120
Eisen 22
Erbsen
  Eintopf von Schälerbsen, Nudeln
    und Gemüsen 120
  Minestrone 95, *siehe auch Gemüsesuppe*
Erdbeeren
  Erdbeertörtchen 215
  Früchtecoulis 236
  Früchtecrumble 227
  Rhabarber-Streuselkuchen 244
  Zitronen-Polenta-Kuchen mit
    Erdbeeren (V) 240
Erdnüsse
  Pad thai 122
Essen im Restaurant 28

F

Fehlgeburt 14
Feigen
  Herbstliches Kompott 54
  Lamm-Feigen-Pilaw 131
  Porridge mit Kompott (V) 53
Fenchel
  Fenchel-Gruyère-Tarte 196
  Fenchelsuppe mit Parmesancrackern 100
  Minestrone 95
Feta
  Focaccia (V) 177
  Paprika-Chili-Tarte (V) 197
  Spanakopita 208
  Zucchini-Feta-Frittata mit Minze 204
Filo-Teig
  Spanakopita 208
Fisch
  Asiatischer Knusperfisch 140
  Fischfrikadellen 90, 138
  Lachs im Teigmantel 136
  Lachs mit Käsekruste 139

REGISTER **263**

Picknickpies mit Räucherlachs und
   Frischkäse 209
**Fischfrikadellen mit
   Koriandermayonnaise** 90
Fladenbrot 185, 190
Naan 190
Flageoletbohnen
Bohnenburger (V) 163
Fleisch
Nudeln mit Fleischbällchen 118
siehe auch Hackfleisch
siehe auch Lamm
siehe auch Rindfleisch
siehe auch Schweinefleisch
Focaccia 177
Folsäure 22
Forelle
Blini mit Räucherforelle und scharfsaurer
   Gurke 82
Französische Zwiebelsuppe 94
Frikadellen
Fischfrikadellen 138
Mini-Fischfrikadellen mit
   Koriandermayonnaise 90
Frischkäse
Möhrenkuchen 251
Picknickpies mit Räucherlachs und
   Frischkäse 209
Frischkäsehaube 254
Vanille-Käsekuchen mit
   Früchtecoulis 236
Frittata, Zucchini-Feta- 204
Früchtecoulis 236
Früchtecrumble 227
Früchteriegel 72
Frühlingsrollen 86

Frühlingszwiebeln
Asiatischer Knusperfisch 140
Brokkoli-Hackfleisch-Pfanne thailändische
   Art 154
Gemüse-Frühlingsrollen 86
Knuspriger Tofu 167
Marinierte chinesische Chickenwings 144
Pad thai 122
Pfeffriger Rindfleisch-Nudel-Topf 127
Pikante Nudeln mit aromatischem
   Red Snapper 124
Rote-Bete-Suppe 98
Schweinefleisch-Enchiladas 150
Soba-Nudel-Garnelen-Salat 108
Frühstück 14 ff., 51 ff.
Frühstücks-Frittata 62
Buchweizenpfannkuchen mit Orangen 59
Buttermilchpfannkuchen 60
Früchteriegel 72
Frühstücks-Frittata 62
Frühstücksmuffins 70
Frühstücksriegel mit Früchten und Nüssen 71
   mit Schokolade (V) 71
Maronenpfannkuchen mit Schokolade
   und Pflaumen 58
Müsli mit Kokosnuss 52
Müsli mit Apfelchips 56
Porridge mit Kompott 53

G
Galettes
Birnen-Pflaumen-Galettes 218
Garnelen
Garnelenspieße in Zitronenmarinade 88
Schellfischtopf 102
Sesam-Garnelen-Toasts 85
Soba-Nudel-Garnelen-Salat 108
Gebäck *siehe* Kekse
Gefüllter Butternusskürbis 170
Gegrillte Polenta mit Ofentomaten 166
Gemüse
Asiatischer Knusperfisch 140
Eintopf von Schälerbsen, Nudeln und
   Gemüsen 120
Gemüsebrühe 101
einfrieren 101
Gemüsebrühe 108
Gemüse-Frühlingsrollen 86
Gemüsesuppe 108, *siehe auch* Minestrone
Gemüse-Tempura 84
Gerste 17

Getreide, glutenhaltige 17
Gewürzgurken
Fischfrikadellen 138
Gewürzkuchen 250
Gluten 16
glutenfreie Diät und Diabetes 27
glutenfreie Diät und Laktoseintoleranz 26
glutenfreie Ernährung für Kinder 25
glutenfreie Kücheneinrichtung 30
glutenfreie Mehle 34
glutenfreie Nahrungsmittel 21
glutenfreies Backpulver 37
glutenfreies Lunchpaket 29
glutenfreies Natron 37
glutenfrei essen im Ausland 28
glutenfrei unterwegs 28
glutenhaltige Produkte 17, 18
Gnocchi
einfrieren 164
Gnocchi mit Gorgonzola 164
Gorgonzola
Calzone 180
Gnocchi mit Gorgonzola 164
Granatapfelkerne
Scharfer Reis mit Hähnchen und
   Granatapfelkernen 128
Gruyère
Fenchel-Gruyère-Tarte 196
Französische Zwiebelsuppe 94
Gefüllter Butternusskürbis 170
Quiche Lorraine 202
Gurke
Blini mit Räucherforelle und
   scharfsaurer Gurke 82
Raita 142
Tzatziki 80

H
Hackfleisch
Brokkoli-Hackfleisch-Pfanne thailändische
   Art 154
Nudeln mit Fleischbällchen 118
Pide mit Hackfleisch 185
Rindfleischburger 156
Schweinehack und Nudeln mit
   Möhrenpickles 126
Hafer 17, 32
Früchteriegel 72
Hafer-Rosinen-Kekse 259
Hafermehl 35
Haferriegel 71

Hähnchen
Hähnchenbrust mit Ricottafüllung 146
Hähnchenbrust-Crumble 148
Hähnchen-Kräuter-Pasteten 210
Marinierte chinesische Chickenwings 144
Pad thai 122
Pide mit Hackfleisch (V) 185
Scharfer Reis mit Hähnchen und
    Granatapfelkernen 128
Süßsaure Hähnchenbrust 145
Tikka-Hähnchenspieße mit
    Gurken-Minze-Raita 142
Haselnüsse
Früchteriegel 72
Frühstücksriegel mit Früchten und
    Nüssen 71
Gefüllter Butternusskürbis 170
Hefe 37
Heidelbeeren 70
Früchtecoulis 236
Heidelbeeren, getrocknete
Früchteriegel 72
Heidelbeer-Frühstücksmuffins 70
Herbstliches Kompott 54
Himbeeren
Früchtecoulis 236
Himbeertrifle mit weißer Schokolade 228
Zitronen-Polenta-Kuchen mit
    Himbeeren 240
Honig
Honig-Gewürzkuchen 250
Hühnchenflügel 144
Hummus 152

I
Ingwer
Brokkoli-Hackfleisch-Pfanne thailändische
    Art 154
Garnelenspieße in Zitronenmarinade 88
Herbstliches Kompott 54
Knuspriger Tofu 167
Lammtajine mit Blumenkohlcouscous 151
Masala dosa 188
Pfeffriger Rindfleisch-Nudel-Topf 127
Pilz-Spinat-Curry 168
Rote-Bete-Suppe 98
Soba-Nudel-Garnelen-Salat 108
Tikka-Hähnchenspieße mit
    Gurken-Minze-Raita 142
Ingwerkekse
Schokoladen-Käsekuchen 234

J
Jalapeño siehe auch Chilischote
Paprika-Empanadas 206
Picknickpies mit Räucherlachs und
    Frischkäse 209

K
Kabeljau mit Käsekruste (V) 139
Kaffirlimettenblätter
Thai-Auberginencurry 121
Kanapees
Blini mit Räucherforelle und scharfsaurer
    Gurke 82
Sesam-Garnelen-Toasts 85
Kapern
Fischfrikadellen 138
Weiße-Bohnen-Salat mit Thunfisch und
    Zwiebeln 106
Karamell-Orangen-Dessert 246
Karotten siehe Möhren
Kartoffeln
Fischfrikadellen 138
Frühstücks-Frittata 62
Gemüsesuppe 108
Gnocchi mit Gorgonzola 164
Kartoffelbrot 65
Kartoffelmehl 36
– in Mehlmischungen 38
– in Nudelteig 42
Linguine mit Pesto (V) 115
Masala dosa 188
Mini-Fischfrikadellen mit
    Koriandermayonnaise 90
Schellfischtopf 102
Kascha 33
Käse
Käsebrötchen 186
Käsestangen mit Tomaten-Basilikum-Dip 77
Lachs mit Käsekruste 139
Käsekuchen
Amaretti für Käsekuchen 257
Schokoladen-Käsekuchen 234
Vanille-Käsekuchen mit Früchtecoulis 236
Kekse
Amaretti 257
Hafer-Rosinen-Kekse 259
Schokoladenkekse 258
Spritzgebäck 260
Kichererbsen
Hummus 152
Minestrone 95

Paprika-Empanadas 206
Salat von rotem Reis, Kichererbsen und
    Artischocken 110
Kichererbsenmehl 37
Socca 181
Kidneybohnen
Bohnenburger (V) 163
Kirschen
Kirsch-Mandel-Tarte (V) 216
Knoblauch
Brokkoli-Hackfleisch-Pfanne thailändische
    Art 154
Garnelenspieße in Zitronenmarinade 88
Hummus 152
Lammtajine mit Blumenkohlcouscous 151
Marinierte chinesische Chickenwings 144
Naan (V) 190
Paprika-Empanadas 206
Paprika-Chili-Tarte 197
Pesto 115
Pfeffriger Rindfleisch-Nudel-Topf 127
Pikante Nudeln mit aromatischem
    Red Snapper 124
Pilz-Spinat-Curry 168
Scharfer Reis mit Hähnchen und
    Granatapfelkernen 128
Schweinehack und Nudeln mit
    Möhrenpickles 126
Süßsaure Hähnchenbrust 145
Tahin-Dip 162
Thai-Auberginencurry 121
Tzatziki 80
Knurrhahn
Asiatischer Knusperfisch 140
Knuspriger Tofu 167

Kokosmilch
Thai-Auberginencurry 121
Kokosnuss
Müsli mit Kokosnuss 52
Naan (V) 190
Quinoasalat mit Mango, Limette und Kokosnuss 104
Kompott
Kompott, herbstliches 54
Porridge mit Kompott 53
Königin-Victoria-Kuchen 40
Koriandermayonnaise 90
Koriander-Orangen-Dressing 110
Körnerbrot (V) 174
Kuchen siehe Tartes und Pies
Aprikosen-Kardamom-Teekuchen 248
Bananen-Maronen-Kuchen 245
Honig-Gewürzkuchen 250
Königin-Victoria-Kuchen 40
Königin-Victoria mit Orange (V) 40
Königin-Victoria mit Schokolade (V) 40
Mandelkuchen 239
Möhrenkuchen 251
Orangen-Polenta-Kuchen mit Rosmarin 242
Red Velvet Cupcakes 254
Rhabarber-Streuselkuchen 244
Schokoladen-Käsekuchen 234
Schokoladenkuchen 232
Vanille-Käsekuchen mit Früchtecoulis 236
Vanille-Maronen-Kuchen 238
Vanilletörtchen 252
Zitronen-Polenta-Kuchen mit Himbeeren 240
Brücheneinrichtung, glutenfreie 30
Kümmelbrot 182

Kürbis
Gefüllter Butternusskürbis 170
Kürbisbrot 192
Ricotta-Kürbis-Ravioli 116
Kürbiskerne
Früchteriegel 72

L
Lachs
Lachs im Teigmantel 136
Lachs-Kedgeree 132
Lachs mit Käsekruste 139
Lachs-Spinat-Quiche 200
Mini-Fischfrikadellen mit Koriandermayonnaise 90
Picknickpies mit Räucherlachs und Frischkäse 209
Laktosefreie Calcium-Lieferanten 26
Laktoseintoleranz 26
Lamm
Lamm-Feigen-Pilaw 131
Lammtajine mit Blumenkohlcouscous 151
Pide mit Hackfleisch 185
Würzige Lamm-Hummus-Rollen 152
Landbrot 174
Lauch
Gemüsesuppe 108
Rindfleisch-Bier-Kasserolle 158
Lavash mit Auberginendip 78
Limabohnen
Bohnenburger 163
Limette
Dressing zu asiatischem Knusperfisch 140
Quinoasalat mit Mango, Limette und Kokosnuss 104
Schweinefleisch-Enchiladas 150
Süßsaure Hähnchenbrust 145
Linguine mit Pesto 115
Linsen
Masala dosa 188
Lunchpaket, glutenfreies 29
Lupus erythematodes 14

M
Magnesium 22
Mais
Hähnchenbrust-Crumble (V) 148
Hähnchen-Kräuter-Pasteten 210
Maisbrot mit Oliven 191
Schellfischtopf 102

Maismehl 34
grobes 34
Maisbrot mit Oliven 191
Zitronen-Polenta-Kuchen mit Himbeeren 240
Maisstärke 34
in Mehlmischungen 38
in Nudelteig 42
Maisteig
Maistortillas 150, 152
Makrele
Weiße-Bohnen-Salat mit Thunfisch und Zwiebeln (V) 106
Makronen 257
Malzessig 20
Mandelkuchen 239
Mandelmehl 35
Mandeln
Amaretti 257
Aprikosen-Mandel-Tarte 216
Früchtecrumble (V) 227
Frühstücksriegel mit Früchten und Nüssen 71
Mandelkuchen 239
Müsli mit Apfelchips 56
Orangen-Polenta-Kuchen mit Rosmarin 242
Schokoladenkuchen 232
Zitronen-Polenta-Kuchen mit Himbeeren 240
Mandelpaste 216
Mandeltarte mit Aprikosen 216
Mango
Quinoasalat mit Mango, Limette und Kokosnuss 104
Marinierte chinesische Chickenwings 144
Maronen-Kuchen 238
mit Bananen 245
Maronenmehl 35, 58
Bananen-Maronen-Kuchen 245
Vanille-Maronen-Kuchen 238
Maronenpfannkuchen mit Schokolade und Pflaumen 58
Marzipan
Birnen-Pflaumen-Galettes 218
Masala dosa 188
Mascarpone
Himbeertrifle mit weißer Schokolade 228
Schokoladen-Käsekuchen 234
Mayonnaise 90
Medikamente 20
Meerrettich
Lachs im Teigmantel 136
Rote-Bete-Suppe 98
Mehle, glutenfreie 34

Mehlmischungen herstellen 38
Minestrone 95
Mini-Fischfrikadellen mit Koriandermayonnaise 90
Minze
Tikka-Hähnchenspieße mit Gurken-Minze-Raita 142
Zucchini-Feta-Frittata mit Minze 204
Miso-Pommes 162
Möhren
Asiatischer Knusperfisch 140
Eintopf von Schälerbsen, Nudeln und Gemüsen 120
Fenchelsuppe mit Parmesancrackern 100
Gemüsebrühe 101
Gemüse-Frühlingsrollen 86
Gemüsesuppe 108
Gemüse-Tempura 84
Lammtajine mit Blumenkohlcouscous 151
Minestrone 95
Möhrenkuchen 251
Rindfleisch-Bier-Kasserolle 158
Schweinehack und Nudeln mit Möhrenpickles 126
Möhrenkuchen 251
Möhrenpickles
Schweinehack und Nudeln mit Möhrenpickles 126
Mokka-Tarte
mit Schokolade 219
Mononatriumglutamat (MSG) 20
Mozzarella
Calzone 180
Pizza Margherita 178
MSG (Mononatriumglutamat) 20
Muffins 66
Heidelbeer-Frühstücksmuffins 70
Multiple Sklerose 14
Mürbeteig
Aprikosen-Mandel-Tarte 216
Brombeer-Apfel-Pie 222
Fenchel-Gruyère-Tarte 196
Hähnchen-Kräuter-Pasteten 210
herstellen 44
Paprika-Chili-Tarte 197
Picknickpies mit Räucherlachs und Frischkäse 209
Quiche Lorraine 202
Schalotten-Tarte-Tatin 203
Schoko-Mokka-Tarte 219

Spanakopita 208
süßer (V) 44
Zitronentarte 214
Müsli
mit Apfelchips 56
mit Kokosnuss 52

N
Naan 190
Peshwari Naan 190
Nahrungsergänzungsmittel 20
Natron, glutenfreies 37
Nudeln 113
Asiatischer Knusperfisch 140
Eintopf von Schälerbsen, Nudeln und Gemüsen 120
herstellen 42
Linguine mit Pesto 115
Minestrone 95
Nudeln mit Fleischbällchen 118
Pad thai 122
Pfeffriger Rindfleisch-Nudel-Topf 127
Pikante Nudeln mit aromatischem Red Snapper 124
Ricotta-Kürbis-Ravioli 116
Schweinehack und Nudeln mit Möhrenpickles 126
Soba-Nudel-Garnelen-Salat 108
Zitronen-Spargel-Nudeln 114
Nudelteig herstellen 42
Nüsse siehe unter der jeweiligen Nussart
Frühstücksriegel mit Früchten und Nüssen 71

O
Obstsalat 54
Oliven
Calzone (V) 180
Focaccia (V) 177
Maisbrot mit Oliven 191
Orangen
Buchweizenpfannkuchen mit Orangen 59
Karamell-Orangen-Dessert 246
Königin-Victoria-Kuchen (V) 40
Koriander-Orangen-Dressing 110
Orangentarte (V) 214
Orangen-Ingwer-Dressing 108
Orangen-Polenta-Kuchen mit Rosmarin 242
Orangentarte (V) 214
Pikante Nudeln mit aromatischem Red Snapper 124

P
Pad thai 122
Paprika
Brotstangen mit Paprikadip 76
Calzone (V) 180
Dip zu Masala dosa 188
Gemüse-Tempura 84
Mini-Fischfrikadellen mit Koriandermayonnaise 90
Paprika-Empanadas 206
Paprika-Chili-Tarte 197
Pide mit Hackfleisch 185
Pikante Nudeln mit aromatischem Red Snapper 124
Süßsaure Hähnchenbrust 145
Türkische Eier 68
Paprikabrot (V) 184
Paprikadip
Brotstangen mit Paprikadip 76
Paprika-Empanadas 206
Paprika-Chili-Tarte 197
Paranüsse
Müsli mit Kokosnuss 52
Parmaschinken
Hähnchenbrust mit Ricottafüllung 146
Pizza Margherita (V) 178
Parmesan
Käsebrötchen 186
Pesto 115
Parmesancracker 100
Fenchelsuppe mit Parmesancrackern 100
Zucchini-Feta-Frittata mit Minze 204
Partyfood 75

Pasteten
Hähnchen-Kräuter-Pasteten 210
Pastetenteig herstellen 47
Pastinaken
Gemüsesuppe 108
Pecorino
Pesto 115
Pekannüsse
Schokoladen-Pekannuss-Brownies 256
Perlhirse 33
Peshwari Naan (V) 190
Pesto 115
Calzone 180
Pfannkuchen
Blini mit Räucherforelle und scharfsaurer
   Gurke 82
Buchweizenpfannkuchen mit Orangen 59
Buttermilchpfannkuchen 60
einfrieren 57
Maronenpfannkuchen mit Schokolade und
   Pflaumen 58
Masala dosa 188
Socca 181
Pfeffriger Rindfleisch--
Nudel-Topf 127
Pfeilwurzelmehl 37
Pfirsiche
Pfirsich-Mandel-Tarte (V) 216
Pflaumen
Birnen-Pflaumen-Galettes 218
Maronenpfannkuchen mit Schokolade
   und Pflaumen 58
Pickles
Möhrenpickles 126
Picknickpies mit Räucherlachs und
   Frischkäse 209
Pide mit Hackfleisch 185
Pies 196
Brombeer-Apfel-Pie 222
Picknickpies mit Räucherlachs und
   Frischkäse 209
Pikante Nudeln mit aromatischem
   Red Snapper 124
Pilaw
Lamm-Feigen-Pilaw 131
Pilze siehe unter der jeweiligen Sorte
Pilzburger 162
Pizza Margherita (V) 178
Pilz-Spinat-Curry 168
Pinienkerne
Lamm-Feigen-Pilaw 131
Pesto 115

Salat von rotem Reis, Kichererbsen und
   Artischocken 110
Spanakopita (V) 208
Spinat-Pinienkerne-Salat 109
Pizza 174
Pizza Margherita 178
Plätzchen siehe Kekse
Pak choi
Asiatischer Knusperfisch 140
Polenta
Fischfrikadellen 138
Gegrillte Polenta mit Ofentomaten 166
Heidelbeer-Frühstücksmuffins 70
Maisbrot mit Oliven 191
Orangen-Polenta-Kuchen mit Rosmarin 242
Zitronen-Polenta-Kuchen mit Himbeeren 240
Pommes frites 162
Porridge mit Kompott 53
Pudding
Schokoladenpudding 230

Q
Quiches 44
Lachs-Spinat- 200
Lorraine 202
Quinoa 32
Quinoasalat mit Mango, Limette und
   Kokosnuss 104
Rindfleisch-Bier-Kasserolle 158

R
Raita 142
Tikka-Hähnchenspieße mit
   Gurken-Minze-Raita 142

Räucherforelle
Blini mit Räucherforelle und scharfsaurer
   Gurke 82
Räucherlachs
Picknickpies mit Räucherlachs und
   Frischkäse 209
Räucherspeck siehe Speck
Ravioli
Ricotta-Kürbis-Ravioli 116
Red Snapper
Pikante Nudeln mit aromatischem
   Red Snapper 124
Red Velvet Cupcakes 254
Reis 33
Brasilianischer Reis mit Bohnen und
   Chorizo 130
Lachs-Kedgeree 132
Lamm-Feigen-Pilaw 131
Masala dosa 188
Salat von rotem Reis, Kichererbsen und
   Artischocken 110
Scharfer Reis mit Hähnchen und
   Granatapfelkernen 128
Reismehl
Apfelküchlein mit Sauce 226
Batatenküchlein mit Schwarzkümmel 64
braunes 36
Buchweizenpfannkuchen mit Orangen 59
Buttermilchpfannkuchen 60
Früchtecrumble (V) 227
Gnocchi mit Gorgonzola 164
Hähnchenbrust-Crumble 148
in Mehlmischungen 38
Schokoladenkekse 258
weißes 36
Reis mit Hähnchen und
   Granatapfelkernen 128
Reisnudeln
Asiatischer Knusperfisch 140
Eintopf von Schälerbsen, Nudeln und
   Gemüsen 120
Pad thai 122
Pfeffriger Rindfleisch-Nudel-Topf 127
Pikante Nudeln mit aromatischem
   Red Snapper 124
Schweinehack und Nudeln mit
   Möhrenpickles 126
Thai-Auberginencurry 121
Reizdarmsyndrom 14
Restaurant, glutenfrei essen 28
Rhabarber
Früchtecrumble 227

Rhabarber-Streuselkuchen 244
Ricotta
Hähnchenbrust mit Ricottafüllung 146
Pizza Margherita (V) 178
Ricotta-Kürbis-Ravioli 116
Spanakopita (V) 208
Rinderfiletsteak
Steaks mit Senfsauce 157
Rindfleisch
Brokkoli-Hackfleisch-Pfanne thailändische Art 154
Rindfleisch-Bier-Kasserolle 158
Rindfleischburger 156
Rindfleisch-Nudel-Topf, pfeffriger 127
Roggen 17
Rosinen
Früchteriegel 72
Frühstücksriegel mit Früchten und Nüssen 71
Hafer-Rosinen-Kekse 259
Spinat-Pinienkerne-Salat 109
Rosmarin-Focaccia 177
Rotbarbe
Asiatischer Knusperfisch 140
Rüben
Gemüsesuppe 108
Rote-Bete-Suppe 98
Rührkuchen
Himbeertrifle mit weißer Schokolade 228
Rührkuchen backen 40

S
Sago 33
Salami
Calzone (V) 180
Salate 104
Quinoasalat mit Mango, Limette und Kokosnuss 104
Salat von rotem Reis, Kichererbsen und Artischocken 110
Soba-Nudel-Garnelen-Salat 108
Spinat-Pinienkerne-Salat 109
Weiße-Bohnen-Salat mit Thunfisch und Zwiebeln 106
Salbeibutter 116, 164
Salsa
Avocadosalsa 163
Tomatensalsa 150
Sambal oelek
Pikante Nudeln mit aromatischem Red Snapper 124

Sardellen
Focaccia (V) 177
Nudeln mit Fleischbällchen 118
Pilzburger 162
Saucen siehe Salsa
Früchtecoulis 236
Senfsauce 157
Tomatensauce 178
Vanillesauce 226
Sauerkirschen
Porridge mit Kompott 53
Sauerkirschen, getrocknete
Früchteriegel 72
Müsli mit Kokosnuss 52
Schokoladen-Pekannuss-Brownies (V) 256
Schafskäse
Paprika-Chili-Tarte 197
Schälerbsen
Eintopf von Schälerbsen, Nudeln und Gemüsen 120
Schalotten
Schalotten-Tarte-Tatin 203
Scharfer Reis mit Hähnchen und Granatapfelkernen 128
Schellfisch
Lachs-Kedgeree (V) 132
Schellfischtopf 102
Schinken
Calzone 180
Hähnchen-Kräuter-Pasteten 210
Schokolade
Himbeertrifle mit weißer Schokolade 228
Königin-Victoria-Kuchen (V) 40
Maronenpfannkuchen mit Schokolade und Pflaumen 58
Spritzgebäck 260
Schokoladen-Käsekuchen 234
Schokoladenkekse 258
Schokoladenkuchen 232
Schokoladen-Pekannuss-Brownies 256
Schokoladenpudding 230
Schokoladentörtchen (V) 252
Schokoladentorte 219
Schoko-Mokka-Tarte 219
Schokotörtchen 231
Schwarzkümmel
Süßkartoffelküchlein mit Schwarzkümmel 64
Schweinefleisch
Schweinefleisch-Enchiladas 150
Schweinehack und Nudeln mit Möhrenpickles 126
Schweinshachse, Minestrone 95

Seebarsch
Asiatischer Knusperfisch 140
Sellerie
Rindfleisch-Bier-Kasserolle 158
Senfsauce 157
Sesam-Garnelen-Toasts 85
Shiitake
Gemüse-Frühlingsrollen 86
Sirloin-Steak
Pfeffriger Rindfleisch-Nudel-Topf 127
Snacks 51
Gemüse-Tempura 84
Paprika-Empanadas 206
Sesam-Garnelen-Toasts 85
Snacktipps für Kinder 29
Soba-Nudeln
Soba-Nudel-Garnelen-Salat 108
Socca 181
Sojabohnen
Soba-Nudel-Garnelen-Salat 108
Sojamehl 36
Sonnenblumenkerne
Früchteriegel 72
Sorghumhirsemehl 36
Spaghetti
Nudeln mit Fleischbällchen 118
Spanakopita 208
Spargel
Zitronen-Spargel-Nudeln 114
Speck
Brasilianischer Reis mit Bohnen und Chorizo 130
Calzone (V) 180
Frühstücks-Frittata 62
Minestrone 95
Quiche Lorraine 202

REGISTER **269**

Schellfischtopf 102
Spinat
Lachs im Teigmantel 136
Lachs-Spinat-Quiche 200
Minestrone 95
Pilz-Spinat-Curry 168
Pizza Margherita (V) 178
Spanakopita 208
Spinatkuchen 208
Spinat-Pinienkerne-Salat 109
Spritzgebäck 260
Staudensellerie
Fenchelsuppe mit Parmesancrackern 100
Gemüsebrühe 101
Gemüsesuppe 108
Steaks mit Senfsauce 157
Streuselkuchen
Rhabarber-Streuselkuchen 244
Süßkartoffeln
Miso-Pommes 150
– mit Chilischote (V) 62
– mit Schwarzkümmel 62
– mit Zimt und Ahornsirup 62
Sultaninen
Früchteriegel 72
Frühstücksriegel mit Früchten und Nüssen 71
Gemüsesuppe 108
Möhrenkuchen (V) 251
Porridge mit Kompott (V) 53
Suppe 93, *siehe auch Eintopf*
Fenchelsuppe mit Parmesancrackern 100
Französische Zwiebelsuppe 94
Minestrone 95
Rote-Bete-Suppe 98
Schellfischtopf 102
Tomaten-Brot-Suppe 101
Süßsaure Hähnchenbrust 145

T
Tagliatelle
Zitronen-Spargel-Nudeln 114
Tahin-Dip 162
Tajine
Lammtajine mit Blumenkohlcouscous 151
Take-away 28
Tapiokamehl 35
in Mehlmischungen 38
in Nudelteig 42
Käsebrötchen 186
Tapiokastärke
Schokoladenpudding 230

Tartes 44
Aprikosen-Mandel-Tarte 216
Fenchel-Gruyère-Tarte 196
Orangentarte (V) 214
Paprika-Chili-Tarte 197
Schoko-Mokka-Tarte 219
Tarte Tatin 203
Zitronentarte 214
Teekuchen 248
Teffmehl 35
Teig herstellen 44, 46
Tempura 84
Teriyakisauce
Thai-Auberginencurry 121
Thunfisch
Weiße-Bohnen-Salat mit Thunfisch und Zwiebeln 106
Tigergarnelen
Soba-Nudel-Garnelen-Salat 108
Tikka-Hähnchenspieße mit Gurken-Minze-Raita 142
Toasts
Sesam-Garnelen-Toasts 85
Toffee
Bananen-Toffee-Kuchen 220
Tofu 167
Tomaten
Frühstücks-Frittata 62
Gegrillte Polenta mit Ofentomaten 166
häuten 131
Käsestangen mit Tomaten-Basilikum-Dip 77
Knuspriger Tofu 167
Lamm-Feigen-Pilaw 131
Minestrone 95

Nudeln mit Fleischbällchen 118
Tomatenbrot 184
Tomaten-Brot-Suppe 101
Tomatensalsa 150
Tomatensauce 178
Tomaten-Basilikum-Dip
Käsestangen mit Tomaten-Basilikum-Dip 77
Tomaten, getrocknete
Spinat-Pinienkerne-Salat 109
Tomatensalsa 150
Tomatensauce 178
Tortillas
Schweinefleisch-Enchiladas 150
Trifle
Himbeertrifle mit weißer Schokolade 228
Trockenfrüchte 54
Türkische Eier 68
Tzatziki 80

U
Unfruchtbarkeit 14
Urdbohnen
Masala dosa 188
Urdbohnenmehl 37

V
Vanille-Maronen-Kuchen 238
Vanille-Käsekuchen mit Früchtecoulis 236
Vanillesauce 226
Vanilletörtchen 252
Vegetarische Hauptgerichte 200
Vitamine 23
Vitaminpräparate 25
Vorspeisen 78

W
Wachtelbohnen
Bohnenburger 163
Walnüsse
Möhrenkuchen 251
Wasabi
Rote-Bete-Suppe 98
Weißbrot 38
Weißbrotmehl herstellen 38
Weiße-Bohnen-Salat mit Thunfisch und Zwiebeln 106
Weißkohl
Gemüse-Frühlingsrollen 86
Weizen 17

Weizenstärke, Codex- 20
Wildreis 33
Würzige Lamm-Hummus-Rollen 152

X
Xanthan 16, 37
– in Blätterteig 46
– in Mehlmischungen 38
– in Mürbeteig 44
– in Nudelteig 42
– in Pastetenteig 47

Z
Ziegenkäse
Ziegenkäsetörtchen 198
Zink 22
Zitronen
eingelegte 151
Zitronengras
Garnelenspieße in Zitronenmarinade 88
Thai-Auberginencurry 121
Zitronenmarinade 88
Zitronen-Polenta-Kuchen mit Himbeeren 240
Zitronen-Spargel-Nudeln 114
Zitronentarte 214
Zitronentörtchen (V) 252

Zöliakie 12
Zucchini
Eintopf von Schälerbsen, Nudeln und Gemüsen 120
Scharfer Reis mit Hähnchen und Granatapfelkernen 128
Zucchini-Feta-Frittata mit Minze 204
Zuckerschoten
Pfeffriger Rindfleisch-Nudel-Topf 127
Zwiebel
Bohnenburger 163
Brasilianischer Reis mit Bohnen und Chorizo 130
Eintopf von Schälerbsen, Nudeln und Gemüsen 120
Fenchel-Gruyère-Tarte 196
Fenchelsuppe mit Parmesancrackern 100
Focaccia (V) 177
Französische Zwiebelsuppe 94
Gemüsebrühe 101
Gemüsesuppe 108
Hähnchen-Kräuter-Pasteten 210
Lamm-Feigen-Pilaw 131
Lammtajine mit Blumenkohlcouscous 151
Masala dosa 188
Minestrone 95
Paprika-Empanadas 206

Paprika-Chili-Tarte 197
Pide mit Hackfleisch 185
Pilzburger 162
Pilz-Spinat-Curry 168
Quiche Lorraine 202
Quinoasalat mit Mango, Limette und Kokosnuss 104
Rindfleischburger 156
Süßsaure Hähnchenbrust 145
Thai-Auberginencurry 121
Weiße-Bohnen-Salat mit Thunfisch und Zwiebeln 106
Zwiebelsuppe, französische 94
Ziegenkäsetörtchen 198

Außerdem erhältlich:

978-3-8310-2892-4
€ 12,95 [D] / € 12,95 [A]

978-3-8310-2744-6
€ 12,95 [D] / € 12,95 [A]

978-3-8310-2483-4
€ 16,95 [D] / € 17,50 [A]

978-3-8310-3011-8
€ 19,95 [D] / € 20,60 [A]

DIE AUTORINNEN

HEATHER WHINNEY ist erfahrene Hauswirtschafterin und Food-Journalistin. Sie hat als Redakteurin für Kochbücher und als freie Autorin für mehrere einschlägige Zeitschriften gearbeitet. Sie ist die Autorin der *Expressküche* und Mitautorin von *Das Kochbuch für Diabetiker* (beide bei Dorling Kindersley erschienen). Ihrer eigenen Philosophie folgend entwickelt sie stets einfache Rezepte für die Alltagsküche.

JANE LAWRIE bäckt seit Kindertagen. Als erfahrene Food-Stylistin und Rezeptautorin hat sie bereits für zahlreiche Food- und Frauenzeitschriften gearbeitet. Jane ist außerdem als Food-Beraterin tätig und hat an mehreren Kochbüchern mitgewirkt (darunter *Natürlich hausgemacht!* und *Gartenküche für alle Jahreszeiten* – alle bei Dorling Kindersley erschienen).

FIONA HUNTER verfügt über 25 Jahre Erfahrung als Ernährungswissenschaftlerin und Autorin. Im Anschluss an das Studium der Ernährungswissenschaften und ein Aufbaustudium der Diätetik war sie zunächst Ernährungsberaterin im öffentlichen Dienst, bevor sie begann, als Autorin für Zeitschriften zu arbeiten. Fiona ist außerdem gern gesehener Gast in diversen Fernseh- und Radiosendungen und Mitautorin mehrerer Bücher.

DANK

Dorling Kindersley bedankt sich bei:

Jane Bamforth und Holly Kyte für die Redaktion der Rezepte,

Rebecca Blackstone, Anna Burges-Lumsden, Amy Carter, Jan Fullwood, Laura Fyfe, Katy Greenwood, Anne Harnan, Catherine Rose und Rachel Wood für das Testen der Rezepte,

Luis Peral-Aranda und Katherine Raj für die Leitung der Fotoproduktion und die Requisite,

den Food-Stylisten Marie-Ange Lapierre und Emily Jonzen,

den Redaktionsassistenten Charis Bhagianathan und David Fentiman, der Designassistenz Mahua Mandal sowie unserem Handmodel Danaya Bunnag.